ミネルヴァ日本評伝選

栗本鋤雲

大節を堅持した亡国の遺臣

小野寺龍太著

ミネルヴァ書房

刊行の趣意

「学問は歴史に極まり候ことに候」とは、先哲荻生徂徠のことばである。

歴史のなかにこそ人間の智恵は宿されている。人間の愚かさもそこにはあらわだ。この歴史を探り、歴史に学んでこそ、人間はようやくみずからの正体を知り、いくらかは賢くなることができる。新しい勇気を得て未来に向かうことができる。徂徠はそう言いたかったのだろう。

「ミネルヴァ日本評伝選」は、私たちの直接の先人について、この人間知を学びなおそうという試みである。日本列島の過去に生きた人々の言行を、深く、くわしく探って、そこに現代への批判を聴きとろうとする試みである。日本人ばかりではない。列島の歴史にかかわった多くの異国の人々の声にも耳を傾けよう。

先人たちの書き残した文章をそのひだにまで立ち入って読み、彼らの旅した跡をたどりなおし、彼らのなしとげた事業を広い文脈のなかで注意深く観察しなおす――そのとき、はじめて先人たちはいまの私たちのかたわらによみがえってくる。彼らのなまの声で歴史の智恵を、また人間であることのよろこびと苦しみを、私たちに伝えてくれもするだろう。

この「評伝選」のつらなりのなかから、列島の歴史はおのずからその複雑さと奥ゆきの深さをもって浮かび上がってくるはずだ。これを読むとき、私たちのなかに新たな自信と勇気が湧いてきて、その矜持と勇気をもって「グローバリゼーション」の世紀に立ち向かってゆくことができる――そのような「ミネルヴァ日本評伝選」にしたいと、私たちは願っている。

平成十五年（二〇〇三）九月

上横手雅敬
芳賀　徹

栗本鋤雲

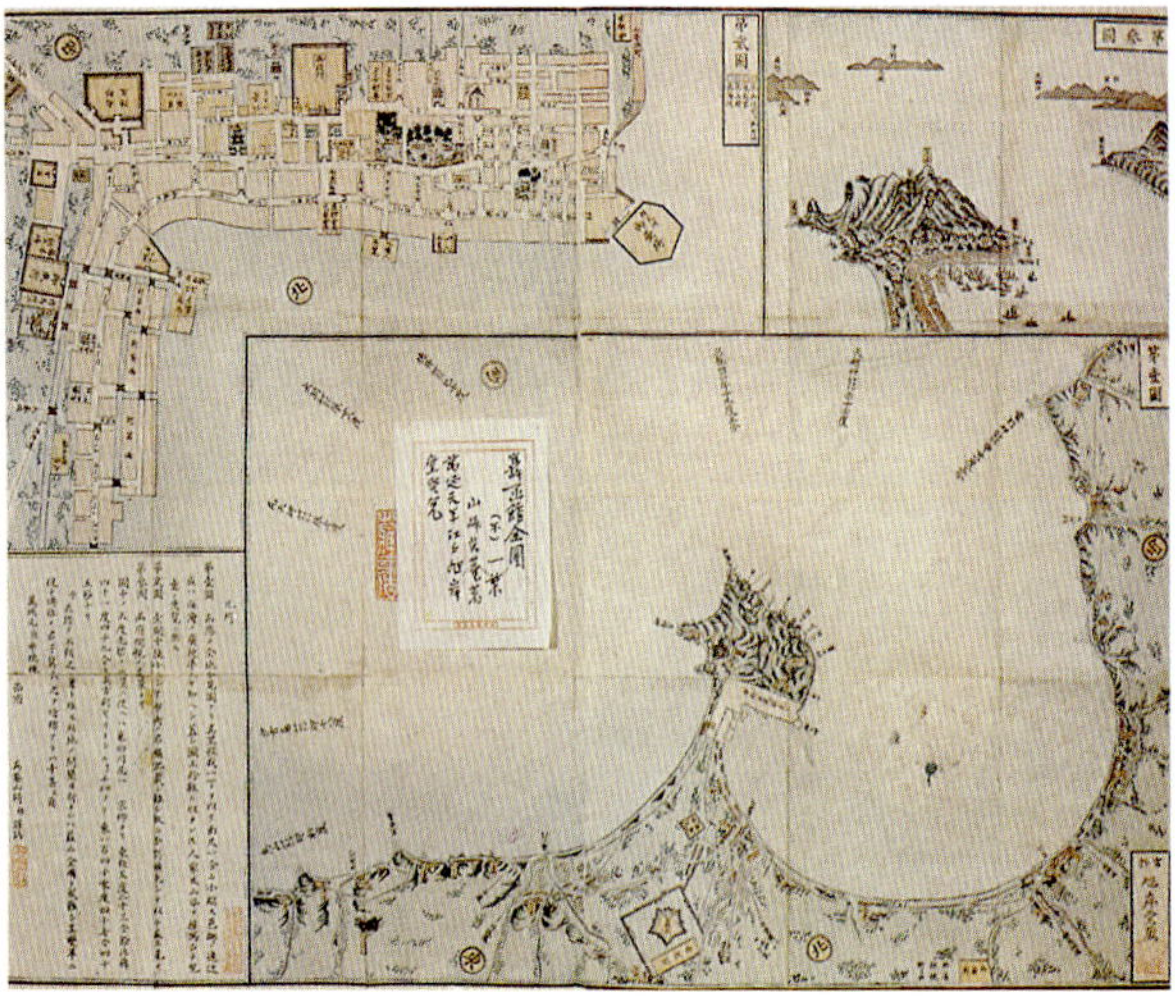

鋤雲が移り住んだ頃の函館全図

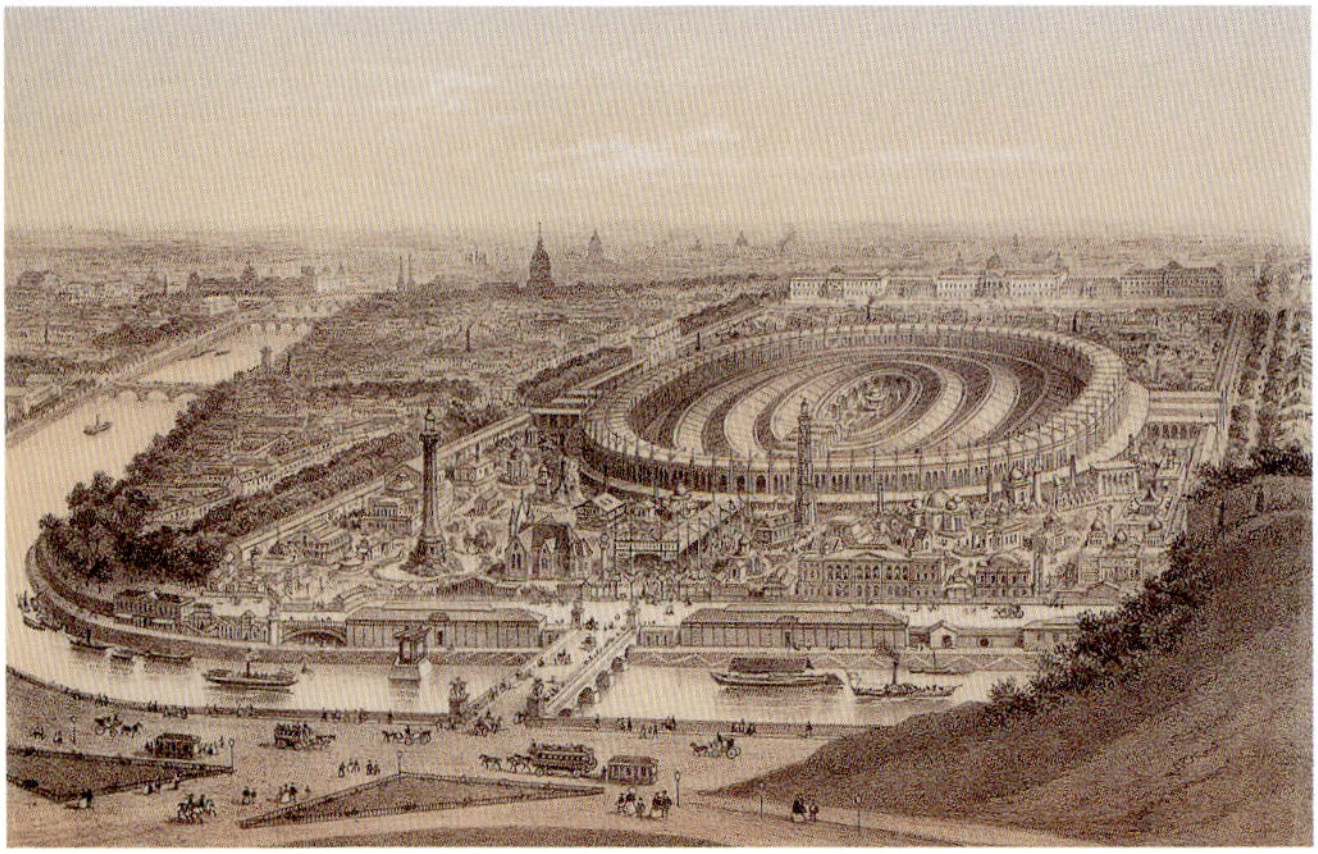

鋤雲が日本参加に努めた1867年万国博覧会（パリ）の全景

はしがき

多方面の賢人

栗本鋤雲のように面白い人は珍しいだろう。その経歴も面白いし、その書いたものも同様に面白い。彼の一生は、漢学者であり、植物学者であり、奥医師であり、北海道開拓者であり、アイヌ人の生活の記録者であり、パークスとやりあった外交官であり、横須賀造船所移入の実務家であり、西洋文明の紹介者であり、そしてフランス大使であってジャーナリストだった。これに加えて歴史家としても幕末の実情を最初に筆にした人であり、また漢詩作家としても著名であった。

これほど多彩で、またどの方面でも一流だったから、それだけでも伝記に書かれるのにふさわしい人であるが、彼にはこれに加えて人間的魅力があった。鋤雲の温かい人柄は、北海道開発に尽くした名もない人たちの功績を筆端に載せて彼らの名を後世に残したし、彼自身も幕末の幕臣たち、たとえば小栗上野介のような人に頼りにされ、また明治の文化人たちにも好かれて、彼が主筆を務めた郵便報知新聞の投書欄には大勢の有名人の詩や文章が集ったし、清国の駐日本大使何如璋《かじょしょう》のようなシナの文人にまで慕われた。また鋤雲の文章の簡潔さと、その中にそこはかとなく漂う滑稽趣味は新聞記者たちの手本となり、犬養毅をはじめ報知新聞の若い記者たちに敬愛された。そして何よりも鋤雲の生き方そのものが人びとに尊敬された。彼は幕臣であったから、徳川氏の政権が明治新政府に移った後は一切官界と交渉をもたず、余生を民間の一平民として送った。二君に見《まみ》えず、という儒教道徳に忠実な彼の生き方は近代の文学者、永井荷風や島崎藤村にも強い感化を与えている。

○門巷蕭條夜色悲　鵂鶹聲在月前枝　誰憐孤帳寒檠下　白髪遺臣讀楚辭

門巷蕭條《しょうじょう》として夜色悲し。鵂鶹《きゅうりゅう》（ふくろう）の聲は月前の枝にあり。誰か憐れむ、孤帳寒檠《こちょうかんけい》の下。白髪の遺臣、楚辭を讀む。

（昔と違って訪れる人もない旗本屋敷を寒月が照らし、ふくろうの声がする大木が、門前の通りに黒い影を落としている。無人とも見える屋敷の中では、白髪になった前朝〔徳川幕府〕の遺臣が寒々とした行灯《あんどん》の下で屈原の楚辭を読んでいるが、誰も知るものもない。）

これは「淵明先生、燈下読書の図に題す」という彼の詩である。陶淵明に託してはいるが、明治も十数年が過ぎ白髪となった徳川の遺臣たちが段々と凋落《ちょうらく》してゆくことへの挽歌である。明治時代まで生きのびた幕臣たちはこのような感慨をもったのであろう。自分たちが懸命に支えた徳川幕府はすでに滅び、その自分たちも消え去りつつある。このようにして時代は変わっていくのか、という詠嘆の声は今も惻々として我々の胸を打つ。

明治維新・おかしな革命

本書の目次を見ていただければ分かるように鋤雲の一生は幕末維新、それに明治という時代と強く結びついている。だから彼の伝記を読む際、我々は明治維新というものをよく理解しておく必要がある。明治時代以後の歴史教科書では、徳川時代は封建の世で維新後西洋文明が入ってきて文明開化が行われた、という風に教え、多くの人たちもそう信じているがこれは必ずしも正しくない。確かに廃藩置県や門閥制度の廃止などは明治政府の功績であるが、蕃書調所を作って西洋文化を移入し、ペリーやハリスと和親条約や通商条約を結んだのは江戸幕府が行ったことであって、長州人をはじめ維新の志士たちは徹頭徹尾「反西洋」だった。彼らは西洋文明の移入阻止を主張したのである。だから、幕藩体制の崩壊や四民平等の実現が西洋文明移入の必然の結果であるとするならば、文明開化は徳川幕府によって推進されたということもできるのである。

そうはいっても徳川幕府の老中から下級官吏に至るまでほとんどの人が旧弊固陋な現状維持者であったことは疑いない。先が見えたのは政治家では阿部正弘、堀田正睦、安藤信正、川路聖謨、岩瀬忠震、小栗忠順その他少数の具眼者に過ぎず、文化方面では古賀謹一郎、箕作阮甫、緒方洪庵、西周、その他の洋学を受け入れた学者たちだけだった。こんな風に幕府は因循姑息、尊王攘夷の志士たちは偏狭な反動主義だったから、先見の明のある優秀な幕臣たちの立場は困難だった。彼らは幕藩体制は保持できないものと覚っていたと同時に攘夷が不可能であることも知っていた。しかしまた幕府に恩を受けた以上徳川家に忠節を尽すのは儒教道徳で育った人たちにとって当然のことだった。だから彼らは幕府内外の反対者と戦いながら、幕府の改革と西洋文明の導入を策し、倒れようとする幕府を懸命に支えたのである。

このように考えてくれば明治維新がおかしな革命であったことが分かる。それは尊王攘夷が合言葉だったのだから、尊攘側が勝って政権をとれば当然攘夷を行うべきである。ところが現実は論理とは全く逆で、維新後は開国一辺倒になった。これはほとんど裏切りなのだが、筆者は、そのように政策を大転換した大久保利通や木戸孝允を非難するつもりはない。むしろよくやったものだと感心している。しかし当時生きていた人たちに釈然としない気持があったのは当然である。尊王攘夷側では騙されたと思った人も多かった。玉松操が失意のうちに死んだのも、神風連の蹶起もそのあらわれであるし、西南の役の一つの原因もここにあったに違いない。

明治の文化は徳川幕府から

他方、玉松らとは反対の立場にいた幕府側の人々、特に開国の必然を理解し、日本の開国を命懸けでやり遂げた人々も、騙されたように思ったのは同じだったろう。なぜなら明治政府が行った開化路線、富国強兵策はこれら幕府側の人々の考えをそのままなぞったものであったからである。福沢諭吉は明るい気質の人だから、明治政府と一線は画しながらも「これは面白い」と政府の西洋文明導入に協力したが、古賀謹一郎などは明治十七年まで「薩長の謀叛人ども」と思って死んでいった。岩瀬忠震は早く文久年間に死に、川路聖謨は江戸開城のとき切腹し、小栗上野介は理不尽にも戊辰の役のドサクサまぎれに殺されてしまったから三人とも明治期を見ることがなかったが、生きていれば「それみろ、開国以外に方法があったか」といいたくなっただろう。

政治を離れて文化的方面から眺めると、文明開化が江戸幕府によって実行されたことがますます明らかになる。なぜなら明治初期の西洋文化の輸入者、福沢諭吉、西周、津田真道、中村正直、加藤弘之、箕作秋坪、箕作麟祥、杉亨二、神田孝平など、あるいは自然科学方面では市川齋宮、宇都宮三郎、田中芳男、大島高任などは、ほとんど幕府側、少なくとも幕府の学校である蕃書調所か翻訳方に籍を置いた人たちで、尊王攘夷側からはそのような文化人はほとんど出なかった。だから、江戸幕府は政治的には敗れたが、文化的には日本を指導したといってもいいのである。

このようなわけだから我々は、明治維新を成し遂げた薩長側の人たちだけでなく負けた側の人々にも光を当ててその功績を明らかにするべきであると思う。ただ時が流れたため、学者は別にして、永井尚志、水野忠徳、山口泉處など政治に携った人々の伝記を書こうにも資料は非常に乏しくなってしまった。その点、本書の主人公栗本鋤雲の場合は、その子栗本秀二郎によって『匏庵遺稿』という文集が編まれているので、我々は鋤雲についてかなり多くのことを知ることができる。筆者がこの伝記を書こうと思い立ったのは、幕府側の人である程度まとまった史料があるのは鋤雲くらいだったからである。

本書では鋤雲の一生を時代順に紹介するが、筆者としては、読み終わった後に読者諸賢が、幕末から明治にかけて歴史は断絶したのではなく、所謂「文明開化」や国民国家としての「日本」の成立は江戸時代末期から漸進的に行われていたのだな、という感想をもって下さることを期待している。

鋤雲の伝記

鋤雲の伝記は巻末の参考文献に示したように、最も古い犬養毅の簡単な伝略から始まって、亀井勝一郎氏、芳賀徹氏、桑原三二氏のものなどがある。中では芳賀先生のものが最も面白いが、明治期の鋤雲については記述が少ない恨みがある。それに以上の著作はどれも余り長いものではなく完全な伝記とはいえないので、筆者はできるだけ正確に鋤雲の一生を調べてみようと思った。ただこの伝記を書き始める前に筆者が恐れたのは『匏庵遺稿』を通読すれば鋤雲について知られることは尽きてしまうのではないかということだった。しかし調べてみると案外、他の史料も残っていて、本書は鋤雲の伝記として一応体裁の整ったものになったのではないかと思う。また『匏庵遺稿』は明治三十年代の刊本で漢文が多く現代の読者には読み難いであろうし、またそれは鋤雲の文章と詩を集めただけのもので編年体の伝記になっていないから、私が本書で現代の読者のために栗本鋤雲という面白い人物を新たに紹介するのもあながち無用な業でもないであろう。

栗本鋤雲――大節を堅持した亡国の遺臣　目次

目　次

目次

図版一覧

関係地図

地名や場所は次のものを参考にした。
北海道：『入北記』付録，北海道出版企画センター，1992
樺太：『昭和12年大日本分縣地圖併地名總覧』昭和礼文社，1989
国後・択捉：『日本列島大地図館』小学館，1990

文久三年
3/20 白主より帰る
ソウヤ(宗谷)
8/2～4
文久三年3/20～26
バッカイ(稚内)7/29, 8/1
サマエ(些前)3/27
サルフツ(猿物)猿払 3/28
シカナイ(鹿内)斜内 3/29
エサシ(餌志)枝幸 3/30, 4/1
テシホ(天塩)7/28
100 km
ホロナイ(母夜内)幌内
サワキ(澤木)4/3
フウレベツ 7/27
モンベツ(門別)
紋別 4/4
トマヽエ(苫前)
7/25, 26
ユウベツ(雄別)
湧別 4/5
常呂 4/6
ルルモツヘ(留萌)7/24
マシケ(増毛)
カムエノミウシヒラ
4/10(噛飲牛平)
ハマヽシケ(浜益)浜増気 7/23
アツタ(厚田)熱田
イシカリ 石狩 7/18～22
ヨイチ(余市)好地7/13
ゼニハコ 銭箱 7/16, 17
ヲタルナイ(小樽)7/14, 15
イワナイ 岩内 7/11
シャクベク(灼別)
6/17～20
好地䈥廬 7/12
ルヘスヘ
ユウフツ(勇武津)
勇払 7/3
スツツ 歌棄 7/10
ヲホツナイ(於発内)
大津 6/21
ヲシャマンベ
長万部 7/9
サル(佐留)
門別 7/2
ウラカワ(浦川)
浦河 6/28, 29
トカチ(十勝)
広尾 6/23
ヤムクシナイ
山岸内 7/8
シズナイ(志津内)
静内 7/1
鷲木村 7/7
ホロイスミ(縨泉)
6/25
大野 7/6
函館
(文久二年七月六日出発)
サマニ(沙満)
様似 6/26, 27
100 km

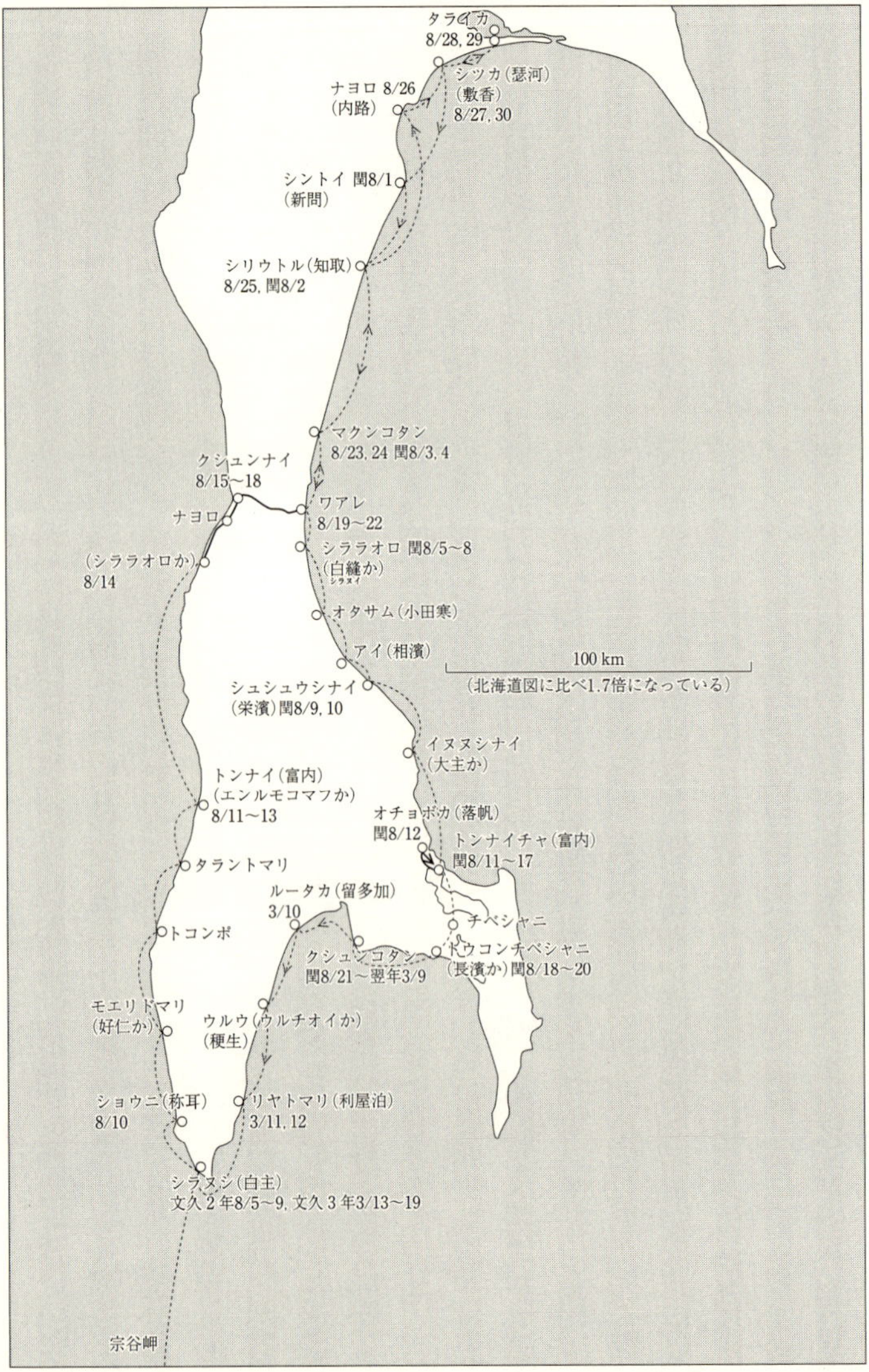
タライカ
8/28, 29
シツカ（瑟河）
（敷香）
8/27, 30
ナヨロ 8/26
（内路）
シントイ 閏8/1
（新問）
シリウトル（知取）
8/25, 閏8/2
マクンコタン
8/23, 24 閏8/3, 4
クシュンナイ
8/15～18
ナヨロ
ワアレ
8/19～22
シララオロ 閏8/5～8
（白縫《シラヌイ》か）
（シララオロか）
8/14
オタサム（小田寒）
アイ（相濱）
100 km
（北海道図に比べ1.7倍になっている）
シュシュウシナイ
（栄濱）閏8/9, 10
イヌヌシナイ
（大主か）
トンナイ（富内）
（エンルモコマフか）
8/11～13
オチョボカ（落帆）
閏8/12
トンナイチャ（富内）
閏8/11～17
タラントマリ
ルータカ（留多加）
3/10
チベシャニ
トコンボ
クシュンコタン
閏8/21～翌年3/9
トウコンチベシャニ
（長濱か）閏8/18～20
モエリドマリ
（好仁か）
ウルウ（ウルチオイか）
（梗生）
ショウニ（称耳）
8/10
リヤトマリ（利屋泊）
3/11, 12
シラヌシ（白主）
文久２年8/5～9, 文久３年3/13～19
宗谷岬

第一章　少年期から奥医師時代まで——文政五年から安政四年

1　誕生から少年時代

鋤雲は自伝を残さなかったので、彼の若い頃のことはほんの少ししか分からない。そのため本章では鋤雲の誕生から三十七歳のことまでをいっぺんに紹介することになる。

幼年期の博物好み

栗本鋤雲は文政五年（一八二二）三月、幕府の医官喜多村安正（号は槐園《かいえん》）の第三子として江戸神田小川町裏猿楽町、すなわち現在の猿楽町一、二丁目のあたりで生まれた。通称を哲三といったが、後に栗本氏を嗣いで六世瑞見《ずいけん》、瀬兵衛と称した。なお鋤雲の諱《いみな》（本名）は鯤、字《あざな》は化鵬、号は匏庵で、鋤雲と称したのは明治以後であるが、混乱をさけるため以下本書では鋤雲で統一する。

鋤雲の母は三木正啓という人の娘で、正啓の兄すなわち鋤雲の大伯父に当る人は寛政時代の火つけ盗賊改めとして有名な鬼平こと長谷川平蔵であった。鋤雲は末っ子だったので母に可愛がられ五歳になる頃まで母の乳を吸っていたが、その頃にはすでに祖母に百人一首を習っており、祖母から「百人一首を習うほどになっておっぱいを飲むのは見苦しい」と叱られて悲しかった、と思い出に書いている。幼年の頃から鋤雲は動植物が好きで金魚を飼いたかったが、金魚は高価で買ってもらえなかった。そこでその代りに鋤雲はボウフラを掬ってきて茶碗に入れて楽しんだ。そしてボウフラが蚊になった後の形や行動を観察するため、腕に止まらせて血を吸わせたりした。また春先には、芽を出した木や草を郊外の野原から掘ってきて、欠け茶碗に植え二階の物干し場に並べて栽培したという。後年、本草学者として三千もの鉢植えを育て、函館に薬園を開き、フランスで薬物研究会に出席し、明治期にも博覧会で各地の産物を精しく批評した鋤雲の博物学的興味は天性のものだったらしい。

　金魚も買えないくらいだから、幕府の医官といっても喜多村家は貧乏であった。文政十年頃父の喜多村槐園の禄高は三百五十俵だったから、それほど苦しい家計とも思われないが、槐園は金銭に恬淡《てんたん》とした人物だったのだろう。なお、三百五十俵の扶持米は石高なら三百五十石程に当り中級の上くらいの士である。鋤雲の兄喜多村香城（諱すなわち名前は栲窓《こうそう》といった）の思い出によると、父槐園は「博覧強記、およそ天下の書において読まざるところ無し」というほどの読書家で、毎日沢山の書冊、厚さにすれば一寸（三センチ）を読んだそうである。特に唐宋以来の小説雑記に精しく、読むごとに梗概を抄録し、それが三百巻に達した。だから金が溜まらなかったのだろうが、後に鋤雲が昌平黌で賞を貰うほどの学識があったのは父を見て育ったからかもしれない。

安積艮斎と佐藤一斎

鋤雲は八歳になった文政十二年（一八二九）から安積艮斎《ごんさい》について孝経を学び始めた。艮斎は福島県安積郡（二本松藩）の神官の子だったが江戸に出て佐藤一斎や林述斎に学び、その頃は文章と漢詩で全国的に有名な学者だった。鋤雲が通い始めたとき艮斎は三十九歳でその塾は駿河台にあり、塾からは遠く富士山が見えたので塾名を見山楼といった。鋤雲は艮斎から、文章は韓柳欧蘇（韓退之、柳宗元、欧陽修、蘇東坡）の真似をするのではなく自分の考えで自分の文章を作れ、その際に学識は自然にあらわれる、と教えられた。

ところが鋤雲は九歳になった時喀血し、以後九年間、年に一、二度血を吐いたので、父は強いて学問を強制せず、艮斎の塾も引いてしまった。そして療養に努めたためか、十七歳になった頃に病は癒えた。こうして治ったことを思えば病気は結核ではなかったのかもしれない。元気になった鋤雲は再び艮斎について本格的に儒学を学び始めた。この頃、艮斎の塾は駿河台から麹町に移っていたが鋤雲はここに寄宿した。次いで鋤雲は佐藤一斎に学び、幕府の学校昌平黌に入った。艮斎は一斎の弟子で、艮斎も天保の終り（一八四三頃）には昌平黌の儒官になったから、鋤雲が昌平黌で学ぶことはごく自然だった。

佐藤一斎（『日本肖像画史』より）

鋤雲が従学した佐藤一斎は近世で最も有名な儒者の一

人である。彼は安永元年（一七七二）に岩村藩士の子として江戸に生まれ、若い頃から四歳年長の岩村藩主の子、衡と切磋琢磨して儒学に励んだ。その後、衡がたまたま林家を継ぐことになったので一斎は林家の家塾の長として門弟を教えた。衡は林述斎である。以後一斎は、文化、文政、天保と林家の塾長として後進を指導し名声が天下に響いたが、天保十二年（一八四一）に述斎が死ぬとその後を継いで昌平黌の儒官に挙げられた。この時七十歳であった。一斎は長生きして安政六年（一八五九）八十八歳で儒官として死んだ。

一斎の儒学は表向きは朱子学であるが、心中では王陽明を尊崇した。経書では易に精しく、周易の哲学的解釈を行っているが、現在の実証的な学問に慣れた我々には何のことかよく分からない。しかし一斎の儒学の講義は非常に分かりやすい名講義だったそうである。鋤雲によれば「（一斎）先生は宿徳重望《ちょうぼう》ある上に動止閑雅、衣冠清楚だったので、接する人ごとに歎服しないものはなかった。ことに講義の名人で、よく疑義を解釈して人に理解させることにかけては他の先生の及ばないところがあった。昔、室鳩巣は、焉、哉、乎、也などの助字までもよく分別したというが、鳩巣以来一斎先生のような人はいない。易の繋辞伝、書の洪範、孟子の養気、論語の一貫など説明し難いところを平坦容易に解説する手際は驚くべきものであった」という。

奨学金で吉原に行って退学

鋤雲はこの頃一斎の随筆『言志録』を愛読したが、その中の一文「酒は桀紂のようにそれに溺れて国を亡ぼすものがいるから慎むべきものであるが、煙草と茶は酒ほどに人を害することがない」というところを読んで疑問を発した。そしてその後一斎に会った時、

「御説は誠に御尤もですが、私が考えますにはそうとばかりもいえないところがあると思います。なぜなら東山義政は茶道を好んで奢侈に耽り、遂に足利氏の天下を傾け、また阿片は煙草の類ですが、清朝はこのことから事件を醸し、英国に三百万元の賠償金と五港の土地を取られました。これらは茶や煙が害をなしたといえるのではないでしょうか」と尋ねると、一斎はにっこり笑って「至極よく申されたり、一隅を挙げて三隅をもって反するとはこれらの類を申すなり」と喜んだ。一斎は滅多に弟子を褒めない人であったから、自分はこの一語を得てとても嬉しかった、と後年鋤雲は書いている。些事ではあるが、師弟の情愛が感じられる挿話である。

こうして良師を得た鋤雲の学問は進み、天保十四年（一八四三）二十二歳の時には昌平黌の試験で優秀な成績をおさめ、甲科に合格し白銀十五錠を賜った。この当時の昌平黌には春と秋に、講釈、辨書、詩文の内から自分の得意とする科目で試験を受けるという制度があって、甲科合格であれば選抜されて、部屋住み（江戸時代の二、三男は父が家長の場合は「部屋住み」、兄が家長なら「厄介」と呼ばれた）のものなら御番入り（大御番とか書院番に入り、これによって扶持米を戴けた）の有力な候補者となれた。現在の公務員試験に優秀な成績で合格したようなものである。なお乙科合格は、他に武芸ができるとか父親が年をとっているとかの理由で選抜に値する、と判断された者である。天保十四年の甲は鋤雲を含めて五人であるが、同年の乙は二十五人で、その中には後の外国奉行堀利熙（織部正）、岩瀬忠震（肥後守）や長崎海軍伝習所に行った永持享次郎などがいる。

このように鋤雲は非常によい成績だったので、昌平黌内で有名人となり「お怪け（おばけ）喜多村」

という渾名《あだな》がついた。犬養毅の「栗本鋤雲先生傳略」（『匏庵遺稿』中）によれば、「先生、軀幹《くかん》偉大、容貌魁梧《かいご》、尋常書生に類せざるをもって」このように呼ばれたのだという。こうして番入りの有力候補となり出世の道が開けそうになった時、鋤雲は規則に触れて昌平黌を退学しなければならなくなった。この時の事情は鋤雲も語らず犬養の「傳略」にも書かれていないが、森銑三氏が紹介された岡鹿門の随筆によれば、試験の褒美として頂戴した白銀十五錠を懐にして昌平黌の書生たちを率いて吉原の遊郭で豪遊し、これが知れて譴責せられたのだそうである。鋤雲の豪快な性格と当時の厳しい学則が感じられる挿話であるが、これと似た不運はこの後何度も鋤雲の身にふりかかることになる。これは彼の第一回目の挫折に過ぎなかった。

2　青年時代

貧乏塾の師弟の生活

こうして退学になったので将来の出世の夢は一旦潰えたが、佐藤一斎は鋤雲の才を惜しんで、昔に変らず彼個人の塾への出入りは許してくれた。しかしいつまでも喜多村家の厄介でいるわけにもいかず、弘化二年（一八四五）二十四歳の時、鋤雲は喜多村家を出て下谷六軒町立花屋敷の北門前に漢学の塾を開いて自活を図った。現在の上野駅の東側である。この地はお茶の水の昌平黌からほど遠からぬ場所であるので、多くの儒者は恐れて塾を開くようなことはなかったが、その地に鋤雲が堂々と門戸を張ったのを見て、世人はその剛胆に驚いた、と犬養は書いている。鋤雲の家塾には矢田堀鴻（景蔵、海軍伝習所で勝海舟らとともにオランダ人から洋式操船を学ぶ。幕府滅亡時の海軍総裁）などが来て学んだ。

この頃のことは池田誠庵という人が思い出を語っていて、それには幕末の貧乏書生の生活が活き活きと描かれている。なお、この思い出は岡野敬胤の「匏庵先生の事を記す」（『匏庵遺稿』）の中に残されているのだが、岡野は明治時代の俳人として著名な岡野知十で、鋤雲の報知新聞時代の弟子である。

鋤雲が下谷に塾を開くと決めた頃、鋤雲より六歳年少の十八歳であった誠庵は医学を学ぶため喜多村家に弟子入りしていた。しかし彼は頭を丸めて医者になるのを好まず、鋤雲にくっついて喜多村家から出て、鋤雲の弟子兼下男になることにした。しかしこの下谷時代の生活は非常に苦しかった。家は八畳一間で、家財道具は、鉄の火鉢と箱膳くらい、箸は鋤雲手製の竹箸だった。喜多村家から二人扶持（一人扶持は一日当り五合の米だから年間十八斗、米俵四・五俵である）を貰っていたが、これは米だけだから、その他の生活必需品は全て弟子たちの授業料で賄わなければならなかった。一番大きい収入源は、安積艮斎から譲ってもらった今川家からの講義の謝礼であったが、それでも月に六回講義に行って、一年の謝礼が二百匹（一匹二十五文として五貫文、一両くらいである）に過ぎなかった。その他の弟子の数は十四、五人に過ぎず、彼らの授業料は年に一分（四分の一両）だったから、全部合わせても年間五両にはならなかったらしい。

こんな風だったから誠庵が「先生、もう米がありません」というと、鋤雲が「仕方がない、俺は誰々の家で喰って来るから、貴様もどこぞで喰ってこい」と主従別々に喰い稼ぎに出かけなければならなかった。平生の喰いものも粗末なもので、醤油も買えず塩辛で大根類を煮て喰った。この塩辛は、あるとき誠庵が鮪の腸を買って来て壺に入れておいたが、夏場に開けてみると壺中蛆虫だらけだったので驚いてまた床下に投げ込んだ。ところが冬に壺が入り用になったため取り出してみると、塩辛はよく熟して蛆も一匹もいなくなっていた。こうして思わず作り方を自得したので、それから半年ばかりは塩辛ばかり喰って過ごしたという。

鋤雲は酒豪であったが金がないので買うことができず、入門生が束修《そくしゅう》（入門の挨拶料）としてもって来た時だけ、茶碗酒を引っ掛けて寝てしまうのが楽しみであった。寝るのはタダだから、誠庵にも「花見遊山は身体を疲らすだけで無益なり。余暇あれば寝るに如かず」と諭して、できるだけ金を使わないようにしていた。後年名をなした後も、文章を草する時は十分寝た後、半夜夢醒めて四辺鎮静の時に筆を下したというから、寝ることは鋤雲の身体と精神の涵養のために必要だったのだろう。酒と睡眠以外、下谷時代の鋤雲の趣味は囲碁と指相撲だったという。鋤雲と誠庵は専ら金のかからない生活を送ったのである。

金峰山登山

弘化三年（一八四六）の夏、鋤雲は甲斐に遊び富士山と金峰山に登った。この頃の儒者は古賀侗庵《とうあん》や佐藤一斎など山登りや郊外への出遊を好む人が多かったから登山は特殊な趣味というわけではなかったが、鋤雲のはなかなか猛烈だから紹介する。

弘化三年の夏は四、五十日間連日のように雨が降ったが、鋤雲はこれをものともせず、友人と二人で閏《うるう》五月末に江戸を発って谷村（現在の都留市）に至った。ここから二人はまず富士に登って頂上を極め、下って河口湖を渡り甲府に至った。甲府には徽典館《きてんかん》という昌平黌の分校があって、鋤雲の旧知の小川士馨という人がそこで先生をしていた。それで鋤雲は今度は士馨とともに金峰山登山を試み、まず御岳新道を通って井狩村（猪狩村）に至った。「新道は井狩村円右衛門が新たに開いた道で渓に沿うて山間を行く。だから道沿いには奇石あり、怪岸あり、瀑布あり、石門ありで姿態百出、ほとんど頼山陽の耶馬谿の記を読むようである」と鋤雲は、現在の御岳昇仙峡の深山幽谷の趣きを喜んだ。

翌六月十六日、小雨の中を鋤雲、士馨、円右衛門の三人は金峰山を目指し水晶峠に至ったが、士馨は疲労してここに残った。鋤雲と円右衛門の二人は綱に捕まり木の枝に攀じて登ったが、その険しさは富士山に踰えた。その上大風雨となって満山怒号し、被っている笠は飛び着物は濡れそぼって体にまといつき歩を運ぶことさえままならない。鋤雲は魂が奪われ心も臆して中途で止めようと思ったが、円右衛門に元気づけられてようよう頂上に辿り着くことができた。しかし頂上に登ってみると「四面黒闇、咫尺《しせき》、観る所なし」だった。ただ金峰山に登った士人は前の徽典館督学の平岩節斎と詩人の横山湖山だけだったから自分は三人目、と鋤雲は誇っている。ところがこのように無理をしたのが祟ったのか、二十一日に谷村に戻った鋤雲は二升の血を吐いた。しかし今回の病は一過性だったようで、その後大雨の晴れ間を窺いつつ、七月初めに鋤雲はようやく江戸に戻った。

鋤雲は明治になって報知新聞に以上の登山記事を採録したのだが、掲載の目的は江戸末期の旅籠代を紹介することにあった。弘化時代の旅籠賃は二百三十文くらい、昼食は卵焼き、塩魚付きで酒を二本つければ二百七十二文、塩焼きの鮎（香魚）だけなら八十文である。また草鞋は二十四文である。

現在の物価と比べれば、食事に比べて泊まり賃は格安である。一文は今の七円から十円というところだろう。

3　奥医師栗本瑞見

大望を諦めて奥医師へ

こうして三年程鋤雲は下谷六軒町の陋巷で顔回のような生活をしたが、嘉永元年（一八四八）二十七歳の時、乞われて医官栗本家の婿となり、名も喜多村哲三から栗本瀬兵衛、六世瑞見と改めた。私塾のあとは池田誠庵に継がせ、鋤雲は幕府の医師となり、医学を多紀楽真院に、本草学を曲直瀬《まなせ》養安院に学んだ。そして二年後の嘉永三年、二十九歳の鋤雲は奥詰医師になり、江戸城二の丸製薬局の管理者になった。公けの経歴としては鋤雲は小普請から寄合医師、奥医師と昇格したのである。

鋤雲がどうして栗本家の養子に行く気になったのかは分からない。池田誠庵が書いているように、鋤雲は医師になるのを好まず儒学で立った。しかも白銀十五錠を頂戴するほどの秀才であったから、幕府の役人になりたかっただろう。しかし昌平黌の退学でそれも叶わなくなったから仕方なく医家を継いだのだろう。養子に入る前、まだ下谷六軒町にいたころ作ったと思われる「題壁」という五言律詩が『匏庵遺稿』の漢詩の部の冒頭にある。その第四句以下は「十年不買官　詩書随手把　花草注心看　何日倩鵬翼　南溟試一摶」というもので、「志を立てて十年が過ぎたのに、いまだに、心のままに詩書を読み、花草を可愛がるような趣味的な生活を続けている。（自由であるのは有り難いが）いつか驥足を伸ばして、天下のことを行ってみたいものだ」というほどの意味である。このような大望を抱いていた鋤雲も二十七歳になっていつまでも部屋住みでいるわけにもいかず、意を決して栗本家に婿に入ったのだろう。「陋居三年、飢寒骨に徹する時、一日大淵氏来たりて栗本家への入婿《にゅうぜい》をすすむ」という岡野敬胤の文は自ずからその時の状況を示しているようである。

医官制度と栗本家

ここで幕府の医師の制度、役職について簡単に説明する。鋤雲が医師になった頃の幕府の医師は全て漢方医で、その数は五十人ほどもいた。その中で将軍の診察や医薬を掌るものを奥医師といって二十名ほどおり、その筆頭を御匙《おさじ》（後述の岡櫟仙院は御匙だった）と呼んだ。医師の中にも薬園掛、製薬所掛、痘瘡家などの職掌があり、多くは世襲であったが名声のあるものは藩医や町医からも抜擢された。昔は奥医師の権勢は非常なもので薬籠をかざして江戸の路上で庶民を蹴散らしたが、寛政時代（十八世紀末）に多紀安長という人が城中に製薬局を設けて以来、そんなことはなくなった。安長はまた多紀家の私塾「躋壽館《せいじゅかん》」を官立の「医学館」に改め、奥医師たちに勉学を励ませた傑物でもあった。なお医学館は今の向柳原美倉橋通りにあった。

他方、幕府の医師に蘭方医が取り入れられたのは、安政五年（一八五八）に将軍家定の病が篤くなった際、井伊直弼が下谷和泉橋通りで開業していた伊東玄朴（佐賀藩医）を呼び寄せたのが始まりである。幕府の西洋医学校である「医学所」は医学館とは別物で、これは伊東玄朴などが安政五年に神田お玉カ池種痘所を作ったのが濫觴《らんしょう》である。この種痘所が後に名を西洋医学所と改めて、東大医学部の前身となった。

鋤雲の実兄喜多村香城は医学館で学び、その教授を経て侍医法眼に進んだが、鋤雲が養子に行った栗本家も幕府の医官の名門であった。鋤雲の義理の祖父に当る栗本瑞見は著名な本草家で、彼は日本の動物や昆虫魚介類の研究をし、シーボルトの『日本動物誌』中にその図譜が引かれるほどの学者であった。なお、この頃の本草学というのは植物だけではなく動物や鉱物の研究もその範疇であり、明治以後には博物学と呼ばれるようになった学問であるが、江戸時代は本草といえば医学薬学に関するもので、産業に関する場合は物産学と称されることが多かった。

栗本家の拝領町屋敷は浅草御蔵前片町にあったが、ここは町人たちに貸して、鋤雲をはじめ栗本家の人びとは小石川大塚の抱え屋敷（自宅）に住んだらしい。この屋敷は春日通に面していて現在の筑波大学教育学部付近であった。屋敷の広さは約千坪あって、地続きの隣の地所五百坪も借りて使ったから広大な敷地であった。本章の冒頭に述べた、薬草や花卉《かき》の植木鉢を三千も栽培したのはこの大塚の屋敷である。鋤雲は栗本家の婿になって、栗本家の娘を妻にしたのだろう。後に述べるように安政五年に函館勤務を命じられた時には「家を挙げて蝦夷に移る」というからその時にはすでに妻子があったらしいが、鋤雲の家族については第九章2節でまとめて述べるのでここでは省く。

澀江抽斎と森枳園

さて鋤雲は栗本家の養子になった嘉永元年（一八四八）から安政四年（一八五七）までの十年間を製薬所で勤務し、その間二の丸製薬局で栗本家家伝の薬剤「烏犀円備急錠」などを作っていた。鋤雲が通った江戸城二の丸は現在の皇居の東北偶に当り、大手門から入って右奥二百メートルくらい、平川橋から入ると天神濠の向こう側である。小石川の鋤雲の住宅からだと一里（四キロ）くらいの距離だろう。鋤雲は毎日ここに出勤していたのだろうが、この間の鋤雲の生活については徴すべき文献はほとんどない。わずかに森鷗外の『澀江抽齋』その六十三によって、鋤雲が抽斎主催の説文《せつもん》会に兄の喜多村香城と共に出席していたことが知られるくらいである。

澀江抽斎は文化二年（一八〇五）に生まれ安政五年（一八五八）に五十四歳で没したから喜多村香城とほとんど同年配であった。彼は津軽藩の医官で痘科が専門の漢方医であったが、漢籍や文字に関することにも興味をもったから、「説文」という漢字の成立とその意味を解明する学問にも手を染めたのである。そして抽斎は医学館の講師でもあったから喜多村香城とは同僚で、奥医師になった鋤雲とも面識があったであろう。明治になると抽斎の名はほとんど忘れ去られたが、鷗外のお蔭で彼の名は我々に親しいものになった。鋤雲が後年考証や説文に特に興味をもったようには見えないから「説文会」は鋤雲にとっては一挿話でしかないが、抽斎との関係で一寸面白いのは、後年、明治十四年（一八八二）の郵便報知新聞に、抽斎の第七子で家を継いだ渋江保の漢詩一首が掲載せられていることである。「保さん」のことは『澀江抽齋』に詳しいが、彼はこの漢詩を投稿した後、慶應義塾で学んだり一時京浜毎日新聞に入社したこともあったから鋤雲は保を知っていたのかもしれない。

鷗外の『澀江抽齋』には抽斎と似た経歴と趣味とをもつ森枳園《きえん》のことがしばしば出てくる。枳園は抽斎より二歳年少で福山藩阿部侯の侍医であった。彼も安政の初めには医学館の講師になっているから鋤雲とは医師としても漢文の学者としても付き合いがあった。安政の終わりに鋤雲は函館に移居するが、彼はそこから兄香城や枳園宛に何通かの手紙を書いている。その手紙の内容は、函館病院建設などの報道の他は、リクンカモイ（麝香鹿）、ふきに似た植物、セイウチなど、動植物に関する博物学的なものである。このように鋤雲の当時の交遊は抽斎や枳園のような漢方医に多かった。

コロンブスの漢詩

奥医師時代の鋤雲の趣味や気分は『匏庵遺稿』中の「匏庵詩集（橘黄吟稿）」からその一端が窺える。ここでは二首だけ紹介しよう。写生の詩には「夜至漁家」と題した五言絶句（五絶）、

○蠣瓦鳴飄葉　螺缸照小艫　爐邊人未睡　束藁挿炙魚

蠣瓦《れいが》、飄葉《ひょうよう》を鳴らし、螺缸《らこう》、小艫を照らす。爐邊《ろへん》、人未だ睡らず。藁を束ねて炙魚を挿す。

（牡蠣殻を敷いた土間を枯れ葉が走ってカサコソと鳴る。栄螺の殻を油壺にした灯火で部屋は薄暗い。炉辺の漁師はまだ眠らず、束ねた藁を挿してメザシを作っている。）

というものがある。侘しく静かな漁家の様子が蠣瓦や螺缸という具体的事物によってありありと目に浮ぶ。このような詩は「水村夜泊」など他にもあり、それらはその場にいて写生しなければ作れない詩であるから、この頃鋤雲は釣りが趣味だったのだろう。このような鋤雲の写生詩は詩情に富み、まだ日本が平穏だったころの静かで淋しい気分があらわれている。

歴史を詠《よ》んだ詩には楠木正成を詠んだものがあり、この詩からは鋤雲の尊王心が薩摩や長州の人々に劣らなかったことが読み取れる。幕臣であれ会津武士であれ攘夷家であれ、この時代の風潮は尊王だったのである。別の意味で面白い詠史《えいし》にはナポレオンやコロンブスを詠んだものがある。「閣龍（コロンブス）」を掲げる。

○漂屍西風験有年　磁針不誤達遙天　蓬莱咫尺猶迷霧　愧死秦皇採薬船

漂屍《ひょうし》、西風、験して年あり。磁針誤たず遙天に達す。蓬莱咫尺《ほうらいしせき》、猶お迷霧。愧死《きし》すべし、秦皇採薬の船。

（溺死人が西風に流されて来るのは長年見てきた〔から海の向こうに住民がいるのは確かだ〕。〔こう思ってコロンブスは〕磁石という利器を用いて遂にアメリカに至った。これに比べ、日本〔蓬莱〕はすぐ近くだったのに、秦皇〔始皇帝〕の採薬船が無益に終わったのは情ないことだ。）

船による探検と聞くと鋤雲は秦皇の志士徐福を連想し、彼をコロンブスの引き合いに出したのである。

洋学を斥けず

鋤雲は漢方医の家に生まれ、漢方医の家を継いだが、コロンブスの伝記を読んだりしたことからも分かるように洋学に興味をもっていた。これは昌平黌で古賀侗庵《とうあん》に習ったことが影響を与えたのだろう。侗庵は儒者でありながら西洋事情を研究し、その知識も空想的なものではなく極めて現実的であった。鋤雲は後年「侗庵先生は、雪の日に学生が下駄のままこっそりと廊下に上がっても叱りつけられなかった」と先生のことを懐かしく回想するとともに、侗庵の意見が時流に抜きん出ていたことを次のように賞讃している。「自分がまだ昌平黌にあった時、海防のことに関して先生が『大砲巨艦、作らざる可からず』と滔々と痛論された書を読んだことがある。その頃頼山陽の『通議』という書も出たがそれは林子平の考えを踏襲して小船で大艦を取り囲みこれを襲う、というような拙劣な策略であった。それに比べると侗庵先生の論議は、世の形勢、得失を正しく見た『真に高世の見』で、先生の著作は、決して迂闊で用をなさないようなものではなかった」。この時鋤雲が読んだ本は多分『海防臆測』であって、この本は初期には写本でしか流通しなかったが有名な書物であった。

このように鋤雲は洋学（蘭学）を勉強した人の議論は合理的で有用であることを知っていた。この洋学に親しむ気分が如実にあらわれているのが「火輪船」という漢詩である。鋤雲の外姪《がいてつ》の堀貞宗は矢田堀景蔵の弟子であったが、安政二年（一八五五）、景蔵が海軍伝習所の学生として長崎に行き、そこでオランダ人から蒸気船の講習を受けることになった際、貞宗も景蔵に同行して長崎に下った。そして鋤雲は翌年、長崎にいる貞宗の許に漢詩二首を送ったが、その詩には「蒸氣輾輪《てんりん》、火舶《かはく》を馳《はし》らせ、硝窓《しょうそう》、浪に映じて洋書を読む。日號の帆影、東歸の日、爾《なんじ》を要して高談し、逸氣を舒《の》べん」という一聯がある（日號のことは次節に述べる）。これは「今頃お前は蒸気船を自由に乗り回し、ガラス窓から浪を見ながら、洋書を読んでいるだろう。観光丸の帆影が江戸湾に現れる時、お前に新知識を聞かせて貰って、私も気分を一新しよう」というほどの意味である。

この詩には、蒸気船、ガラス窓といった異国情緒が溢れ、貞宗からオランダ人や西洋の事物を聞きたいという鋤雲の潑剌とした希望が漲っている。鋤雲は漢学と蘭学を区別せず、良いものをそのまま受け入れるという大らかな気持をもっていた。だから鋤雲は機会があれば西洋の船にも乗ってみたいと思っていた。そしてこの気分が鋤雲の運命を変えたのである。

4　譴責と蟄居

観光丸事件

幕府医官としての生活に鋤雲が満足していたかどうかは分からないが、黒船の来航という日本史の転回点以後もしばらくの間、鋤雲の生活は安穏なままだった。しかし、開国という時代の激変は間接的にではあるが遂に鋤雲の生活に転機を与えることになった。

嘉永六年（一八五三）にペリーが来航し、翌年の初めには日米和親条約が結ばれ、その後オランダ、ロシア、英国なども同様の条約が結ばれて日本は遂に開国した。そして幕府の筆頭老中阿部正弘をはじめとする高級官僚は、今後西洋諸国に伍して日本の独立を全うするためには富国強兵策をとらざるを得ないことをだんだんと理解するようになった。そしてその強兵策の柱が西洋の技術の導入で、わけても急がれたのが沿岸防備の増強と西洋型軍艦の導入であった。あたかもこの時、我が国唯一の通商国のオランダ国王は、蒸気船一隻を寄贈し、この船の操作を教えるためにオランダ人を派遣してもよいという好意を示したので、幕府は喜んでこの申し出を受け入れた。この船が蒸気船観光丸（ス

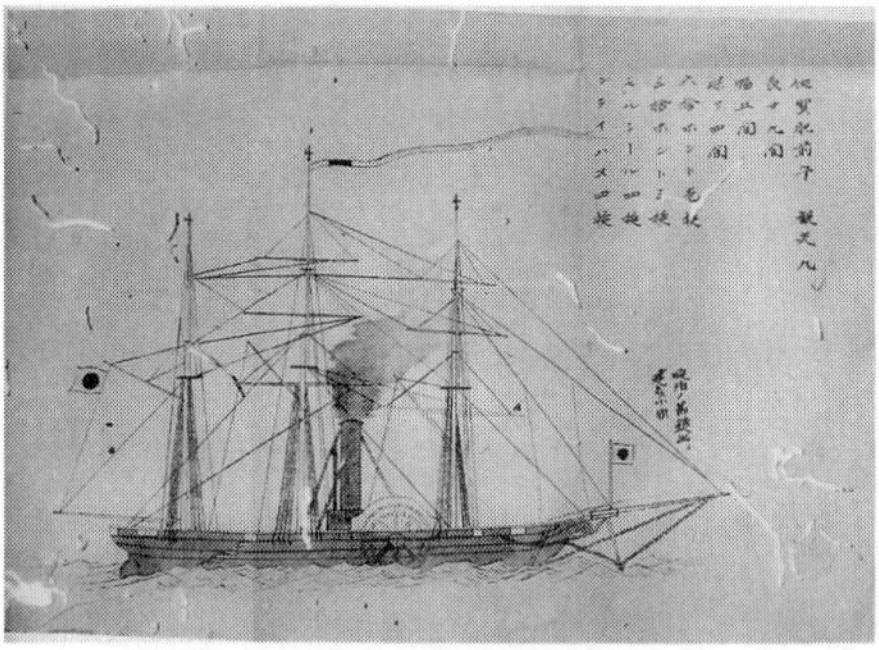

軍艦観光丸の図
（『大日本古文書・幕末外国関係文書』より）

ームビング号、一名スンビン号）で、教官として長崎に来たのがオランダ船将カッテンディーケのほか士官三人、下士官、水夫、鍛工若干名である。安政二年（一八五五）のことであった。

日本側の受け入れの責任者は長崎に出張中だった目付永井尚志で、彼はそのまま海軍伝習所の校長として長崎に留まった。永井は鋤雲より六歳年長であるが、鋤雲に遅れること五年、弘化五年（嘉永元年）の昌平黌の甲科及第者で、嘉永六年に老中阿部正弘に抜擢されて目付となった幕臣中の俊才である。この時の伝習所の生徒には、勝麟太郎（海舟）、矢田堀景蔵、木下謹吾、榎本釜次郎（武揚）、浦賀の与力中島三郎助、天文方出役小野友五郎など後年それぞれの方面で活躍した人々が含まれていた。

安政四年（一八五七）にほぼ教育は終わり、観光丸は生徒たちの手で江戸に回航された。そして同年七月に軍艦操練所が築地講武場中に置かれ、永井が総督、矢田堀景蔵が教授頭取になった。そして幕府は、今回蒸気船観光丸で軍艦操練の実地教育を始めるから「御旗本、御家人並びに悴《せがれ》、厄介まで、有志の輩は罷り出で、真実に修行致すべき」旨、公布した。鋤雲はすでに西洋の学問を齧っており、また甥の堀貞宗に激励の漢詩を贈っていたほどだから、この観光丸の伝習のことを聞いて気持ちが逸《はや》った。そして将軍家付属の漢方医といえども、いつ軍艦に乗らないとも限らない、それなら西洋軍艦のことも知っておくべきだ、と考えて勇躍この伝習に応募し、幕府の許可を得た。後に将軍家茂や慶喜は大坂と江戸との間を軍艦で何度も往復したからこの鋤雲の考えは間違っていなかったのである。

ところがこの進取の気象は保守的な御典医の頭、御匙法印岡櫟仙院《れきせんいん》の気に入らなかった。そして彼は、漢方医は西洋夷狄《いてき》の術を学んではならないという規則がある、西洋の船に乗ること自体は医学と関係がないとはいえ、西洋の物に触れるのは禁令を犯すものである、と理由をつけて鋤雲に蟄居を命じた。滅茶苦茶な論理のように思われるが、たぶん岡櫟仙院は鋤雲が西洋学に同感していることを知っていて、鋤雲を嫌っていたのであろう。だからこのような口実を設けて鋤雲を迫害したのに違いない。鋤雲はこの岡櫟仙院の態度がよほど癪にさわったと見えて、三年後の万延元年（一八六〇）春の書簡に「拙《せつ》（私）、自ら悟る、櫟仙坊と一戦、既に勝を得たり。云々」と書いている。鋤雲がどういう意味で「勝ちを得たり」と判断したのかは判らないが、安政五年（一八五八）の日米通商条約以後の開国の流れが保守主義者たちを押し流したことをいっているのかもしれない。

＊　明治文学全集4『成島柳北、服部撫松、栗本鋤雲集』の解題の中で塩田良平氏は鋤雲の譴責の事情に関して犬養の『栗本鋤雲先生傳略』の記述に疑問を投げかけ、観光丸が献上されたのは安政二年（一八五五）であり、犬養がいう嘉永五年（一八五二）に観光丸に乗れる筈はない、また岡櫟仙院は嘉永元年に死んでいるから、犬養の文中の嘉永五年というのも岡櫟仙院の譴責というのも間違いである、と指摘した。しかし、これは単に犬養が安政を嘉永と書き間違っただけのことであり、また岡家は代々櫟仙院を継いだ

から、塩田氏がいうように先代櫟仙院は嘉永元年に死んだのかもしれないが、次代の櫟仙院がいたのである。『成島柳北、服部撫松、栗本鋤雲集』は現在手ごろに読める唯一の鋤雲の著作なので、この塩田氏の解題に迷わされる読者があると思い、ここに訂正しておく。

失意の漢詩

しかしとにかく譴責を受けて鋤雲は蟄居せざるを得なかった。その時の失意の気持を詠んだ漢詩が幾つかある。鋤雲が失意に陥ったことは生涯に四度あり、最初は昌平黌を退校になった弘化元年（一八四四）、次はこの安政四年（一八五七）、三度目は京都からの横やりで軍艦奉行を免じられた慶應二年（一八六六）、最後は幕府が滅びて帰農した明治元年（一八六八）であるが、次に紹介する詩は安政四年の作とするのが最もふさわしいようである。それは「索居」と題した七律で、その内容は、「索漠たる気持で百日も田舎屋敷に起臥している。払っても払っても情なく無念な気持が沸いてくる。官吏として能力があるといわれたこともあるが単なる一場の談話に過ぎず、医師は国を治すというが、果して何ができようか。あばら家の手すりから月を見てやけ酒を飲み、壁の隙間から吹いてくる夜半の寒風の中でこの痛憤の詩を作っている。人も天も恨みたくなる。誤って、男子四方《しほう》の志（功名心）を立てたのが間違いだった」というようなものである。「荒堦落月無聊酒《こうかいらくげつぶりょうのさけ》 破壁凄風痛憤詩《はへきせいふうつうふんのし》」には鋤雲の激しい憤りが感じられるし、最終句「桑蓬畢竟誤男兒《そうほうひっきょうだんしをあやまる》」には、西洋航海術を学んで世界に羽搏こうとして挫折を余儀無くされた無念さが感じられる。

同時代に作られた七絶「秋夜」の三、四句は「磊磈《らいかい》、未だ湖海の氣を消さず。一星の燈火、兵書を讀む」であり、「讀宋史有感」には「士は禮節に拘って聰明を遺す」「舊に依って經筵《けいえん》、治平を講ず」

という句がある。「秋夜」は、駸々《しんしん》と迫ってくる欧米諸国の勢力に対して命懸けで海防を考えた時代の気分を写しており、「讀宋史」の方は、危急の際というのに旧態依然たる儒学道徳に縛られていた幕府政治の状況へのいら立ちが感じられる。鋤雲は医師であったが、その志は天下にあったことを感じさせる漢詩である。

こうして蟄居させられていた鋤雲であったが、翌安政五年の春、幕府は彼に、函館に移住して当地に在住するものたちの監督をするよう命じた。公式には五年二月に奥詰御医師上席に復帰し、その身分のまま蝦夷地在住を仰せつけられたのである。この移住は岡櫟仙院の顔も立てながら、鋤雲も救おうとした苦肉の策だったのだろうが、この函館移住が鋤雲が世に羽搏《はばた》くきっかけになったのであるから人間の運命は分からない。

鋤雲の名「鯤《こん》」は『荘子』の冒頭、内編逍遥遊第一にある「北冥《ほくめい》に魚あり、その名を鯤となす」からとった想像上の大魚のことで、字《あざな》の「化鵬」は、その鯤が「化して鳥となり、その名を鵬となす」からとったものである。鯤も鵬も「その大、幾千里なるかを知らず」というほど大きいもので、この二つの命名からも鋤雲は、入りては鯤、出ては鵬たらん、という大望があったことが分かるが、函館移住以後、果して鋤雲は化して鵬となり、その字に恥じない活躍を見せることになる。

第二章　函館の産業開発と病院設立――安政五、六年頃

1　この時代の函館

函館は存外良い所

安政五年（一八五八）の春が尽きようとする頃、鋤雲は家族を引き連れて蝦夷地函館に向かった（江戸時代、函館は箱館と書いたが本書では地名としては函館で統一する）。翌年の安政六年（一八五九）に作った七絶「函館送春」で鋤雲は、出立時の気分と一年が経過した後の気分を次のように比較している。

○鷦棲聊得一枝安　笑語送春詩酒闌　不似去年都下別　将離花謝夕陽寒

鷦棲《じょうせい》、聊《いささ》か得たり一枝の安《あん》。笑語春を送って詩酒闌《しいちゅうたけなわ》なり。似ず、去年都下の別、将に離れんとして、花は謝し、夕陽は寒きに。

（みそさざいの巣のように狭いながらも、とにかく我が家を得て、詩酒を楽しんで春を過している。昨年江戸の別れの時は出発する際に花は散り夕日は寒々と照って淋しかったが、その時と同じ春とは思えない。）

このように江戸を去る時の鋤雲は、地の果てに追いやられるような気がして暗い気分だったが、函館に腰を落ち着けてみると案外に活躍の場があるのに驚いた。なぜなら函館は急速に発展し、その地独自の文化さえ花開かせつつあったからである。以下では、鋤雲の函館での多方面の仕事を見ていくが、まずその背景として、安政前後の蝦夷地を一瞥しよう。

堀と村垣の蝦夷地巡視

蝦夷地、すなわち北海道と千島樺太全体は江戸時代には松前藩が治めていた。松前藩は全国で唯一、石高のない藩、奇妙な藩であった。それというのも江戸時代の北海道では米がとれず、人びとは専ら漁獲で生活していたからである。しかしロシア使節プチャーチンが来て、北辺での国境の画定と開港地を要求するに及んで、幕府も蝦夷地をこのまま松前藩に任せておくことの不可能を覚った。それで嘉永六年（一八五三）の暮に長崎で行われた日露交渉の結果を受けて、幕府は翌年、安政元年（一八五四）三月末に目付堀織部（利熙《としひろ》。後、織部正《おりべのかみ》）と勘定吟味役村垣與三郎（範正。後、淡路守）を北地に派遣するとともに、六月には松前藩に函館付近五里の上知を命じ、そこを幕府直轄にした。

当初、堀と村垣の使命はプチャーチンと樺太で落ち合って国境設定に関して協議することにあったが、クリミア戦争のためプチャーチンが来られなくなったので、二人は半年間にわたって蝦夷地の状況を視察し、今後の防備の方法と産業開発の可能性を調査した。そして安政元年秋に幕府に提出された二人の実地見分報告書が、以後の蝦夷地統治と開発の基本理念となったのである。

堀と村垣の安政元年九月附けの復命書は、蝦夷地の土地、気候、産物、防衛施設などについて述べた後、結論として蝦夷地全てを幕府直轄とすること、旗本、御家人の二、三男、その他陪臣《ばいしん》や浪人の志あるものを移して屯田兵とし、農業、漁業、林業などに従事させることなどを建白している。この建白を受けて幕閣は安政二年（一八五五）に松前藩に居城付近以外の上げ地を命じ、蝦夷地のほとんど全てを幕府直轄にした。松前藩の抗議もあったが、元来松前藩の統治には問題が多かったから、アイヌ人も含めて蝦夷に住む人々にとって幕府直轄は恩恵であった。

この頃の北海道は最南端を除いてほとんど無人の地とさえいえるほどで、松前藩吏が駐屯していたのは、室蘭、厚岸、石狩などの北海道各地、および国後や樺太など主に海沿いの十カ所ほどに過ぎず、防備は非常に手薄であった。だからロシア人がアイヌ人を手なずけて北海道をとろうと思えばできないことはないと考えて、堀や村垣はまじめに心配したのである。

五稜郭・箱館丸・諸術調所

蝦夷地全体はこのようであったが、人口の多い南部沿岸地方、すなわち松前から函館、亀田一帯は昔から物資の集散地であり開国後は開港場にもなったから、その地方の防備や外国人の居留地確保、あるいは貿易のために箱館奉行は色々な施設を作った。

最初の二人の箱館奉行、竹内保徳《たけのうちやすのり》（下野守）と堀利熙の二人は、まず、海に近過ぎて外国船に攻撃される危険がある奉行所を函館港から内陸に二キロほど入ったところに移す計画を立て、新しい城を

箱館奉行所（安政４年）
（『目で見る函館のうつりかわり』より）

築いた。これが有名な五稜郭である。また函館港の防備のため弁天崎の海面を埋め立て石垣を廻らして台場を築き、大砲を設置した。五稜郭も台場も、ともに蘭学者武田斐三郎が西洋築城書だけを頼りに設計したもので、現在も残る五稜郭は彼の実学者としての力量を示す記念碑である。両工事は安政三年（一八五六）頃から取りかかり、弁天崎台場は文久三年（一八六三）、五稜郭はその翌年の元治元年（一八六四）に竣工した。だから鋤雲が函館にいた頃は工事の真っ最中であった。

また堀は北地の防衛や産業発展のためには、砲台ばかりではなく西洋式の軍艦や輸送船を常備する必要を覚り、幕府に申請して二隻の西洋式船を受け取ったが、それでは不足として、別に函館で独自に西洋型船を製造しようと目論んだ。そしてこの船の製造を請負ったのが函館在住の続豊治という船匠だった。彼は函館に入港する外国船に役人の従僕として忍び入り、構造を調査し、研究の末に西洋船の建造法を自得した。彼が作った最初のスクーネル船は安政四年（一八五七）に進水し「箱館丸」と名づけられ、安政六年には二隻目の「亀田丸」が竣工した。これらは全く外国人の手を借りずに作られた日本最初の西洋型船で、しかも堅牢、快速、極めて性能のよい船だった。堀や竹内などの奉行は交替時にはこれらの船で江戸に戻ったし、文久元年（一八六一）には武田斐三郎らが亀田丸に乗り組んで、ロシア領黒龍江のニコライエフスクに到り、貿易を行い地理や風俗を調査して四カ月の航海を終えたこともあった。開国した日本が最初に行った海外貿易といわれている。

安政三年に堀、竹内両奉行は、武田斐三郎に「諸術調所」を起させた。武田は五稜郭の設計をしながら「綜覈館《そうかくかん》」と名づけた学校で土木方面のみならず、航海法、測量、砲術、造船、舎密《せいみ》（化学）などを弟子たちに教えた。綜覈館は武田の私塾のようなものだったから創設は簡単だったとはいえ、幕府の洋学所「蕃書調所」とほとんど同時に僻遠の函館の地で「官製の」洋学が講じられたことは驚きであり、堀、竹内の開明性は高く評価されるべきであろう。

諸術調所からは山尾庸三、井上勝、前島密などが出た。山尾と井上は長州藩士で後に井上馨、伊藤博文らとともに英国に密航した。帰国後、山尾は工部省で工学寮（東大工学部の前身）を起し、井上は日本の鉄道の父となって、ともに明治日本の殖産興業に尽力した（東京駅丸の内口の外に井上の巨大な銅像が建っているのを知っている人もあるだろう）。また郵便事業の開設者として有名な前島は明治時代に郵便報知新聞において鋤雲と縁が出来る人である。こうしてみれば武田の諸術調所はよくその教育的目的を果したといえるだろう。

外国人たちと日本人移住者

横浜ほどではなかったにせよ開港地となった函館にはかなりの数の外国人領事や商人が住み着いた。『函館市史』によれば、和親条約締結後、最初にやってきたのはアメリカ人ライスで、彼は貿易事務官として一人でやってきて、アメリカ人らしい天真爛漫というか

明治期初めの函館港（『写された幕末』より）

傍若無人な振舞を見せた。彼は雌牛を請い受けて牛乳を飲み、豚を屠ってその肉を奉行所の人たちに分け与え、道で足を痛めた足軽を治療したかと思うと、山の上町の遊女を支度金五両、年給百三十両で雇って妾にしたりもした。彼は通商条約締結後多くの外国人が来る前に、函館の人々に外国人とはいかなるものかを知らしめるモデルの役を務めたようなものである。

ライスの後を追って安政六年（一八五九）からは、ロシア領事ゴシケヴィッチ、英国領事ホジソンやユースデンが次々に到着し、この外にも英国商人数名、アメリカ、ロシア、ドイツなどの商人たち、これに加えて彼らの使用人や下働きのシナ人もいたから、函館は確かに国際都市だった。

これらの外国人の中には在函時に様々な文化的業績を挙げた人もいる。たとえばロシア人は写真術を教え、病院を作ったし、牧畜やストーブ制作などは英米人が教えた。学術方面では英国領事ホジソンやロシア人マキシモヴィッチの植物学への貢献、英国商人ブラキストンによる動物相の分界としての津軽海峡の発見などは特筆に値するものである。中にはアイヌの墳墓を勝手に発掘し、骨を英国に送るなどという怪しからぬ事件も起ったが、北海道の科学的研究が西洋人の手で始められたことは確かである。また日本語と各国語の辞書の制作など、語学的研究もなされた。後に述べるように鋤雲が親交を結んだメルメ・カションもこの方面で業績を上げている。

外国人問題もあったが、箱館奉行たち（今でいえば北海道知事である）が何よりも心を砕いたのは蝦夷地全体、特に南部北海道の人口増殖であった。堀利熙は既に安政二年（一八五五）二月に手紙の中で、蝦夷地の防備のためには「人種を移し候儀肝要に御座候」と人口増加が第一の課題という認識を示している。安政五年（一八五八）の函館にはすでに二千戸の家があり、人口は万を越すほどであったが、新たな開発のためには在留者だけではとても足りず、幕府は、旗本、御家人やその二、三男、その外百姓町人、あぶれ者に至るまで北海道移住を奨励した。しかし新しく移住してきた浪人や農工商の人々をどのように新しい天地で生計を立てさせるか、その環境整備をどうするかは大問題であった。殖産興業や衛生、それに文化道徳方面の事業まで奉行所が全てを管理することは不可能で、それぞれの方面は住民の自発的意志でなされるのが望ましかった。もちろん奉行所との意思疎通が必要条件であったが、民間レベルでの自助努力は箱館奉行としても望むところであった。

ここに鋤雲の働く天地があったのである。鋤雲は幕府の医師という資格で函館に遣られたのだが、彼は治国平天下を夢見た儒者でもあったから、このように雑然としてはいるが、その反面活気に溢れた函館で、安穏に医者だけをしている気にはなれなかった。だから奉行や箱館奉行支配組頭（今なら道庁の副知事か部長級）から頼まれればどんな仕事でもした。自伝に「安政五年、命を蒙って蝦夷に入り移住諸士を統率し、旁《かたが》た山林開拓、植物播種、病院創立、養蚕紡績諸事を督す」と書いているように、鋤雲は医者の仕事もしたが、それよりむしろ移住者たちを率いて殖産興業を行ったのである。

こうして鋤雲は函館という思わぬ場所で経世家としての第一歩を踏み出すことになった。

なお、奥詰め医師で函館在住という鋤雲の身分は、箱館奉行の直接の支配下にはなかった。なぜなら医者は儒者などと同じく若年寄支配で箱館奉行所の役人のような老中支配ではないからである。だから鋤雲が働いたのは上役の命令ではなく、役所から相談を受けて引き受けた、という形であった。ただ文久二年（一八六二）に鋤雲は医籍から士籍に移って、それからは箱館奉行支配組頭になっている。

2　産業振興と鋤雲が愛した人びと

七重村薬園

鋤雲は回想で「自分が箱館にいたのは六年間、それほど長い年月ではなかったし、その上官庁勤務でもなく、漫然と日々を送るのみで……」と書いているが、忙しくはしなくても在函中に沢山の業績を上げている。そしてそれらの事業そのものにも見るべきものがあったが、それ以上に特筆すべきことは彼が暖かい心で多くの人と交わったことで、それは『匏庵遺稿』中の「箱館叢記」「七重村薬園起原」「養蠶起原」などから見てとれる。鋤雲はともに働いた無名の人たちの業績を明治になっても忘れることなく、個々人の名前を挙げてその仕事や人となりを文に記録した。人間としての鋤雲の魅力はこのような他人を尊重する心と包容力にあるので、以下では鋤雲の付近にいた人たちについても筆を惜しまず紹介する。まず農業方面から述べる。

七重村は函館と湾を隔てて七、八キロ先にある人戸稀な広漠地で、山と浜に小部落があった。文化

河津龍門
（『幕末外交談』より）

年間（十九世紀初頭）、蝦夷地が天領（幕府の直轄地）だったとき、ここに薬園を開いて朝鮮人参を栽培したことがあり、鋤雲は江戸で製薬局に勤務していた頃七重村産の人参に関する批評をよんだことがあった。その前例に倣《なら》って安政度にも箱館奉行所は、組頭の河津三郎太郎（名は祐邦、号は龍門）の発起で再び七重村に農園兼薬園を起そうと計画した。今回の計画は文化度より大掛かりで、最初に、強い海風を防ぐ防風林として松杉を仕立て、次いで殖産として養蚕のための桑を植え、その他薬草や蝦夷地特産植物の栽培に及ぶ予定であった。諸藩でもそうであったが、明治維新の前から殖産興業は具眼者の注目する所であった。そして鋤雲は河津から実地監督を任された。

鋤雲はまず松と杉のタネを佐渡から取り寄せて播き、文久の終わり（一八六二）には数十万本が一、二メートルにまで育っていた。これらの木々はまず五稜郭まわりと函館から七重浜や七重村に出る官道に列植し、個人にも安く売り渡す計画だった。桑も本土から取り寄せたものと自生のものとを継ぎ木したり、種を蒔いたりして蚕を飼うに足りるほどの量になった。こうして作られた桑を食べて育った蚕からとれた絹糸からは、郡内織、黒八丈、縞七々子《ななこ》などが織られ、これらは函館の名産となった。

朝鮮人参も会津人黒河内五八郎という士を雇って作らせてみたが、これは形だけは立派なものができたが身がしまらず効き目も薄かった。鋤雲によれば「一般に北地のものは粗大になり易い上、肥料をやり過ぎるのがいけない。根が幾つにも分かれたような細いものは「気味純烈」で薬効がある、だから昔から人の形をしたものを貴ぶのだ」そうである。

久根別川の浚渫

鋤雲は薬園の長として江戸巣鴨の植木屋吉野勘太郎の倅の鉄太郎を使った。彼は鋤雲が江戸にいた時分からの僕《しもべ》で、鋤雲についてはるばる江戸からやって来たのであった。鉄太郎は鋤雲が函館を去った後もその地で農業を続け、遂には御薬園も買い取って自己のものとし、西洋果樹などを植え成功者となった。そして明治二十年(一八八七)頃、彼はすでに廃されて久しい御薬園という名前を改めたいと、鋤雲に新しい名称を選ぶよう頼んできた。そこで鋤雲は「親子園」と名づけてやった。園の主人が草木を生育するのは慈母が赤子を育するのと同じで、材となった草木が園主を養うのは子が親に報いるようなものである、しかもオヤクエンとオヤコエンの音は近いから、呼び名としても至極良い、というのである。この農場は現在もあるだろうか。

明治九年(一八七六)十一月二十日の郵便報知新聞への鋤雲の投書によれば、維新後、七重村には開拓使の勧業試験場が置かれ、四十万坪余りの土地に水田や樹木園が整備されて多くの産物を生み出したという。そして鋤雲は自分たちの見立てが誤りでなかったことを喜び、投書の末尾に「勧業試験場設置以前からある樹木は壮年の頃幕府の命で自分達が手づから植えたものである。その松杉は鬱蒼とした林をなし、古い住民はこれらを『栗本杉』と呼ぶものもあるそうだ。また薬園中の道は先日明治天皇の御駐輦《ごちゅうれん》の場所となったという。ああ、何ぞその栄幸なるや」と感激した。『函館市史』によれば鋤雲たちが育てた松や杉、あるいは桜や楓は元気よく生育し、現在も見ることができるという。

薬園を開いたらその産物を函館に出荷する必要があるので、鋤雲は久根別川に水運を開くことを建議して奉行の許しを得、越後人寅蔵に命じて五百人の人夫を使って久根別川を浚渫《しゅんせつ》させた。久根別川は七重村薬園の辺りからはやや川幅も広くなるが、その下流も紆余曲折して海に入るというような中小河川だった。浚渫といっても岸の木々を切り払ったり、浅瀬を浚《さら》うくらいだったと鋤雲は謙遜している。船は函館の船大工島野市郎次に長さ四間三尺（八メートル）、幅五尺（一・五メートル）のもの三隻を作らせ、冬には炭俵三十俵、夏には薬園の農産物を積んで下り、帰りは函館から肥樽三十桶を積んで戻ったという。今から見ればごくわずかの物資の輸送に過ぎないが、その時代の小規模経済圏では立派な産業であったのである。

薬園の産物販売もさることながら、この物資輸送は思いがけない所で函館の人々に恩恵を与えた。函館は魚や蝦《えび》が沢山とれるので、農作物の肥料にはこれを用い、本州なら田舎の百姓が貰っていく町の糞尿は処理費をはらって業者に捨てさせていた。しかし公徳心のない彼らは糞尿を沖の海までもって行かず、時には近郊の海山に放棄した。それで湾内の昆布は糞昆布といって拾うものはなく、また山中に蕨《わらび》狩りに行って廃棄された糞便中に足を踏み入れ難儀するものも多かった。ところが久根別川の開通後糞尿が七重村までもっていかれるようになったので、人びとはとても有り難がったそうである。

養蚕業と七重村屯田兵

函館に養蚕業を起そうとした河津龍門の準備は周到であった。彼はまず上野国伊勢崎から機織りのちかという婦人を呼び寄せ、八丈縮緬という織物をこしらえさせた。この生地は人気が出て十分採算が取れた。こうして、良いものさえ作れば函館でも機織りが産業として成り立つことを農民たちに知らしめてから河津は養蚕業に取りかかったのである。寒冷地での養蚕は難しかったが、室蘭地方で南部（現在の岩手県）からの移住者たちが蚕の飼育に成功したという知らせがあったので、箱館奉行所も武蔵八王子千人同心の二、三男や厄介を蝦夷地に移住させた。平時は農業や養蚕業に従事させ、一旦緩急の際には兵士として国土防衛に当らせる、所謂屯田兵を組織しようと図ったのである。

河津の心積りでは、これらの者たちが産出した糸や織物は産物会所（主に内国交易を扱う箱館奉行所直轄の商取り引き機関。調査、紹介、販売、管理など広範な業務を行った）で引き受ける予定であって、これら同心の監督も奉行所が行う手筈であった。ところがこのとき八王子千人同心の子弟厄介という触れ込みでやってきた連中の中で本当の同心の二、三男は八十人ほどに過ぎず、残りの二百人は江戸三河町の渡り中間の年を取ったもの、あるいは東海道沼津駅の煙草切りなどであった。幕末には武士の株を売買することができたので、これらの無頼遊惰の輩が千人同心の組頭へいかほどか金を納めて同心株を手に入れ、募集に応じてやって来たのである。だから、養蚕はもちろん、鍬や鋤をとる業さえろくろく出来ない者たちであった。こんなやくざものだから奉行所が資金として与えた金は酒食に使い尽して、彼らは一向仕事に取りかからなかった。

計画の立案者、河津龍門もこれには困って善後策を鋤雲に相談に来た。鋤雲は、当分奉行所官吏の介入を一切謝絶するという条件をつけて彼らの処置方を引き受けた。そしてまず居宅を作らせるという所から始めた。自宅をもてば一家の主としての自覚が生まれるだろうと思ったからである。鋤雲は自ら蓑笠草鞋がけでこれらやくざ者たちを引き連れて七重村藤山郷の山に入り、長柄とよばれる細木を切り取らせ、これを竹の代わりに屋根の下地として用いて家屋を作らせた。こうして住む家ができると彼らも漸々と養蚕を家職と思うようになり、女房持ちなどは家内で機織りも始め、黒八丈などの織物を産物会所にもち込むまでになった。鋤雲の計画は図に当ったのである。

この挿話は鋤雲に「威あって猛からず」という人間的威厳と慈愛とが備わっていたことを思わせる。口絵の最初に掲げた鋤雲の写真は、その大柄な体格と一筋縄ではいかない容貌と、それにどことなく愛嬌のある全体的印象とがあいまって、これなら無頼の徒たちも自然に服従しただろうと感じさせる。彼が八王子千人同心の難物どもを制御した功績を河津龍門は深く徳とした。そして文久三年（一八六三）に鋤雲を鉄砲方として江戸に戻し、暴れ者の集団であった新徴組の頭にしようという案は、河津の推薦によったものらしいから、函館での鋤雲の功績が自らの前途を開いたわけである。

牧牛と熊狩り

この他にも鋤雲は、千歳湖畔での漢方薬採集、山繭の飼育や製塩業の起業、綿羊や牛の放牧の監督などを行ったが、成功したものは少なかった。漢方薬では朝鮮産と同じ五味子（さねかづら）を発見した。さねかづらは漢方薬としては痛み止めに使われ、整髪料（鬢付けだろうか）などとしても有用なものだったらしい。この北五味子は将軍の使用品として毎年献じられたそうである。

山繭は、蚕に成功したのに刺激されてやってみたが繭となるものが少なく失敗した。製塩は奉行竹内下野守の発起で、洋学者武田斐三郎に西洋式製塩法を訳させて、それを実行しようとした。その方法は明治になって小野友五郎（数学に優れた蘭学者で、咸臨丸で渡米した。明治以後製塩業の発展に尽した）が行った方法と同じであって、潮水を高く立てた竹などに滴らせて水分を蒸発させるやり方であったが、安政期の函館では水を高い所に揚げる仕組みが難しく成功しなかった。

牛、豚、綿羊の飼育については、安政六年（一八五九）七月に箱館奉行所から栗本瑞見に対して「箱館に寄港する外国船から牛を売ってくれという要求が多いのに今までは飼う者がいなかった。この度その方が引き受けると申し出たのは殊勝である。それで南部牛を百七十頭移入するから箱館近辺で蕃殖させせよ、豚と羊も同様である、もし蕃殖に成功すれば将来輸出品にもなるであろう」という申し渡しが行われている。この申し渡しから分かるように、北海道の牧畜は外国船員の食料に端を発していた。開国直後から外国人たちは牛肉を売ってくれと奉行に申し入れていたのだが、それはなかなか実行できなかった。その理由は我が国では伝統的に牛は耕作用であって、東北地方の百姓たちは牛を殺すことに抵抗を感じたからである。開国すると思わぬ文化摩擦が起こるという好例である。

こうして軍川の野を拓いて牛を飼うという計画が立てられ、薩摩人の肝付兼武（海門）を主任とし、鋤雲はその監督になった。しかし牧牛はうまくいかなかったらしい。一つの理由は熊の害であった。鋤雲は次のようなエピソードを書き残している。万延元年（一八六〇）八月十八日の朝、軍川の牛牧場にヒグマが出たというので、鋤雲は肝付とともに百人の勢子を催して七重村薬園から押し出し、十日ほどかけて熊を捜索した。しかし折しも大雨が降り風も強く、ずぶぬれになっただけで遂に得るところがなかった。それから二十年ほど後、明治になって肝付海門はその時の事を思い出し、鋤雲に漢詩を贈っている。それは

○駆逐熊羆往又還　櫛風沐雨一旬間　如今老去脾生肉　夢繞蝦州千壘山
熊羆《ゆうひ》を駆逐せんとして往き又還る。櫛風沐雨《しっぷうもくう》、一旬（十日）の間。如今《じょこん》、老い去って脾《ひ》に肉を生ず。夢は繞《めぐ》る、蝦州《かしゅう》千壘の山。

というもので、鋤雲はこれに次韻した。二人にとって熊狩りは懐かしい思い出だったろう。

松川弁之助の人物

本節の最後に鋤雲が愛した豪爽な二人の北地移住者を紹介しよう。前述の七重村の薬園の開墾や久根別川の浚渫工事は越後人の土方《どかた》寅蔵が請け負って行ったが、彼は松川弁之助という人物の手下だった。鋤雲は松川弁之助の人物を高く買っていて「養蚕起原」に彼のことを長く書いている。現在、弁之助については越後人物史や樺太開発史関係のホームページなどに紹介されているが、その主要な情報源の一つはこの鋤雲の記述ではなかろうか。

弁之助は資産も相当にあった越後蒲原郡井栗村の大庄屋だったが、武技を好み江戸に出て兵法を学んだ。この時河津龍門と同門となり、彼から「今の時に当って力を北島に尽すは皇国第一の忠勤」と

松川弁之助
（『目で見る函館のうつりかわり』より）

諭され、その意気に感じてともに北海道に渡り、河津は官にいて箱館奉行支配組頭となり、弁之助は民間にいて多くの手下を使い農業、土木事業、漁業のことに尽力した。彼は金儲けの為に仕事をしたのではなく天下国家のためにしたので資産を使い切り、遂に樺太沿岸漁業に失敗して破産してしまった。

鋤雲は彼の志を憐れみ、特に彼が樺太南端東側にあるシレトコ岬（北海道根室の知床岬ではない）を廻る航路を開いたことを特筆している。

その文で鋤雲は「（弁之助がこの航路を開いて）初めてこの岬の北へ船を乗り廻すことができるようになった。これは享保の初めに河村瑞賢が南部の尻矢崎を回航し、それ以来、津軽や秋田の船が日本海から太平洋に抜けて江戸の海に達する航路が開かれたのと同じ偉業である。然るに瑞賢はその名誉を後世に伝えられたのに、弁之助のことは世にこれを知る者もない。ことに唐太《からふと》の地は今（明治十二年頃）やロシアに割與されてしまったから、私が、このことをここに書き載せなければ、後世の人は誰も、弁之助が心を盡してこの航海を行ったことを覚えていないだろう。弁之助は実に勇ましい老人であった」（元、文語文）と書き、続いて安政の終わりの弁之助の容貌を写して「その人すでに六十に近く、頳顔白髪《ていがんはくはつ》、頷下《かんか》（あごのした）の長髯《ちょうぜん》銀針を束ねたる如く、音吐洪鐘《おんとこうしょう》の如く、強健にして能く山路の崎嶇《きく》たるを経る、平地の如くなり」と書いている。幕末の北海道にはこのような人がおり、鋤雲はこの人々を愛したのである。

平山金十郎　もう一人は平山金十郎である。この頃幕府の士が蝦夷地に移住した理由は、八王子千人同心のような喰い詰め者以外は「幕命でやむを得ず」というものがほとんどだったが、中には自分の意志でやってきた人もいた。間宮林蔵、近藤重蔵とともに文化の三蔵と言われた兵法家平山剛蔵の子、鋭次郎もその一人だった。鋭次郎は蝦夷地開拓を目論んだ父に似て奇行が多かったが、彼が養子にした金十郎は長身白皙《はくせき》、性格は温厚寡黙で人に忤《さか》らわず、多くの人に愛せられた。金十郎は平山氏の養子になる前は鋤雲の家で書生をしており鋤雲の髯を剃ったり酒肴の用意をしたりとよく働いていた。

金十郎が平山氏を継いだ後、世が変って明治元年（一八六八）に函館が官軍の管理下に入ると、ほとんどの幕臣は江戸に戻ったが、金十郎は徳川氏のために官軍の代官所を襲い函館を奪回しようと思って北海道に居残った。しかし事が露見して官軍に捕らえられてしまったが、彼は計略を使って逃亡し、今度は床屋の奉公人となって松前に潜伏した。そして榎本武揚らの幕府脱走軍が函館に至るや、金十郎もその傘下に入り、中島三郎助に従って力戦した。中島は降伏を肯《がえ》んぜず討ち死にしたが、金十郎は傷も負わず、官軍にも捕まらず、またもや蝦夷地に潜伏した。しかしやるだけの事はやったから、こうして邊地で逃げ隠れするより運を天に任せて本州に戻ろう、と彼は小舟一艘で津軽海峡に乗り出し、首尾よく南部の地、下北半島に着いた。以後の足跡は杳《よう》として不明であるが、ある人がいうには駿河の江尻宿のはずれで洋品雑貨を鬻《ひさ》いで生計を立てていた男が金十郎によく似ていたということである。

以上は「真勇似怯」という題で『匏庵遺稿』に出ている。幕末には色々な人生があったが、鋤雲は金十郎のように一見温厚でありながら恩義のためには死をも辞さぬ男が好きだったのである。なお、この話をもとに中山義秀は『月魄』という題で短編を書いているが、話の筋だけでなく文の形容も「真勇似怯」を下敷きにしているところがあり、鋤雲の筆力が文学としても十分読むに耐えるものであることを証している。

3　函館病院設立と函館の生活

遊女屋の積立金

開拓者と同時に医師でもあった鋤雲は函館の病院建設に尽力した。函館病院の創設は市中の医師たちの発起によるもので、鋤雲が函館に来た翌年の安政六年（一八五九）に山の上町の娼妓たちの梅毒治療のための施療院を作ろうというところから始まった、と鋤雲は書いているがその主唱者は鋤雲自身だったと思われる。この頃の函館は発展途上だったから本州からの一旗組やあぶれ者たちが多かったし、船乗り稼業の男も沢山居たから、当然売春の女たちも多かった。そして貧乏な彼女たちは日々の稼ぎに追われて、病気になっても医者にかかることは難しかった。その悲惨な有様をみた医師たちが娼妓や貧民のために病院を建てようと考えたのは当然といえば当然である。

ただ先立つものは金、だったが、それは、江戸できちんとした学問を修めた鋤雲ともう一人の取締、塩田順庵が函館の医師たちに講義をしてその束修（授業料）を醵金して充てることにした。ところが丁度この時、函館駐在のロシア領事ゴシケヴィッチ（プチャーチンとともに長崎、下田に来た漢文翻訳官）も病院開設を企てているとの報が入ったので、奉行の竹内下野守は「市中の医師は既にこの挙に着手している。況んや我が日本人の疾病を治すのは我等日本官吏の為すべきことで、敢えて他国人の手を借りるべきではない」と、官民の有志に募金を呼び掛け必要な金を調達してくれたので、万延元年（一八六〇）の冬には棟上げを行うところまで漕ぎつけた。ところが好事魔多しのたとえ通り、その棟上げの夜、大雪で建物は倒壊してしまった。医師たちはこれに屈せず、今度は町年寄りなどと相談し、山の上町遊女屋の積立金二千両を借り受け再建しようと相談を持ちかけたところ、遊女屋の主人たちも、貸し金は遊女の治療費で返済するということで了解してくれた。こうして函館病院は文久元年（一八六一）に開設され、現在も市立函館病院として存続している。

病院の設計は鋤雲に任され、彼は江戸の医学所に倣って、二百坪余りの堂々たる建物を作った。医師たちの学問所たる講堂の正面には大己貴《おおなむち》、少彦《すくなひこ》二神の霊を祀り、竹内奉行に書いてもらった「以衆醫精究學術　禱元々被免横夭」（医者たちが学術を研鑽して、その結果、人びとが横死や夭死を免れるよう祈る、という意味）という幅が掲げられ、その右には鋤雲の祖父栗本瑞仙院法印筆の神農像を、左には菊池容斎の筆になるヒポクラテスの像を安置したという。神農はシナの伝説にある三皇の一人で「百草を嘗めて医薬を製した」炎帝のことで、ギリシャ人ヒポクラテスは西洋医術の祖である。このように函館病院は和漢洋を問わず何でも学び、治療によい事なら何でも患者に施した。鋤雲らしいやり方である。

函館の医者たち

初期の函館病院では、奉行所お雇い医師の下山仙庵など十二人が交替で診療に当った。彼らの多くは漢方医であったらしいが、田沢春堂と深瀬洋春は蘭方医で、二人は安政の後半期に蝦夷地を巡回し、アイヌ人、和人の別なく種痘を施した。これは多くのアイヌ人が天然痘で死ぬのを憂えた箱館奉行によって行われた善政で、我が国最初の大量種痘であった。函館病院の医師たちは時代の先端を行ったのである。

鋤雲とともに函館の医師たちに講議した塩田順庵はもとは加賀の人であるが江戸に出て幕府の医官塩田家を継いだ。彼が函館に来たのは鋤雲の二年前、安政三年（一八五六）であった。彼は読書を好み珍本を次々に手写したが、その一本『海防彙議』は、渡邊華山の「慎機論」や佐久間象山の「真田侯に上る書」など数十編を集めた写本で多くの人に読まれた。なお順庵の第三子塩田三郎は函館でカションからフランス語を習い、幕末にはフランス語通訳として横須賀製鉄所建設の交渉に当り、明治期には駐清公使などの要職を務めた。

函館病院建設の翌年にはロシア人も病院を作ったが、新島襄の『函楯紀行』によれば函館病院よりそちらの方に庶民の人気はあったそうである。その理由は簡単で、食事や薬が上等で、しかも無料だったからである。西洋諸国の東洋進出の際には、経済的進出と同時にキリスト教の伝道や貧民救済、あるいは病人看護が行われたが、日本の為政者や指導層は、これは愚民を手なずけて日本を乗っ取ろうとする企みではないかと疑った。ロシア人の真意がどこにあったか、日本側の猜疑がどこまで当っていたかは別として、このロシア病院は明治以後まで存続したという。

名奉行竹内下野守

「函館叢記」に鋤雲は、幕末の函館付近の人物や産物をたくさん挙げている。たとえば人物では「平生五穀を食わず、塩味を食わず、ただ蕎麦を食して病を避け、婦人は近づくるも暖を取るのみ」というヲシャマンべの新井小一郎、朴訥な人柄で荒馬の調教に手腕があった小島栄左衛門など、産物では函館近郊の尻澤邊から出土した古い時代の土器や石器、あるいは砂鉄、砂金、鉛鉱石、硫黄採掘のことなどであるが、多岐にわたるのでこれらは省略し、以下では鋤雲の函館での日常生活に関連して、奉行の竹内保徳《たけのうちやすのり》と北海道の食物および工業のことを紹介してみよう。

竹内下野守
（『幕末外交談』より）

鋤雲は箱館奉行竹内下野守と親善で、竹内は役所から帰ると、武田斐三郎と鋤雲を呼んで酒を飲み、四方山の話をした。竹内保徳は鋤雲より十五歳ほど年長の幕臣で、専ら勘定方を歩み、嘉永五年（一八五二）には勘定吟味役という今の大蔵次官のような役に進み、同時に海防掛となった。海防掛はこの頃の筆頭老中阿部正弘の下に置かれた外務省のようなもので、幕府の開国路線を押し進めた官僚群である。竹内は安政元年（一八五四）にペリーと下田で交渉した直後、六月末に箱館奉行に任じられ直ちに蝦夷に向かった。この年の四月、堀織部と村垣与三郎が北方の検分のため蝦夷に派遣されていたが、彼らの公式報告書が江戸に申達される以前に、幕府は函館地方の直轄を決め、竹内に赴任を命じたのである。竹内が村垣の帰府を待たず即刻出立したことを鋤雲は「いかにも果断神速」と賞賛している。竹内は「寛厚の長者」で函館の人民に好かれにしん奉行の渾名を得た。この時代、蝦夷地の景気を左右したのは米作の豊凶ではなくにしんの水揚量だったが、竹内が在函の年は不思議に豊漁であったので、庶民は竹内の徳を賞してこの名を奉ったのである。

蝦夷三絶と函館三名工

竹内、武田および鋤雲の酒の席では北海道の産物が話題になった。土着の人はテシホ川のしじみ、アッケシ湾の牡蠣、トカチ川の鮒をもって「蝦夷の三絶」といって誇るが、アッケシの牡蠣のみはやや称するに足るとしても、他は普通の品である、というのが鋤雲の説である。これらは、昔江戸を離れた人が僻遠の地たる蝦夷で思いもかけず牡蠣やしじみを見い出し、品川の牡蠣や業平橋のしじみを思い出して感動したに過ぎず、在五中将業平が隅田川で都鳥を見て九重の都を思い出したのと同日の談、と鋤雲は笑っている。そして、独《ひと》り北海道のみに産し、しかも輸送できぬ真の「蝦夷の三絶」として鋤雲が推奨するは、繪柄の帆立貝、エトロフの紅鱒、および石狩の背腸《せわた》である。背腸とは鮭の脊髄に粘着した紫黒色血液の塩辛のことである。鋤雲は、繪柄の帆立貝は大きいことと味の脆美なること漢土（シナ）のタイラ貝の優ると言い、エトロフの紅鱒は千、万尾中に数尾を得るのみで、その肉を青磁の皿に盛れば「萬緑叢中紅一点　悩人春色不在多」の感があると漢詩まで引いて推賞し、背腸のような魚の内臓の食品で著名なものは肥前野母の唐墨《からすみ》、三河挙母の海鼠腸《このわた》、越前福井の雲膽《うに》、日向延岡の香魚鰤（鮎のウルカ）であるが、「算して、石狩の背腸に至らざるは、予、頗るこれを憾めり」と残念がっている。

この他に雷鳥を毎冬二、三頭食べたこと、ムイという一種の貝類のこと、ザリガニ（ヲクリカンキリ）のことなどを鋤雲は記しているが、どの記事にも博物学的な考察とともに、芭蕉の句「蛇喰ふと聞けば怖し雉子の聲」や、土人のいい伝えであるムイと石決明《あわび》との戦いとか、フランスのザリガニとの比較など和漢洋にわたる簡単な挿話が附されていて「函館叢記」は読むのに骨が折れるが面白い読み物である。

鋤雲の本草や特産食品の話を聞いて竹内奉行は、見るところ符節を合するが如し、と興に乗り、今度は鋤雲に函館三工の話をしてきかせた。この頃の函館には、腕の良い職人が多かったが、中でも、鋳金、鍛金に秀でた銅屋久五郎、木工から鉄工までをこなした工藤林十郎、船大工の続豊治は名人の域に達していた。銅屋久は簪、煙管などの小物から大砲小銃の類まで金属細工なら「人意に応ぜざるなし」であって、林十郎は種々の箱ものの製造から始めて小銃の台尻の制作、さらには西洋のピストルをモデルにして立派な六連発の拳銃まで作った。続豊治の箱館丸、亀田丸の建造についてはすでに述べた。竹内はこの三人を函館三工と名付けて推賞したのであるが、三人とも平和的な日本的生産品から、西洋の武器や船舶の製造に移行していったわけで、時代の流れが興味深い。

なお余談であるが、銅屋久五郎や続豊治は高田屋嘉兵衛（北海道海運業の偉人。十九世紀初頭、ロシア人ゴローウィンの釈放に関して、ロシア船長リコールドと協力し、日露友好にも尽した）が造船などの工業振興のために、函館に呼んだ人たちであるという。嘉兵衛はこの他にも飢饉の際に、千人の人々に大石を牽かせて賃金を与え彼らに生計を立てさせるなど、函館の恩人であった。これらのことは、後年鋤雲が岡田僑著「高田屋嘉兵衛伝」のあとがきに書いている。

4　文化摩擦と時代の流れ

本節は鋤雲と直接の関係はないが、彼がいた頃の開港地の面白い風俗と時代の流れを紹介する。

遊女屋とロシア人

安政六年（一八五九）七月、ロシア領事ゴシケヴィッチが箱館奉行所に抗議書を送ってきた。その抗議書には、昨日ロシア士官オーワンドル・ナチーモフが街路を歩いていると日本人が石を投げつけ、逃げる士官らを宿所の寺の中まで追いかけてきた、そしてその石が番をしていた水夫に当ったので水夫たちが石を投げた日本人ひとりを捕まえた、だからこの日本人を厳罰に処してもらいたい、と書いてあった。そこで奉行所は部下をやって詳細を取り調べさせたところ、次のようなことが判明した。

オーワンドルは札つきの乱暴外人であって、芸者や揚屋の主人たちも難渋していた。彼は入港した

函館の遊郭（文久３年頃）
（『目で見る函館のうつりかわり』より）

アメリカ船の乗組員たちと五人で一カ月も前から、山の上の遊女屋に上がって遊興していた。最初の時は酒食を携えて登楼し、芸者を呼んで遊んでいたが、店の者が所用があって彼女らを部屋の外に呼び出そうとした所、彼らは怒りだして剣を振り回しピストルを取り出して「銃口を向けて打ち殺すべきよし申し罵り、（日本人たちは）狼藉の所為に恐怖し、芸者踊り子一同、病気のよしを言いて漸く遁《のが》れ帰」った。それで彼らはますます怒って、畳を蹴立て、襖障子を蹴倒し、席上の皿鉢、徳利茶碗などを打ち壊し、散々に乱暴して明け方六時に帰った。それから四日後、またオーワンドルらは遊女を揚げて遊興したが、翌朝勘定書を見て余りに高価であると文句をつけ、遊女一人あたり銀銭二枚に値下げせよ、といった。そして主人が抗議するのも構わず一人二枚分しか払わなかった。また我が国では芸者踊り子は売春はしないと決まりがあるのに、彼らは売女と同じと思って呼ぶので、病気とか他に約束があるとかいって断るのだが、そうすると彼らは罵り乱暴を働いた。

　そして七月九日にまたまた遊女屋に登ったオーワンドルたちは思うようなサービスが得られないので、怒って外に出て、門外にいる日本人たちに小石を投げつけながら今度は別の揚屋に行き、門が閉じてあるのに無理矢理塀をよじ上って中から扉を開いて残りの四人を導き入れた。「居合わせし者どもは恐怖し逃れ去れども、火の元覚束なく裏口より立ち戻り、秘かに所為を窺いいたる所を、ロシア人に見いだされ散々に打擲《ちょうちゃく》にあい、辛くもその地を逃れ、近辺所々に知らせ」大黒町の番屋にも報せた。奉行所の同心と手の者たちはこの時、日本人がロシア人に怪我をさせないよう制止したが、ロシア人たちは番屋の番人を一人捕まえて無理矢理宿所に連れて行った。そこで日本人たちもその後を追って、役人が「厳しく制止すれども馳せ集りし者どもの内、石打ち付けしも測り難し。然れども多人数のことゆえ、誰が仕業とも知れざればこの上篤《とく》と糾明の上そのほどほどに応じて罰すべし」。

右の話はいかにもその時代とその土地を活写している。オーワンドルは乱暴だったろうし、領事は自分の方の非は認めず「後進国」日本の役所に文句をつけたろう。日本の遊女屋も外国人から暴利を貪ったろうし、奉行所は「多人数で犯人は知れ難し」と責任逃れをいっただろう。攘夷家は外人の無礼を憤り、幕府役人の事なかれ主義に切歯扼腕したろう。こういう時代を経て、そのうちにだんだん双方が相手を理解するようになったのである。

時代の激浪

函館は別天地だったから、こんな外国人の狼藉はあっても、鋤雲は竹内や武田と蝦夷地三絶の話などをしてのんびりしていられたが、江戸では開国と攘夷、朝廷と幕府の関係、一橋慶喜と紀州慶福《よしとみ》（十四代将軍家茂）の将軍擁立問題などをめぐって政治闘争が激しくなっていた。鋤雲が来函した安政五年（一八五八）は、日米通商条約の締結、すなわちそれが朝廷の勅許を得なかったという意味での「独断調印」の年であって、秋からはいわゆる「安政の大獄」が始まり、多くの有為の人々が死刑や閉門になった。第一章4節に岡櫟仙院に関連して引用した万延元年（一八六〇）三月の手紙に鋤雲は「唯、速やかに帰都、相替らず花木間に沈酔、老を養はんと欲す。敢て企て及ぶ處あらず。岩瀬、永井の轍、実に好手本なり。云々」と書いている。「岩瀬、永井の轍」が、一橋慶喜側だった岩瀬忠震と永井尚志が井伊大老から蟄居閉門を命じられたことを指しているのはいうまでもない。鋤雲は岩瀬や永井を個人的に知っていたし、政治的にも同じ開国派で、彼らに同情をもっていたから、幕府の俊才を斥ける井伊直弼の政治に憂慮と憤懣を感じたのである。

安政の大獄が一段落した万延元年には条約批准書の取り交しを行うために、新見豊前守や村垣範正、小栗忠順（後の上野介）などの遣米使節団がポーハタン号に乗ってアメリカに赴き、勝麟太郎や福沢諭吉も咸臨丸に乗って随行した。小栗、勝、福沢らはこの後、鋤雲とそれぞれの関係をもつようになる人たちである。そして使節団がニューヨークから喜望峰を廻り、地球を一周して九月末に帰国した時は井伊大老はすでに暗殺されてこの世にいなかった。これから三年間くらいが尊王攘夷運動の真っ盛りで、この運動の終わり頃に鋤雲は江戸に戻り、政治、外交のただ中に立つことになるのである。

しかし、鋤雲は万延元年あるいはその翌年文久元年（一八六一）のある時期に一時江戸に戻ったらしい。前述の手紙には、江戸の自宅の梅や松の生長を見たくて「帰心矢の如く、ほとんど遏《とど》むべからず、当年は是非一旦帰省致したく、云々」という一節がある。また島崎藤村の『夜明け前』第一部には喜多村瑞見が万延元年二月に横浜に来て医師寛斎と牛鍋を食べる場面が描かれている。藤村と鋤雲の関係については本書末尾で述べるが、喜多村瑞見のモデルが鋤雲であることは周知のことである。

牛鍋を食う話は藤村のフィクションであろうが、二月ではなくてもこの頃に鋤雲は一度江戸に戻り、横浜にも往ってみたのではなかろうか。藤村は晩年の鋤雲からその時の話を直接聞いたのかもしれない。

稜々たる気骨

しかしまだ別天地函館にいる限り鋤雲は悠然と漢詩などを作っていられた。これはいつのことか分からないが、長雨にうんざりした鋤雲は家にこもって酒ばかり飲んでいた。「函館梅雨」という七絶は、「愁を排するは唯だ麹生《きくせい》（酒のこと）に親しむにあり。ここに送る、清閑六尺の身。一別三旬、面を看ず。対門の山は遠遊の人に似たり」というもので、この年の梅雨は一カ月間まるまる晴れず、すぐ目の前の箱館山さえ見えなかったのである。酒でも飲まずにいられるか、という鋤雲の気分がよく分かる。これは生活詩であるが、鋤雲の心持ちが少しあらわれているものに、ある人から海底から取れた白石英を貰った時の述懐がある。

○透明於玉冷於氷　疊出峯巒幾作層　北海多君漂落後　礱磨無復舊稜々
玉より透明にして氷より冷たし。疊出の峯巒幾たび層をなす。北海の多君、漂落の後、礱磨《ろうま》して
復た舊の稜々たるなし。
（〔頂戴した石英は〕玉より透明で氷より冷たい。沢山の稜角が鋭く尖っている。北海道には立派な人もやって来るが、多くは稜々たる気骨が鈍磨してしまう〔そうならないようにしよう〕。）

鋤雲は北海に漂落しても、この鋭くゴツゴツした石英のように「稜々たる気骨」を失わず、大鵬の志をもち続けたから、江戸に戻ってから目の覚めるような活躍ができたのである。

もう一つの詩「函館元日」は興味深い。口語に直せば「静かな書斎で一年の塵を払い、柳の枝を花瓶に挿したがまだ芽吹かない。柴の門の戸を今日たまたま開いたが、名刺を置いて行く人の中には外国人もいる」というもので、外国人の年始廻りを詩に取り入れた所が清新である。この外国人はメルメ・カションだったろう。鋤雲が数年後に江戸で活躍できたのには彼がフランス公使ロッシュと親善だったのが大きな力となったが、それはこのカションとの個人的交流に端を発していた。これについては章を改めて述べよう。

第三章　国際人への成長と樺太・千島の視察——万延から文久年間

1　メルメ・カション

メルメ・カションの一生は富田仁著『メルメ・カション——幕末フランス怪僧伝』に詳しいが、彼は鋤雲の運命に大きい影響を与えたから、本書でも一通りのことを述べておく。

カションの半生

カションは一八二八年（文政十一年）スイスとの国境に近いジュラ山地に、農夫の子として生まれた。鋤雲より六歳の弟である。後に彼は日本で自らをメルメ・ド・カションと呼ばせたが、貴族の出を意味する「ド」は彼が勝手に付加したもので実は百姓の倅である。カションは地方の神学校を卒業後パリの外国宣教会に入り、助祭、司祭と昇進して一八五四年かその翌年に東洋に派遣され、一八五五年（安政二年）春には他の二人の神父とともに琉球（沖縄）に向い、琉球官吏の拒否を押切って強引に上陸し、そこで暮らした（この時代、琉球の帰属は不明確でペリーは日米条約とは別に琉米条約を結んでいる）。

次いでカションは安政五年（一八五八年）、日仏修好通商条約締結のため江戸に来たグロ男爵に通訳として随行したが、この時はすでに聞き話すのみでなくナポレオン三世の親書をカタカナに翻訳できるほどの日本語能力を身につけていた。折衝に当った外国奉行水野筑後守（忠徳）は「フランス人の中に和漢の音韻に通ずる者あり」と驚いている。その後曲折があったのち彼は再び聖職者として函館に赴任することになった。カションが初めて函館の地を踏んだのは安政六年（一八五九）十一月二十五日のことである。

幕府は日本人に布教しない限り、在留西洋人の礼拝のための聖職者の入国は黙認したからカションは来函できたのである。彼はフランス政府の代理領事を兼ねていたイギリス領事ホジソンの住っている称名寺の一隅に家を建てて住み、西洋人のための礼拝堂も建築した。日本が開国してから万延元年（一八六〇）くらいまでの六、七年は攘夷運動は案外少なく、西洋人の生活は安穏だったので、カションは竹内下野守はじめ奉行所の役人たちとも懇意になって彼らを訪ねたり、礼拝堂に彼らを招待したりもしたが、その後攘夷運動の激化に伴ってカションも二度刺客に斬られそうになった。そして文久二年（一八六二）か三年頃、カションは函館を去った。ただしその理由は攘夷運動のためではなく、彼が函館駐在のフランス領事やイギリス領事と合わなかったためらしい。結局カションが函館に住んだのは丸三年くらいである。

日本とカション

函館在住中、カションは司祭としての勤め以外に日本関連の著述も書き始め、それらは後年『仏英和辞典』、『日本養蚕論』、『アイノ・起原、言語、風俗、宗教』などとしてフランスで公刊された。またカションは来函後半年も経たないうちに日本の若者にフランス語を教え始めた。彼は「函館の学校ではフランス語を学んでいる学生が二百人以上いる」という手紙を書いている。二百人という数字には疑問があるとしても実際学校は開かれて、箱館奉行所関係の若い武士たちは熱心にフランス語を学び、カションも彼らの聡明さを喜び、「フランス語学校の楽しい授業ぶりを見たら、函館がどんなに素晴らしい土地かわかるだろう」と同僚の神父に伝えている。この生徒の中には塩田三郎（第二章3節参照）や立《たち》広作がいた。塩田はこの頃二十歳、立はわずか十五歳であったが、彼らの進歩は目覚ましく、数年後には日本で彼らほどフランス語会話ができるものはいないほどになった。立は十七歳で竹内下野守の遣欧使節の通訳として随行し、明治維新後も外務省で出世し、外務大丞となり、三十二歳で九十五銀行頭取となったが、その二年後明治十二年（一八七九）に死んだ。塩田や立はもちろん才能に恵まれた若者だったろうが、カションに出会ったことが彼らの運命を開いたのである。

メルメ・カション（『絹と光』より）

函館を去った後カションは一時フランスに戻ったが、元治元年（一八六四）三月、今度はフランス公使レオン・ロッシュの通訳官として俗人の服装をして江戸に現れた。そしてこのとき彼は幕府の目付となっていた鋤雲と再会し、これによって鋤雲に出世の糸口をあたえ、また慶應三年（一八六七）にはフランス公使となって赴任した鋤雲と今度はパリで再会するのだが、これらの事情は後に詳しく述べる。このようにカションは鋤雲と切っても切れない縁で結ばれていたが、慶應四年（一八六八）の春、幕府が倒れて鋤雲が日本に帰国するとまもなく、一八七一年に四十三歳を一期にニースで死んだ。その死の事情は分かっていない。彼は二十六歳で東洋に渡り、三十八歳まで日本で働いたから、彼の一生は日本と付き合った一生といっても過言ではない。

彼は還俗してからは横浜の遊廓で遊んだり、お梶という女を妾にしたりして人生を楽しんだ。お梶はカションから珍しいメリンスを貰ってそれを帯に作って締めていたのでメリンスお梶と渾名《あだな》されたという。またカションの日本語が群を抜いていた一つの証拠として彼の俳句が残っている。

ひとかまい　別れ世界や　さくら花

これは慶應元年（一八六五）兵庫での談判を終えて横浜に戻った際、遊廓で作ったものという。少し変な句であるがとにかく俳句まで作ったのである。カションはフランス人に時に見られる名誉欲の強い人だったようだし性格にも自己中心的なところがあったが、とにかく語学の才能があって日本文化を吸収し、またフランス語の生徒たちのために誠意をもって働いたことは認めなくてはならないだろう。

鉛筆紀聞　前に数度引用した万延元年（一八六〇）春の書簡で鋤雲は「旧冬よりフランス通弁官ユージン・アシュンに各国字典著述の希望があり、日本語を伝習したいと奉行所へ願い出た。それで拙者に教授するよう命じられた。よって以来たびたび応接しているが、彼は何分すごい勉強家なので自分は甚だ当惑気味である。しかし彼はこれまで日本語も余程よく勉強しているから、何事も通弁を通さずに談話ができる」という一節があり、続けて、鋤雲所蔵の花鳥図を貸したということが書いてある。このように鋤雲はカションに対し「往々己を誇り、人を誹《そし》るの語あり」（「鉛筆紀聞」の前書き）と批判はしつつも彼の日本語の能力とその精励振りに感心した。

鋤雲とカションは日本語とフランス語の交換教授をしたが、カションの日本語に比べたら鋤雲のフランス語はずっと劣っていただろう。しかし辞書制作という意味ではカションは鋤雲の日本語に助けられたところが多かったろうし、また鋤雲は函館の養蚕事業にもかかわっていたから、カションは彼の訳書『日本養蚕論』の原本となった『養蠶秘録』（上垣守國著）を鋤雲から教えてもらったのかもしれない。しかしこれらの具体的な事柄以上にカションが鋤雲に負っているのは、多くの士が外国人と交わることを厭う気持が強かった幕末期に、恐れることなくカションと交際した鋤雲の勇気と進取の気象であった。カションが学校を開き奉行所の人たちと交わることができたのには鋤雲の存在が欠かせないものだったのではなかろうか。

鋤雲の方では何よりもカションから正確な西洋事情が得られたことが大きかった。経世家、外交家として元治、慶應の幕府を支えた勦雲の西洋知識の多くはカションから得たものである。勦雲は安政六年（一八五九）にカションから聞いた知識を二年後「鉛筆紀聞」として書き留めたが、これを読むと勦雲は安政の終わりにははっきりと政治家としての自分を予期していることが分かる。儒教の教えの目的は根本的に政治であり「治国平天下」が理想であるから、ある意味では勦雲は正真正銘の儒学者といえるかもしれないが、儒学が心の持ち方や人間性など迂遠なことばかりを説いたのに反し、勦雲の「鉛筆紀聞」の興味はフランスおよびヨーロッパ諸国の具体的な実際問題に限定されて、極めて近代的なものである。

「鉛筆紀聞」は勦雲の約三十条の問に対するカションの長短の答えからなっている。カションの答えは自国を褒め他国を貶《けな》す所もあるが概ね要領を得ており、彼の頭脳が明晰だったことが分かる。カションの答えは細かいところまでに及んでいるが、以下では「鉛筆紀聞」の概略だけを紹介する。鉛筆という西洋の筆記用具を題名にしたのは勦雲の新しい感覚を示していて、ちょっとユーモラスである。

フランス国の制度

勦雲はまず、フランスの国の成り立ちと身分制度および人材登用法について「貴国方今、郡県の治體は如何」から始まって、士農工商の別があるか、世禄《せろく》があるか、と訊ねた。そして、フランスは封建（有力諸侯の割拠）ではなく郡県（中央集権）であること、その軍事力がいかほどかを知り、貴族はあるが世禄はなく、家名の存続などもないことを知った。そして職業選択は個人に任されており、政府の高官の子が農商になることもあり、優秀な人材は生まれの貴賤を問わず登用されることも知った。

次に鋤雲は、租税と貿易など経済のことを質問した。そして農民の税金は年によって変化しないこと、商人からは窓税をとり、売買には税をかけないこと、輸出税はなく輸入税は高額であることを知った。これについて鋤雲は「自国の産物を多く輸出すれば、その品が国内で不足し、庶民が困るのではないか」とこの時代に多くの有識者が心配したことを質した。カションは答えて、自国に余りあって廉価なものを他国に出し必要なものを輸入すれば、物と値と相当し、人民も力めて産物を開こうとする、「これ、国用自ら給し、人々自ら励む、経済の大原則なり」と教えた。この後に鋤雲は付記して、物資の移動すなわち運輸の便こそ経済の根本である、と書いている。カションの答えもさることながら、鋤雲の理解力が透徹していることが読み取れる。また貨幣に関する問で鋤雲は、フランスをはじめ、各国の国内通貨制度、および国際通貨たる「ドルラル」との交換率などを訊ねている。カションはこれに答えるとともに、鋳造貨幣の善悪を検査する場所を港に設けることは是非必要だと教えた。開国貿易にとって貨幣の問題の理解が焦眉の急だったことを窺わせる。

次いで兵卒、水夫の雇用と軍艦の制作費用のことがある。現在から見て不審なのは、カションの答えでは、フランスでは兵卒や水夫は船についているのではなく、船将についているということである。そうだったのだろうか。後の問で鋤雲は六百隻の軍艦を備えるのは膨大な出費であるが、これは我が国で作るべきか、ヨーロッパから買うべきかと問い、カションは、買うのは愚国の所為である、断然作るべし、と答えている。数年後鋤雲は横須賀造船所創立に尽瘁《じんすい》するが、それにはこのカションの答えがヒントになっていたのかもしれない。

鋤雲は今度は国内の治安について、フランスでは国内旅行に刀剣鉄砲を携えることがあるか、および死刑、罰金刑など刑法について問うた。カションは答えてピストルは携行するも妨げないが、そのような人は滅多にいないと答え、犯罪と罰に対しても懇切に答えている。このような質問をしたところを見れば、鋤雲はすでに武士の佩刀を時代遅れと感じていたのかもしれない。

この後、煙草や砂糖の政府専売のことがあったのち、鋤雲は一夫一婦制と婦人を貴ぶことについて訊ねた。カションはこれは政治の問題ではなく宗教の教えによるものと答え、トルコの振わないのはハーレムを作ったりするからだと非難した。またフランスで婦人を尊敬するのはその徳により、英国ではその美貌による。フランスでは婦人を尊敬するが、英国では愛すると答えている。男女関係は微妙であるから、この答えが正しいかと聞くのは野暮であるが、このように答えることができる一面もあったのだろう。

次いで鋤雲はインドの英国に対する叛乱について質問した。セポイの乱は一八五七年（安政四年）だからそのニュースは日本人に届いていたし、インドをとった英国が今後、シナと日本に迫ってくるという認識は日本人共通のものだったから、インドの叛乱は他人事《ひとごと》ではなかった。カションは、世界は英国を憎んでおり英露二国の横暴は甚だしい、対馬も露英が垂涎していると答えた。西洋列強間で対馬は安政五年（一八五八）から問題になっており、ロシアが実際軍艦を送り込んだのは文久元年（一八六一）であったから、カションの説明は正しかったのである。なお、面白いことにカションがいうには、対馬の帰属が高麗か日本かは、欧米諸国で議論になっている。対馬を取ろうと思うものは高麗領といい、取らない方がよいと思うものは日本領といっている、というくだりがあることである。幕末に拙い外交をすれば対馬は日本でなくなったかもしれない。

和親と闘争

それからヨーロッパ諸国の人口やベルギーの独立問題の問答があった後、フランス皇帝死後もし太子が幼弱ならば、皇妃が政治を見るか、摂政を立てるかと鋤雲は問うた。家定の後の家茂派と慶喜派の闘争が頭にあったのかもしれないが、この時代の日本で徳川家の夫人が朝に立つことは考えられなかったから、これは鋤雲がシナの歴史を頭に置きつつ、ヨーロッパの政治、特に女性の地位について純粋の興味から聞いたのだろう。カションは英国では女王が継ぐこともあるがフランスではない、と英国の夷狄の風を馬鹿にしている。

次いで、貴族制度、ヨーロッパ学術の淵源、フランスの度量衡制度（メートル法）、「テレガラフ」（有線電信）など文化的、科学的な事柄についての問答の後、鋤雲は、ナポレオンが軍事的英雄であるのみならず、制度、都市建設、法典、暦、算数に至るまで万能であったのは何故かと聞いている。カションの答えは彼は天才であったというくらいの所であるが、この頃のナポレオン崇拝を反映していて面白い。

終わりの方で鋤雲が「西洋各国、通商交易するものは和親の国とす。苟《いわしく》も一旦同盟和親すればまた争闘、衅隙《きんげき》を起すことなかるべし、如何」と聞いたところ、カションは通商貿易する国は一応仲間であるが、しかし和親していればとて闘争の用意なくんばあるべからず、「闘戦の用意あるは乃ち和親を固くする所以なり」と答え、続けて日本には大小六百隻の軍船が必要だろうといった。現在平和でも将来に備えて軍備を怠るべきでないことは、信長、家康など戦国時代の武将なら問うまでもないと考えたろうが、徳川二百五十年の平和は鋤雲のような人にまで、儒教風の「天下治まって武備廃す」というような考え方をさせるようになっていたのだろう。

「鉛筆紀聞」の梗概は以上のようなものである。鋤雲の質問には迂遠なことはほとんどなく、我が国と対比してのヨーロッパ諸国の現状を知り、我が国が今後どのようにしてこれら先進諸国と伍してやっていくべきかという切実な問題に対する回答を得ようとしていないものはない。そしてその質問は系統的、大局的で堂々たる政治家の見識がある。鋤雲の身分は単なる「箱館移住諸士の取締」に過ぎなかったが、彼の志はすでに天下にあったことを見るべきである。鋤雲の伝記を書いた亀井勝一郎氏や芳賀徹氏も「鉛筆紀聞」中の鋤雲の質問を激賞しておられるが、実際それは過褒ではない。鋤雲はこの会話の四年後文久三年（一八六三）に江戸に戻りそれから五年間政治家として活躍し、以上の会話の内容の一部を実行した。しかしその時代に進む前に筆者は、鋤雲の北海道での最後の仕事、樺太と千島の巡視について語らなければならない。

2　樺太のアイヌ人たち

巡視の日程

文久二年（一八六二）、幕府は命を下して鋤雲を医籍から士籍に改め、箱館奉行支配組頭とし、蝦夷地全土の巡視を命じた。医籍から士籍に変るのは珍しいことで、これには河津龍門やこの時期の箱館奉行小出大和守の推挽があったのだろう。

蝦夷地が幕府直轄になって以来、ほとんど毎年のように箱館奉行や組頭など高位の役人が蝦夷地を巡視したが、その目的は、各地に開かれた道路の点検、駐在官吏の仕事や生活のチェック、入植した人びとの開墾地の視察、港々の漁業の盛衰の検分などで、これに加えて各地のアイヌ人たちに酒や物品を与えて法律をいい聞かせ、アイヌ人を愛護することも重要な任務だった。また樺太《からふと》におけるロシア人の監視という意図もあった。樺太は十年ほど前のプチャーチンとの交渉で、国境を定めず南方にはロシアの屯所を置かないという了解ができていたが、ロシア側はじりじりと樺太を南下する勢いを見せていた。だから日本側も実際の状況を絶えず監視する必要があったのである。

鋤雲も今回の巡視で以上に述べたようなことを行い、それは鋤雲の自筆の日記『北巡日録』に書かれている。ただ本書ではそのような事務的なことは省き、この巡視のおおまかな日程（巻首の地図に正確な旅程を示している）と、鋤雲の目に写った樺太のアイヌ人の生活および千島の自然に焦点を絞って紹介する。

この巡視の日程は次のようであった。鋤雲は下僚たち五、六人を従えて文久二年七月六日に函館を発ち、北海道の西海岸を視察しながら北上して八月五日に宗谷岬から樺太の南端、北緯四六度のシラヌシに渡った。そしてそこから樺太西岸を海路北上し、八月十五日には北緯四八度のクシュンナイに達した（緯度の一度は大体一一一キロである。だからシラヌシからクシュンナイまでおよそ二二〇キロである）。ここで蜂の腰のように細くなった樺太を東に横断してマーヌイ（屯所はワアレにあった）に出て、今度は東海岸を北上し北緯四九度よりやや北の大きな湾になっているタライカまで行った。ここに着いたのが八月二十九日である。シラヌシからタライカまで直線距離で四〇〇キロ弱、函館から宗谷岬までとほぼ同じ距離である。

鋤雲たちは閏《うるう》八月、今度は樺太の東岸を南下してほぼ二十日間かかって樺太における日本の中心地、アニワ湾の中央にあるクシュンコタンに戻ってきた。帰った頃にはすでに夜は氷が張り、まもなく初雪が降った。そして鋤雲は組頭のような高級官僚としては初めて樺太の地で越冬した。

翌文久三年、鋤雲たちは二百日を越えた冬ごもりを終え、三月十日クシュンコタンを発し二十日に宗谷に戻った。そして今度は北海道の東北海岸（昔はシャリ道と呼んだ）を歩行して四月十五日に標津に至り、そこから国後《くなしり》島の西南端トマリ（泊）に渡った。そして樺太と同じように島の北岸を東北に船で進んで、二十四日には択捉《えとろふ》の西南端タネモエに着いた。択捉島では海行あるいは陸行を繰り返し、五月九日に島の東北端シベトロ村に至った。択捉の北端を極めた鋤雲たちは引き返して、五月三十日に国後に向ったがこの時船は濃霧の中に突入して鋤雲たちは遭難の危機にあったが辛うじて国後島南岸、島を四分の三程も通り過ぎたトウフツという所に上陸した。こうして危うく難を逃れた一行は六月四日から再び北海道巡視に戻り、根室、釧路、十勝と南岸を徒歩で進んで、七月の初旬に函館に戻った。丸一年をかけた大旅行だった。

熊祭り

『匏庵遺稿』の中にある「樺太小詩」は鋤雲の文学的才能を示す優れた情景詩、生活詩で、そこにはアイヌ人やオロッコ人の生活が生き生きと描かれている。以下に数首引用して、今はもう見ることができない自然の裡にあったアイヌ人の生活を脳裏に浮かべてみよう。

「樺太小詩」は熊祭りの儀式から始まっているが、熊祭りの主催はアイヌ人が最も誇りとするものであった。近隣数百人の人を客として呼び、祭の前後三日、彼らに酒肴を供しなくてはならないのでよほどの財力がある有力者でないと行えなかったからである。鋤雲が見た文久二年（一八六二）の熊祭りはクシュンコタンの乙名（オトナ、有力者のこと）ユートルマツカが挙行したもので、彼は立派に正装しようと考え、前日に鋤雲の所に来て黒羽二重の紋付を貰って行った。鋤雲も彼の心を汲んで、当日は自らも黒紋付に陣羽織を着て熊祭りの場に列席したので、ユートルは感泣したという。

〇一場歌哭動秋穹　木幣毿々崖樹中　日暮老夷來報道　西隣明旦雛熊

一場の歌哭《かこく》、秋穹《しゅうきゅう》（秋空）を動かす。木幣毿々《さんさん》、崖樹の中。日暮、老夷来りて報道す、西隣明旦《すうゆう》雛熊を祭ると。

という漢詩の一、二句は熊祭り前夜の歌声や祭場の状景を詠んだもので、転結の句（第三、四句）は、いよいよ明朝に迫った熊祭りを待ちかねる隣家の翁の興奮を伝えている。

鋤雲は「樺太小誌解話」の中に、熊祭とはいうが要するに熊を殺して食べ皮を敷物にするだけのことで我々から見れば祭りといえないように思えるが、後にパリで牛祭を見て食べ物を祭るのは洋の東西、文明国と未開国を問わず似たようなものであることが分かった、と書き、アイヌの熊祭りをフラ

アイヌ人（北蝦夷地蝦夷人・荷担）（『大日本古文書・幕末外国関係文書』より）

アイヌ人（乙名カメゾウ）（『大日本古文書・幕末外国関係文書』より）

ンスの牛祭に劣るものとは考えていない。そして「鵙《もず》が昆虫を枝に刺すのを「月令」（シナの年中行事の表、季節が感じられる）に載せないのは何故だろう、鷹や山犬や獺が小鳥や獣や魚を祭る（殺して食べる）のは載せているのに」という鈴木桃野の漢詩を引いて、人間が熊や牛を「祭る」という行為を動物にまで押し拡げ、その季節感においては同じこと、と興がっている。

酒と煙草と家庭生活

他にアイヌ人の生活として、鋤雲は犬橇のこと、何にでも獣油を滴らせて食べるので息が臭いこと、漂着鯨やアザラシ漁のこと、氷の下の鰈《かれい》をやすで突いて捕ること、トナカイの飼育のこと、小刀一本で盆などに巧みに模様を施すことなどを漢詩に詠んでおり、それぞれに面白いがこれらは省略して、以下には、酒と煙草、家庭生活、風葬、それに舟作りを詠んだ四首を書き下しで紹介する。

○百里名山、好水涯。鰊の春、鱒の夏、家を挈《ひっさ》げて移る。
　當年、劉累《りゅうるい》、煙酒を伝え、始めて人間《じんかん》に向かって絆羈《はんき》を受く。

　美しい大自然の中で生活してきたアイヌ人たちは移住しながらニシンやマスをとって食糧や衣類とし、何ものにも縛られずに生きてきたが、酒と煙草が入ってきてからは、これらの嗜好品からどうしても離れられなくなり、とうとう山丹（満州東部に住む人々）や日本（鋤雲は文明人を劉累と形容したのだろう）の属領になってしまったという詩である。また別の詩で鋤雲は、米綿などの生活必需品を盆などの器物と交換してしまったアイヌ人が冬になって困ったが、幸いテンが罠に掛ったので酒を買うことができたということを詠んでいる。山野自由の民も文明に出会うと道具類に縛られることを鋤雲は哀れにも思い、致し方のない運命とも見たのである。
　家族の微笑ましい情景を詠んだ詩もある。

○鏘鳴《そうめい》の佩玉《はいぎょく》、觽錐《けいすい》に雑《まじ》わる。家醸始めて香り、喜び眉に溢る。
　新婦十三能く事を執り、姑に傍《そ》いて爐畔、鱒皮を縫す。

身につけた飾りの玉がカラコロと鳴り、海豹の牙製のくじりの音と響き合う（くじりは元来象牙で作った先のやや尖った短い棒で、子供が紐を解く際に使ったものであり、十三で嫁に来た娘はまだそれを身につけていたのだろう）、自家製の濁酒もできて家族が笑い合っている、新婦はまだ十三歳であるが、姑に習って炉辺で鱒の皮の衣に綾取りを縫いつけている、という内容である。酒ができたということはそれだけで人をウキウキした気分にするもので、その気分の中で女たちは、真っ白な鱒の皮でできた夏の着物に美しい黒模様を縫いつけていたのであろう。

風葬と舟作り

次に風葬の詩を出す。鋤雲が行った最北の地はタライカであるが、タライカ湾に注ぐ大河、瑟河《ひつが》の水はカラマツの落葉で赤く染まり、その水の色は海に入っても二キロ沖までその色が消えなかった。そして瑟河の沿岸には、少しずつ風習を異にするアイヌではない三種の部族が住んでいた。その中のオロッコ族には風葬という奇妙な風習があった。彼らは死者を柩に入れ、高さ四、五メートルの棒四本の上に置くのである。八月の末、タライカで鋤雲はそれらの柩が「翠松蒼柏の間に相つらなり、人をして一望凄然たらしむ」るのを実見した。

○三種の蠻居、一津を擁し、瘴煙蜑雨《しょうえんたんう》、結んで隣をなす。
陋風恠《あや》しむに絶えたり、於魯古《おろこ》。木末に棺を懸けて死親を葬る。

北緯四九度のタライカはアイヌ人の住んだ最北端でもあった。ここには大木が生えないので丸木舟を作るのには一抱えほどの柳を切り出し、幹を裂いて口を開き、中に支え棒を噛ませて水を注ぎ、数十日後また裂いて、支柱を置いて水を注ぎ、こうして数十回開いた後、内部の贅肉を削り去って舟とした。作るのに三年を要したという。木目の粗い柳を材料とし、斧一本で舟を作った先人の智慧は実に神聖というべきか、と鋤雲は感心した。この舟は三十年もち、タライカアイヌはこれを鉄鍋一個と交換した。鉄鍋も三十年もつからだそうである。このことを鋤雲は次の詩に詠んだ。

○雨露沾《うるお》し来るも未だ多きに及ばず。蕭然たる環堵《かんと》（住いのこと）、乏、如何。
　小舟、千日、まさに刳り得たり。換却す、山丹一斗の鍋。

日本の皇化（右の詩では雨露）がまだ北緯四九度の地までは及ばず、タライカのアイヌの千日の苦労がわずか鍋一つにしか当らないことを鋤雲は憐れんだのである。

酋長オケラ

鋤雲は樺太アイヌの酋長の一人、オケラ（鋤雲は於計良と書いている）のことを「養蚕起原」に書き、「樺太小詩」にも二首の鎮魂歌を作っているから、筆者は鋤雲の意を汲んで、ここにオケラの事蹟を述べておきたい。

嘉永六年（一八五三）暮れの日露交渉で樺太国境は定められなかったが、樺太南部のアイヌ人たちが日本に帰属していることはロシア使節プチャーチンも知っていた。しかし一方現地でのロシアの蚕食は着々と進行し、プチャーチンが交渉している間にもロシアは南部のクシュンコタンに砦を設け、この冬八十人の兵隊を越冬させた（翌年堀と村垣の巡視直前に退去した）。

しかし我が国にとって幸いなことに、樺太最南端、白主《しらぬし》の地にオケラという酋長がいて、彼は一族郎党を呼び集め、樺太の南半、アイヌ人が住む土地は日本の庇護を受けているのだから、ロシア人が白主に来るようなことがあれば「軍器の利鈍を問わず快く一戦して死なんのみ」と述べ、一族もこれに賛同し、「凡そ我らが生きてあらん限りは露人をしてこの地を踏ましめず」と誓ったので、ロシア人たちも白主地方には入らなかった。樺太は明治の初めにロシアに割譲されたから、オケラのことは日本人にも忘れられてしまったが、義理堅い性格の彼はこの時代すでに日本臣民という自覚をもっていたのである。

オケラのことは堀と村垣の巡視に随行した横井豊山の『探蝦録』に書かれており、鋤雲はこれを読んでオケラのことを知ったのだが、鋤雲が樺太に行った文久二年（一八六二）にはオケラはすでに死んでいた。鋤雲はオケラの道義心に感動して白主で彼の墓に詣り一首を詠んだ。一首を出す。

○狂浪拍天天欲寒　孑身當敵不辭難　雄髯偉面今何在　空向横生筆底看

狂浪、天を拍《う》って天寒からんとす。孑身《げっしん》（単身）敵に当って難を辞せず。雄髯の偉面、今、何《いず》くにか在る。空しく横生の筆底に向かって看《み》る。

最終句の横生は『探蝦録』の著者横井豊山のことである。

樺太の生活と『蝦夷志』

クシュンコタンの冬の寒さは日本人にとっては並大抵ではなかった。鋤雲の詩に「酒を飲もうとして、まず下物《げぶつ》の魚を膾《なます》に切れば刺身は凍って透明になり、酒も固体になっているので炉で暖めなければ飲めない」というのがあるくらい寒かった。しかしこのような寒さの中でも役人としての義務は果たさなくてはならなかった。それで鋤雲は十二月中旬（太陽暦）に山室精輔などの下僚や現地在住役人合わせて十人ほどを率いて東方約百キロ先の東トンナイを視察に出かけたが、風雪のためにトンナイチャに七日間逗留しなければならなかった。漸く晴れた日を見計らって夜明けに出発し、氷点下三〇度（摂氏）の酷寒の中を犬橇で走ってその日の黄昏にクシュンコタンに戻ってきたが、人々の鬚には針のように霜が降り、犬の背は真っ白、帰りついた時には数人が凍傷に罹っていた。

この冬ごもりの間、鋤雲は行李《こうり》の底から思いがけず松浦武四郎が手抄した新井白石の『蝦夷志』を見出し、武四郎に頼まれていた序文を草した。この時代に北海道で勤務した幕府の役人の感慨がよく出ているので、その一部を現代文にして掲げる。

○蝦夷志叙

「（前略）新井白石は、曾《かつ》て琉球をもって南の日本人、蝦夷をもって北の日本人として、それぞれその地理と歴史を書した。今の目でこれを見れば、その書の悉くがそのまま真実ではないとはいえ、彼の遠見広識は我々の及ぶ可からざるものがある。今になって、江戸幕府はようやく蝦夷を重要な地と認め、新たに箱館に奉行所を建て鎮台を置き、官吏たちが毎年何度か全島を巡視して人民の健康や生活を気にかけるようになった。今は蝦夷の中のどんな所でも、米塩衣酒が行き渡らない所はなく、老幼婦女は愛護してこれを養っている。政府の恩沢はむしろ遠いところの方が近いところより厚いくらいである。

こうして白石が百四十年前に『その地遼絶にして知るべからず、その広狭もまた従って考うるなし』といった蝦夷の地も今やことごとく日本国の版図になった。そして人々はこの地に渡って、自分の目でその景色を見る事ができるし、私もまたアイヌの民と日夕談笑し、犬そりを駆って雪山や氷海の上を共に行き来している。実に盛大な御代というべきではないか。（後略）壬戌（一八六二）窮冬、久春古丹《くしゅんこたん》窖中（あなぐらのなか）に書す。匏庵陳人」

右文中の「琉球をもって南倭となし、蝦夷をもって北倭となす」や「その洪澤（恩沢）の延いて遐方（遠方）に及ぶもの、これを邇き（近い）に比するも、寧ろ加うるありて逮《およ》ばざるなし」などを見れば、明治維新を待つまでもなく鋤雲などの高級幕吏は、日本国というはっきりした認識をもち、その民は遠近の差別なく、また沖縄人やアイヌなどの民族の違いを超えて、日本国民である以上等しく文明の恩沢に浴させるべきもの、と信じていたことが分かる。なお松浦武四郎は伊勢の人で日本国中を廻ったが、特に蝦夷地の地理の探索者として著名である。

3　国後、択捉の巡視

文久三年（一八六三）の春、鋤雲たちは氷が割れた宗谷海峡を渡り、宗谷から北海道東北岸を通って四月十三日にシベツ（今の標津町）の税舎に入った。そしてそこで船待ちしてシベツから直ちに国後《くなしり》島南端のトマリ税舎に渡ったのは十六日であった。なお税舎というのは箱館奉行所が各地に作った旅宿所のことである。そこには宿泊施設があり、人馬の継ぎ立てができ、その地方の漁業産物の集積地でもあった。鋤雲たちの国後と択捉の旅はこの後六月の初めまでかかったが、本書では主に博物学者鋤雲が興味をもった自然界の事物に焦点を当てて書いてみる。なぜなら鋤雲はこの時の北海道でも、慶應年間のフランスでも、明治期の東京でも、官吏や著述家としての仕事以外に常に自然科学者としての目を忘れなかったし、筆者の見るところ、鋤雲の本領は「博物学が分かる経世家」というところにあったと思うからである。

国後と択捉の自然

トマリから十二、三キロ北に進むとヘトカの漁業小屋があり、稲荷の社の前に矮小な桜が植えられていたが、その中に花が穂のようになって群がり咲いているものがあった。他の桜が散った後に咲く可憐な花なので鋤雲は手鞠桜と名前をつけてやった。チュフカルベツに至る舟からは岩負山が見えたが、鋤雲の説明によれば、イワオイは硫黄がなまったものであり、そのせいでこのあたりの温泉は創傷に効き、またチュフカルベツはアイヌ語で、チュフは舟、カルは造、ベツは川であって、チュフカルベツは「舟造り川」という意味だそうである。翌日、材木岩岬を過ぎチャシコツ税舎に着いたが、そのすぐ近くには赭碧色の山肌をした山があって何か金属の鉱石らしかったから、鋤雲は石塊を拾ってきた。

四月二十四日、鋤雲の乗った舟は強い西風を受けながらチャシコツから船出し、国後島北端のルルイ岬を過ぎ、直ちに択捉島《えとろふ》を目指した。現在はロシアに占領されてしまったから我々は見ることが出来ないが、クナシリ水道から振り返ると「右にルルイ岳（海抜一四八六メートル）、左にチャチャ岳（一八二二メートル）が対峙して譲らず、あたかも信玄、謙信両将を見るよう」だそうである。

択捉島で一行は、ある時は海路、ある時は陸路をとって進んだ。五月一日ナイボからウタスツに出る道は密生した森林の中を通っていたので、鋤雲たちは木の枝でウンカを追い散らしながら湖の側を抜け、ウタスツからはまた舟に乗ってヒトカップ山を右に見ながら、強風に乗じてフレベツ税舎に至った。ヒトカップ山は雄大で、海岸には奇妙な形の大岩が林立し、滝が流れ落ちて爽快な眺めであった。

フレベツ税舎では「テッペンカケタカ」と鳴く鳥の声が聞かれた。鋤雲は、この声はほととぎすに似ているが非なるもの、と書いている。五月四日、リュウベツで鋤雲たちは網を仕掛けて鱒をとった。多くの鱒が獲れた中に紅鱒が一、二尾だけいた。「肉色鮮紅、血の如し。味、尤も美なり」と鋤雲は喜んだが、これが第二章3節で述べた鋤雲ご推奨の蝦夷地三絶の一つである。

翌日リュウベツからシャナに向かう途中、海岸沿いには奇妙な形の岩が林立していたが、鋤雲はその中に、鼻の孔から涕（はなみず）が垂れたようなものを見つけた。これを昔アイヌ人がエトロ（アイヌ語で鼻の意）と呼んだのが現在のエトロフの語源だ、と鋤雲は書いている。五月七日、シャナからヘトブに行く山道にはアイヌ人がその蘖（ひこばえ）をとって雪中で鷲を捕らえるというトジリという木があった。その花が奇麗なので鋤雲は虎尾桜と名づけた。またビラ山下の一面に白骨を撒いたような軽石群や、ポロス近郊の「白花毛莨」「地丁紅花」「黄耆圓葉」など内地には見られない珍しい草花を観察した。

遭難の危機と鉄砲の余響

そして五月九日に舟行七里の後、遂に鋤雲たちは択捉島東端のシベトリに上陸した。鋤雲が着いた日は濃霧濛々としてウルップ島はおろか数メートル先も見えなかったが、鋤雲は、ここが日本の果て、晴れていればロシア領ウルップ島がすぐ向こうに見えるのか、と感慨があった。この日の夜、一行はアイヌ人の長、捨六という者のところで伝家の宝物を見せてもらった。

ここで鋤雲たちは歩を廻らし、往路と同じく択捉北岸に沿って択捉島西端のタネモエに戻った。そして荒天で舟が出せずタネモエに逗留していた時、鋤雲は山室精輔たちと近くの川で釣りをし、釣れた魚で酒を飲んで同行者の苦労をねぎらうとともに、自分も一カ月の択捉島往復の疲れを癒した。

五月三十日、鋤雲が乗った舟は折からの東風に乗じてタネモエを発し、国後島北端のアトシヤを目指した。海上二十数キロの道程である。ところが鋤雲たちの舟が国後に向かっていると、突然数メートル先も見えないほどの濃霧の中に突っ込んだ。磁石を信じて西航したが陸地に着かず、その後進路を南に転じたり北西にとったりして六時間ほどさまよったが陸地は見えず濃霧の中で立往生してしまった。この時、風は東から吹き、潮は西から流れ、舟師たちも舟がどこにいるのか判断できなくなって、進路を決めかねて議論を始めた。

そこで鋤雲は、お前たちが分からないというなら、自分に一つ考えがある、といって、奈良坂栄治に舟の右舷の方向へ一発、左舷の方向に一発の銃を打たせ、心を澄ませてその響を聞いた。すると左に撃ったものはその響きが殷々と遠ざかりいつまでも響いたが、右したものは発射後五秒ほどで余韻がぴたりと止んだ。このことから鋤雲は陸地は右側であると断定し、南西に針路をとって櫓を漕がせた。霧の中で舟が座礁するのを恐れて海岸線と平行に進もうとしたのである。そのうち日は暮れ雨も降り出したが、幸いにも東風が強くなったのでそのまま南西に進み、夜二時に右手に岬の影を見い出し全員ようやく安堵した。しかし国後島南東岸は暗礁が多く危険なので、夜明け前まで接近を避け、明るくなってから北西に向い、朝七時、一行は無事に国後島東海岸に上陸することができた。そこはトウフツというところで国後の最南端に近いところだった。

鋤雲は特に船乗りの訓練をした訳ではなく、ただ常識に従って鉄砲を撃たせ、そして南西へ漕げと命じただけであろう。しかし人間の集団が不安に陥ったとき、慌てず騒がず、断固とした命令を下せる指導者がいるほど頼りになるものはない。この鉄砲事件は、鋤雲に自ずから部下の信頼をかちうる落ち着きと威厳が備わっていた一つの例として見ることができるかもしれない。

この鉄砲事件を最後として鋤雲たちは五十日におよんだ久那志利《くなしり》、恵土呂府《えとろふ》の巡視を終えて、文久三年（一八六三）六月四日に北海道本土の野付の宿舎に戻った。

蝦夷地を去る

先に樺太を去るとき、鋤雲は「去年は西蝦夷を廻り、今年は東蝦夷を巡回する。帰るのはいつ頃だろう、秋風が立つ頃だろうか。人生は不思議なもので樺太の客舎で年越しする羽目になった。櫓の音や船の帆の中で時は過ぎて行く」という意味の漢詩を宿舎の壁に書した。最後の一句「身老櫓聲帆色中（身は老ゆ、櫓聲帆色の中）」には、この年四十二歳になる鋤雲の思いが込められている。蝦夷地は面白い所だが、このままここに埋もれてしまうのか、と鋤雲は悲痛な気がしていたに違いない。しかし「窮すれば通ず」で鋤雲が函館に戻ってすぐの文久三年（一八六三）秋、鋤雲は江戸に戻されて、華々しい外交交渉のただ中に立つことになった。鋤雲を士籍に戻した時から幕府に彼を外国人折衝に使おうという意図があった訳ではないが、とにかく鋤雲の北海道滞在は五年半で終了したのである。

これから三十年後、鋤雲は依頼されて『北海道志』という本の冒頭に「北海道志の巻首に題す」という七絶を贈ったが、その末尾の二句に彼は「山は漸く夷《たいら》ならんとし人は布を衣す。鬚眉一變す、十年間」、すなわち、鋭く尖った山々も開拓されてなだらかになり、昔は鱒の皮の衣服を着ていたアイヌ人も木綿を着るようになった、世の中は変わるなあ、という感慨を洩らした。北海道や樺太のアイヌ人の三十年前の生活を知っていた鋤雲は、文明の恩恵に浴した明治の北海道を祝福するとともに、昔の素樸で自由な樺太アイヌの生活を懐かしむ気持があったのではなかろうか。

第四章　幕末外交交渉の現場で――元治元年から慶應三年まで

1　現状打破の趨勢

鋤雲の伝記を続ける前に筆者は幕末維新という政治の激変期の大体の背景を筆者の見解を交えて述べておく必要を感じる。筆者の見解の正否はともかく、鋤雲がいかなる状況の下で幕府政治に携わったかを知っておかないと鋤雲の仕事を理解できないからである。それで読者が再び鋤雲に出会うのは本章3節からとなる。

攘夷は本音か建て前か

幕末の歴史では「尊王」と「攘夷」という言葉がキーワードだが、その時代にこの言葉を使った各人の理解は様々で、その多くは独りよがり、あるいは誤解を含んでいた。まず尊王の方は幕府の人も会津藩も新撰組も、薩摩も長州も誰も異存がなかったが、互いに相手方の本心はそこにはないと疑っていた。他方、攘夷を唱えた多くの人は本心ではその主義に忠誠心をもっていなかった。すなわち攘夷はほとんどの場合「建て前」だった。それは完全な虚偽ではなかったにしても、究極のところ、攘夷はその場の都合から発した口実であって、現実の日本の進む道がその人々の主義と正反対になっても彼らはそれを怪しまなかった。筆者から見ると、当事者が自ら自分を、ある場合には世間を騙していたのではないかと疑われる場合が多い。

たとえば玉松操のような人、神風連の乱を起した人には攘夷鎖国は本当の目的だったのだろう。孝明天皇もそう思っておられたのだろう。では長州藩の人々にとってはどうだったのだろう。彼らにとって攘夷は本音、真の目的だったのだろうか。それとも幕府を困らせるための口実、すなわち建て前だったのだろうか。文久の初め、長州藩の家老、長井雅楽が遠洋航海論を引っさげて江戸から京都に上った時は開国が長州藩論だったが、吉田松陰の一派や桂小五郎、周布政之助らが「君臣湊川」と唱えて攘夷を旗印にしたのは、長井を追い落とすためであったように思われる。もしそうなら彼らの尊王攘夷は、小は藩の実権を握るため、大は徳川幕府に謀叛を起すための口実ということになる。しかし彼らは多分、当時はそうは思っていなかった。人はそのように冷静に打算できるものではない。彼らはその時本当に天皇の御為に夷狄を討つのだ、と思ったのだろう。しかしそれは自分を騙したのである。彼らは気づいていなかったろうが、彼らを動かしたのは時代の風潮であった。個人的実力と社会的地位との乖離がもはやどうしようもないところまで達していたので、下級武士たちは何か事を起さずにはいられなかったのである。

薩摩藩は攘夷を旗印にしたことはなかったが、彼らの尊王が徳川幕府を倒すための口実であったことはほとんど疑う余地はない。禁門の変では会津と組んで、京都の最大政治勢力である長州および急進派の公家たちを追い落とし、その後は一転して英国と結んで長州に恩を売り、岩倉具視と示し合わせて幕府を倒した行為は、理想があったのではなくマキアベリ風の権力獲得運動そのものである。これも根本的には身分制度への反逆であったのである。しかしそうかといって薩長の人々に尊王心や、攘夷の気持が全くなかったのではない。権力を握った大久保や西郷、木戸、あるいは伊藤、山県らは藩のためより日本全体特に皇室のためを図ったし、西洋に負けまいと必死の努力もした。要するに反幕府の人びとにとって、己の尊王攘夷は正義であり、他人の尊王は不義であったのだ。

西郷、大久保は不忠の臣か

他方、幕府や会津藩も尊王という点では薩摩や長州に劣らなかった。いやむしろ孝明天皇の御心に添うという意味ではそれ以上であった。早くから外国と交渉を持ち、外国人と付合い、外国を見てきた幕府の官吏たちは攘夷の行うべからざることを熟知していたが、それでも彼らは天皇や、天皇に忠誠だった将軍に命じられれば、何とか開国の規模を縮小しようと努力した。それほどに彼らは勤王だったのである。

幕府が結果的に負けたのにはいろいろの理由があるが、最大の理由は幕臣たちが体制の大変革を行うことができなかったことにある。徳川幕府はとにかく政権を握っていたから、幕臣たちは日本を動かしていた。だから彼らはどうしても保守的になり、現在の政治体制、すなわち徳川幕府制度を根本から変えることには臆病にならざるを得なかった。慶應三年になると、小栗上野介などは郡県制を考えたがこの時はもう薩長同盟が出来上がっていて手後れだった。これに対し、西郷や大久保、木戸らは藩を潰すことはやむを得ないと決意することができた。明治になって、島津久光は明治天皇に向って、西郷や大久保は自分に対して不忠の臣である、このような者は陛下に対しても不忠であろうからお使いにならぬ方がよい、といったと伝えられている。天皇も挨拶のしようがなく、満座が白けたそうであるが、この久光の言葉は一面の真理をついている。このように、主君への忠義という封建時代の道徳を打破できたことが、薩長が勝って幕府が負けた大きな原因であろう。

以上述べたように尊王も攘夷も各人それぞれの解釈とその場の都合によって唱えられたから、幕末の歴史は混乱し、開国主義の幕臣たちが鎖港のような攘夷的交渉を行い、攘夷を旗印にした長州が井上や伊藤を英国に派遣し、錦の御旗の下に薩摩が、最善の勤王家であった松平容保の会津藩を討つようなことが起ったのである。以下に述べる高級幕臣としての鋤雲の仕事は、このようなすっきりしない朝廷、幕府、諸藩の関係の下で行われたものであることを知っておく必要がある。

刺客間諜の流まで功あり

多くの日本人は幕末の歴史といえば、新撰組とか薩摩と長州との聯合とかの国内政治の面から見たから、勝った側の西郷、大久保、木戸、坂本、岩倉などの人物だけが有名になった。これは明治以後の国史教科書が明治維新を美化したためである。犬養が「栗本鋤雲先生傳略」の冒頭に「私は近世士人の伝記や墓誌を読む毎に、嘆き落胆し、またむしろ軽蔑の笑みを浮かべないわけにはいかない。なぜなら今の人は、ただ勤王諸藩の功労を記すのみで、幕府君臣の開国の苦心を忘れたようだからである。だからその人がもし勤王諸藩に属すれば、士大夫以下庶民、走り使いに至るまで、生きている人なら伝記があり、死んだ人なら墓誌が作られる。甚だしきは刺客名を不朽に伝えようとする。然るに幕府の忠臣や義僕の場合にはその勲功や苦労が格別に大きくても（人殺し）、間諜（スパイ）、遊侠（遊び人）、盗賊に至るまで、嘖々《さくさく》としてその功を称して歴史書に載せ、その事蹟を伝えることが甚だ稀である」（元文語文）と書いているように、勝った側は刺客間諜遊侠盗賊のような劣悪者まで有名になったのである。

幕末維新において国内政治と並んで、というかそれ以上に大切だったのは対外問題だった。そして幕府君臣は開国の方法に苦心し、それぞれの人が立派な業績を上げた。鋤雲を含めて外交に当った幕幕臣たちは、国内事情を考慮しながら、西洋文物の移入や条約の締結を考えなければならなかったからその苦心は並み大抵のものではなかった。鋤雲が明治になってから『匏庵遺稿』に「岩瀬肥後守の事歴」など八項目ほど幕末の状況、特に外交関係のことを書いたのは、開国という正しい選択が幕府によってなされたことをいいたかったためである。要するに幕末の状況は、徳川幕府が外国と戦争にならないように外交を弥縫してくれていたからこそ、尊王攘夷派や薩長は後顧の憂いなく尊王倒幕の旗を押し立てて着々と戦争準備を整えることができた、と見ることができるだろう。

以上は筆者の幕末観であるが、以下では幕末の状況を具体的に、しかしかいつまんで紹介し、読者の理解を助けようと思う。

2　幕末の状況一瞥

開国から井伊直弼まで

嘉永六年（一八五三）にペリーが来航し、翌年から翌々年にかけて各国との和親条約が結ばれた。この頃までは老中に阿部正弘がいて、島津斉彬などの賢侯と結び、水戸烈公（徳川斉昭）もうまくあやなし、京都の孝明天皇や公家たちにも開国のやむを得ないことを納得させていた。しかし安政四年（一八五七）には状況が違っていた。この年岩瀬忠震と井上清直がハリスとの間で日米通商条約をまとめ、この勅許を得るため老中堀田正睦と岩瀬などは翌安政五年（一八五八）に京都に上ったが、この時はすでに阿部は死んでおり、朝廷からの条約勅許も遂に得られなかった。またこの時は条約勅許の問題と同時に、将軍家定の跡目をめぐって一橋慶喜（水戸斉昭の実子）派と紀州の徳川慶福（後の将軍家茂）派との間で激しい争いが繰り広げられていた。

そして井伊直弼が大老になるに及んで、紀州派の勝利となり、一橋派の人々は一斉に差控えや逼塞を命じられ公職から追放された。井伊直弼に弾劾されたのは攘夷派の筆頭水戸斉昭だけでなく、松平慶永（春嶽）などの親藩の有力者および岩瀬や永井尚志、川路聖謨など多くの幕府開国派の人々が含まれていた。直弼は一方でこれらの開国派を粛清したが、他方では開国のやむを得ないことを覚って、朝廷の勅許を待たず、通商条約の所謂「独断調印」を行った。但し、これは直弼が開明的であったことを証するものではない。彼はできれば鎖国を続け、徳川幕府の永遠を願ったのだが、現実問題として現在戦っては勝ち目がないので、方便として通商を許すことにしたのである。孝明天皇の、無謀の攘夷を避けつつ、いつの日か「鎖国の良法」に復帰する、という希望とほとんど同じで、一見両極端に見える孝明天皇と直弼の考えは不思議なことに最も近かったのである。直弼が京都の公家や梅田雲浜、吉田松陰など攘夷派の人々を罪したので彼を開国派と見誤る人が多いが、彼は公家や浪人たちがお上の御政道に口を出すのを憎んだのであって、攘夷という思想を憎んだのではない。

安藤信正

しかし直弼の本心が何であれ実際政治においては、彼の安政の大獄は反幕府勢力を刺激し、尊王攘夷運動を激化させた。志士たちは直感的に彼らが想像した「天皇の意志」を蔑ろにする幕府政治を憎んだのである。こうして水戸藩や長州藩、その他脱藩浪人の運動が始まり、万延元年（一八六〇）の桜田門外の変に至って幕府の権威は衰えて、文久年間の国内は攘夷派の独壇場となっていった。

安藤信正（『（画報）近代100年史』Ⅰより）

しかしこの時期に幕府を指導した安藤信正は、対外問題では幕府の歴史を通じて最善の老中という評価が高い。彼は外国の公使と直接に交渉し、諾は諾、否は否と裁決して、ロシア軍艦の対馬占拠事件、ヒュースケン殺害事件、フランス人官吏傷害事件などでは堂々たる外交交渉を行った。また小笠原島が日本領土であることを内外に闡明したのも安藤の功績である。だが内政では安藤も躓いた。彼は国内の沈静化のためにいわゆる公武合体を計画し、皇妹和宮と将軍家茂との婚儀の成立を図った。この結婚はすったもんだの末に実現はしたが、尊王攘夷の輿論を鎮めるどころかかえって激化し、安藤自身も文久二年（一八六二）坂下門外で襲撃され、老中職を引かなければならなくなった。

このように和宮降嫁は国内問題解決の効果がなかっただけでなく、対外問題にも以後の歴史に悪影響を与えた。すなわち降嫁の条件として孝明天皇が示された「鎖国への復帰」に対して、幕閣は十年以内の鎖港鎖国を約束したのである。そして幕府は京都への申し訳のために文久元年（一八六一）暮には竹内下野守を正使とする「両都両港開港延期使節」をヨーロッパに派遣した。安藤らは鎖国復帰ができるとは思っておらず時間稼ぎのために苦し紛れの返答をし、使節を派遣したのだが、このような姑息な考え方が以後の幕府の習性となり、外国、特に英国の信を失う結果になったことは否めない。要するに井伊直弼は本心は鎖国であったが、表面は断固たる開国論者に見え、安藤は本心は開国にあったが、表面は穏健な鎖国主義者の振りをしたのである。

攘夷運動の頂点文久三年

安藤が襲撃された前後から国内の攘夷運動は激化していて、攘夷派は万延元年（一八六〇）にはアメリカ公使館の通訳ヒュースケンを殺し、文久元年（一八六一）には英国公使館の東禅寺に切り込み、文久二年（一八六二）には生麦事件や、品川御殿山に建築中の英国公使館放火事件が起った。ヒュースケン殺害の下手人は上がらなかったが、東禅寺事件は水戸藩士の所業、生麦事件は薩摩人、公使館放火は高杉晋作らの長州藩士の仕業であった。こうして文久二年暮には朝廷の攘夷急進派の三条実美、姉小路公知が江戸に下って、勅命と称して「無謀の攘夷」を命じ、京都では長州の轟武兵衛、久坂玄瑞らと公家の三条実美らが攘夷の期限決定を迫り、京都における幕府の代表者（将軍後見職）一橋慶喜や京都守護職の松平容保が、文久三年（一八六三）五月十日をもってその期限とすることを約束し、慶喜は横浜鎖港の談判のため江戸に戻るような事態となった。

幕末の歴史で最も分からないのが、朝廷、公家の意志決定手続きである。この頃出された勅諚（みことのり）なるものは、少し経つと趣意が激変するから、それが天皇の本心でないことは明白である。攘夷派が京都で勢力があり、ほしいままに暗殺を行える時代は攘夷の勅諚が出て、そうでなくなると公武合体的な勅諚が出るから、きちんとした手続きなどはなく、勢力がある側が恣意的に出せたのだろう。だからほとんどの勅諚は偽勅といっても過言ではない。そして孝明天皇の本心の希望は「無謀な戦争を起さない限りの攘夷」であったから、それに背いた勅諚を出させた三条らの過激派公家や脱藩浪人それに長州藩士たちは天皇の意に反したのである。そして彼らのかなり多くはこれから五年後の明治維新によって顕官となったが、その時彼らは開国に反対しなかった。筆者が彼らの攘夷は建て前で、尊王も己と世間を騙したもの、と断じる所以である。鋤雲も後にこの朝廷の陰謀によって一時職を追われるはめになる。

しかしとにかく文久三年の攘夷派の意気は凄まじく、五月十日の攘夷期日以後、長州は関門海峡でアメリカ、フランスなどの商船や軍艦を砲撃し、七月にはこの無謀の攘夷を審問に来た幕府の使い番中根市之丞を暗殺した。

公武合体でも鎖国

京都にいた公武合体派の有力者たち、島津久光、松平春嶽、一橋慶喜、それに将軍家茂らは攘夷運動の当るべからざる勢を見て、文久三年（一八六三）の三月から六月の間にそれぞれ国元や江戸に帰ってしまったが、将軍東帰直前の六月上旬に最初の反攘夷派運動が行われた。すなわち、幕閣の中で唯一、幾分の気概があった老中小笠原長行は独断で生麦事件の償金を払うことを決断し（攘夷運動の最中、外国に賠償金を払う責任者となるのは非常に勇気のいることだったのである）、その意気込みを引っさげて、外国奉行井上清直、神奈川奉行浅野氏祐、目付向山隼人正（諱は一履、号は黄村）、田安家家老水野忠徳などを従え幕兵二千を引き連れて京都に上り、攘夷の行うべからざる事を奏上し合わせて京都の浮浪浪人や過激派公家を一掃しよう、と図ったのである。尊攘派の公家や浪人たちは安政の大獄の二の舞かと大いに恐れ、朝廷に働きかけて京都にいた老中の板倉勝静、水野忠精らに小笠原を入京させないよう命じさせた。小笠原は争ったが遂に断念せざるを得なかった。幕府の身分制度が思いきった変革を阻んだのである。こののち小笠原や水野は官位を奪われたり謹慎を命じられたりして、この幕府によるクーデターは失敗した。

それから二カ月後、今度は会津が薩摩と組んで、反過激派クーデターを計画し成功した。有名な八月十八日の政変である。そしてこの直後に出された孝明天皇の松平容保、島津久光、中川宮（尹宮）宛の御宸翰には天皇の真情が溢れており、天皇は緩やかな攘夷論であって、三条らの過激派公家を嫌い、会津の松平容保をもっとも信頼されていたことがよく分かる（山川浩『京都守護職始末』に詳しい）。このクーデターによって「七卿落ち」となり、過激派は京都から一掃された。

これで開国の国是が決まるかと期待されたが、案に相違して外交方面での幕府の前途は決して明るくならなかった。クーデター後、島津久光、松平春嶽、山内容堂、一橋慶喜、松平容保など有力諸侯は京都に集まり、年が明けた元治元年（一八六四）には将軍家茂も二度目の上洛を果したから、日本の針路を決めるべき顔ぶれは揃っていた。また開国派の島津久光は二度にわたって国の方針を開国に定めるよう建白した。しかし幕府内部に断固たる老中がいなかった。何といっても孝明天皇は一貫して鎖国主義であり、堂上公家たちにも開国主義のものはほとんどいなかったから、これらの人々を説得するには非常な努力が必要で、これに敢て当ろうという気概が一橋慶喜や老中になかったからである。ただそこには面子の問題もあり、幕府の人びとは島津久光のいうなりになるのがイヤだったらしい。それで結局、何も決まらぬまま穏健派の運動は挫折し、久光や春嶽は帰国してしまった。

横浜鎖港問題

元治元年（一八六四）正月の将軍家茂の上京に先だって幕府は、公武融和の引き出物として横浜鎖港を手みやげにしようと考え、使節をヨーロッパに派遣することを決めた。これが文久三年（一八六三）暮にフランスを目指して出港した正使池田長発、副使河津祐邦ら一行である。同行した田邊太一が書いているように、この時も幕府はこの使節が成功するとは考えておらずただ「鎖港の交渉中であります」と朝廷を騙して数年間時間を稼ごうと図ったのである。なおこの使節の副使河津祐邦は、鋤雲の函館時代の上役河津龍門である。両都両港延期使節の竹内保徳といい、この河津といい、鋤雲と同時代に函館にいた人々は能吏だったから次々に外国に派遣されたのである。

朝廷は横浜鎖港を日本在住の外国公使たちにも働きかけようとし、元治元年五月には幕府の政事総裁職松平直克に鎖港委任を申し付けた。松平は幕府首脳部には珍しい攘夷派で水戸藩士と通じていたのである。しかし直克とともに鎖港委任者であった水戸藩主徳川慶篤が直克の独断専行を弾劾したので、彼はたちまち政事総裁職を解任されてしまった。このようにこの頃の幕府の政治はふらふらと揺れ動き、政治的意志がほとんど感じられない。幕府のこの頃の顔ぶれは、まだ十九歳の将軍家茂の下に将軍後見職の一橋慶喜、老中に酒井忠績、板倉勝静、水野忠精などだったが、彼らは国家百年の計を立てるより、朝廷と折れ合って徳川幕府を存続させることを第一の目的としていたから、このような定見のない政治を行ったのである。

以上、鋤雲が江戸に戻る時代までの日本の政治と外交の状況を大雑把に紹介したが、要するに元治元年前半の時点では、開国か鎖港かという重要問題に対してさえ幕閣に確固たる意志はなかった。

3 薩長の二枚舌と外国公使の国益第一主義

鋤雲目付となる

さて、鋤雲のことに戻ろう。鋤雲が箱館奉行所から江戸に戻されたのは、正式な辞令では文久三年（一八六三）十二月二十四日である。この辞令を発した当初、幕府は鋤雲を新徴組支配とするつもりであった。これは新徴組支配にあてるつもりであった河津龍門が横浜鎖港談判のため急に海外に派遣されることになったので、その後釜として河津の推薦した鋤雲を戻したのである。鋤雲がその支配に擬せられた新徴組というのははじめ浪士組という名前で結成された尊攘派の浪人たちの集りである。幕府は浪人たちに羈絆をつけようと図ってこのような団体を作ったのであった。浪士組には坂本竜馬も入っていたし、山岡鉄太郎（鉄舟）はその支配であった。浪士組はその一部が幕末の人気者、新撰組になったこともあって、多くの本にその顚末が書かれているが、結局、新徴組の首領清川八郎は幕府によって暗殺され、残りの隊員たちは庄内藩預かりになってしまった。だからせっかく江戸に戻された鋤雲もすることがなくなった。それで幕府はその処置に困って、鋤雲を一旦学問所頭取として七百石を給したがこの仕事も半年に過ぎず、元治元年（一八六四）七月に鋤雲は目付に抜擢された。いよいよ幕府外交の表舞台に登場したのである。

目付という職は、現在の行政府では内閣官房に当るようなもので、江戸幕府では最も活躍の場が多く、権力もあり、気概のあるものなら一度はなってみたい職であった。目付は禄高も大したことはなく（千石くらい）位も高くないが、独立した官職で上には将軍がいるだけであった。老中、三奉行（寺社奉行、町奉行、勘定奉行）の政策も目付が同意しなければ実行に移せなかった。もし老中が反対を押し切って断行すれば、目付は将軍あるいは老中に面会してその不当を訴えることができた。だから目付に「その人を得ると得ざるとは一世の盛衰に関」したのである。

幕府開明派の進出

さて鋤雲が目付になれたのはなぜであろうか。前節末尾に述べたように政事総裁職松平直克は元治元年（一八六四）五月、横浜鎖港交渉のため江戸に戻ってきたが、この頃、幕府の目付は開国派と鎖港派の二派に分かれていた。鎖港派も鎖港の不可能は知っていたが、京都のお覚えを良くして立身を望むものが多かったといわれている。

しかし六月の松平直克の罷免を機に、開明的な老中である阿部豊後守正外と松前伊豆守崇広は、開国を国是として定めこれを実現させるためには幕府自ら実力をつけなくてはならない、と決意した。そしてその手始めに鎖港攘夷を唱える目付たちを退けようと図り、目付の筆頭に京極能登守（高朗）と山口駿河守（直毅、泉處と号した）の二人を再登用した。二人は開国論説者だったので一年前に解任されていたのである。こうして二人が筆頭目付になると他の目付たちは不快感を隠さず、連署してその不当を詰り出勤しなくなった。阿部老中たちはこれら目付の態度を見て、これ幸いと彼らを解任し、京極と山口に命じて門地を選ばず俊才を推薦するよう申し付けた。そして山口駿河守は鋤雲を推し、鋤雲は目付に任用されたのである。

鋤雲を推薦した山口駿河守（以下、泉處）は幕末から明治にかけて鋤雲ともっとも気のあった人物で、今後も本書に何度か登場するから簡単にその経歴を紹介しておく。彼は天保元年（一八三〇）に林元賓の五男として生まれた。鋤雲より八歳年少である。母は武川氏の出なので武川姓を名乗った。嘉永六年（一八五三）に昌平黌の経科の試験を受け、成績優秀により白銀を給せられた。安政三年（一八五六）に山口氏の養子となり、万延元年（一八六〇）に昌平黌の儒者から官吏に移り、御使番から外国掛の目付となった。泉處は洋学も勉強していたから外国掛に抜擢されたのだろうが、この時三十一歳でかなり早い出世である。翌年文久元年（一八六一）から約一年間、泉處は函館に出張し、蝦夷地を巡視した。この時鋤雲と知り合って意気投合したので、鋤雲を目付に推薦したのだろう。江戸に戻った泉處は文久三年（一八六三）五月から六月までは神奈川奉行、七月にまた目付に登用されたがすぐに免職になった。前節に述べた小笠原長行のクーデター未遂事件に連座して辞めさせられたのである。以後の泉處の活躍はその時々に述べる。

横浜鎖港交渉

元治元年（一八六四）六月二十九日に目付になった鋤雲の最初の仕事は横浜鎖港であった。この時の幕府は老中や目付を一新して開国派で固めたのに、横浜鎖港の話が出てきたのは、それが孝明天皇の御意志で、将軍家茂や将軍補佐の一橋慶喜がその聖旨を何とか実現させようと心を砕いていたからである。

この時の外国奉行は竹本淡路守（正雅）と土屋豊前守であったが、竹本は七月二日に鋤雲を江戸城大広間に呼び出して横浜鎖港について鋤雲の意見を問うた。鋤雲は、鎖港は行われるべきことではないが将軍が聖勅を承ってこられた以上、成否はとにかく、臣下としては一応分を尽くさなければならない。今外国人が日本に望むのは蚕と絹糸だから、これを函館で一手に引き受けるといえば何ほどかの相談にはなるだろうと答えた。竹本は鋤雲が真っ向から反対しないのを聞いて喜び、その日の夕刻、鋤雲は竹本、土屋とともに将軍御座所に呼ばれ、将軍直々に鎖港談判の委任を申しつけられた。

同僚の目付たちは、鋤雲が鎖港は不可能として談判を固辞しなかったのを咎めたが、鋤雲は「将軍はまだ非常にお若く経験不足でおられるから、外国奉行に命じれば外国問題は何とか処理できる、と思い、それが奉行の職分と考えておられる。それなのに、その問題が困難だからお引き受けできないと言って責任を回避するのは私の忍びないところである。だから自分の力のなしうる限りはなしてみよう」（元文語文）と思って引き受けたのであった。結果を先にいえば鎖港はならなかったのであるが、将軍家茂がいかに聖旨を真面目に実行しようとしたか、あるいは鋤雲が若い将軍のため暖かい心をもって付託に答えようとしたかが分かる。幕臣は天皇に忠だったのである。

鋤雲と竹本とは直ちに横浜に赴いて英国公使オールコック、フランス公使ロッシュなどと協議を始めたが、かえって公使たちから開国の必要性や国内問題の解決法の教授を受ける形になって、二人は鎖港などはとてもダメだと観念した。また別に、昨年暮欧州に派遣された池田筑後守たちも最初のフランスとの交渉で鎖港の不可能を覚り、断然開国を上申しようと交渉を止めて勝手に帰ってきた。内外の談判はともに鎖港など思いもよらないことを幕府に覚らせたのである。それに元治元年の夏秋は、水戸の天狗党の騒ぎ、京都での禁門の変、四カ国海軍の下関砲撃など大事件が重なり、結局この横浜鎖港問題はどこかに吹っ飛んでしまった。

横浜鎖港はこうして蛇尾に終ったが、この交渉の副産物として鋤雲は幾つかの興味深い経験をした。現代の我々にとって面白いのは攘夷を旗印にした長州や薩英戦争まで起した薩摩がすでにこの頃には外国人には全く違った態度をとっていたことと外国公使の国益第一主義、それに竹本淡路守という人物を通して分かる、その時代の複雑な裏話である。

薩長の二枚舌

薩摩の上層部は開国主義であった。しかしそれを広言したのは島津久光だけであり、西郷や大久保はそう思っていたが、下の者には余りはっきりとはいわなかった。それをいうと天皇の御意志と逆になり、薩摩人の本心であった尊王倒幕の旗が色褪せるからである。長州人も木戸孝允や周布政之助などは心中では攘夷の不可能を知っていたから、井上聞多（馨）や伊藤俊輔（博文）などを英国に密航させたのだろう。しかし国内的には彼らは攘夷を呼号し、天皇の聡明を壅蔽している松平容保などの君側の奸を払うと称して、元治元年の上半期には京都出兵の準備をしていた。要するに元治の頃には、薩長の上層部は攘夷の不可能を覚っていたが、国内向けに攘夷の振りをしていたのである。

一方彼らは外国人に対しては、全く違ったことを言っていた。元治元年（一八六四）七月に鋤雲が横浜鎖港の件で英国公使オールコックに会った後、彼は次のような書翰を送って来た。「今、日本には鎖国攘夷を唱えるものが多いがそれは皆本心ではないようだ。彼らは、徳川幕府がひとり貿易の利を独占しているのを嫉妬して、天皇や公卿を使嗾《しそう》しているのである。だから幕府の御役人が「人心折り合わず」と称して鎖港の談判に来るのは世の中を見誤っている。その証拠に薩長その他の諸藩の人たちは密かに英国公使館に出入りし、『開国の良善を説き、欧州の文明を欣羨《きんせん》する者、日に一日より多し。この輩、皆、却って政府の因循にして鎖攘の説に拘泥《こうでい》するを嘆息せざる者なし』。だから政府は貿易の利を独占せず、上は天子から下は各藩の諸臣に至るまでその利益を均霑《きんてん》すれば国内忽ち折り合い、不平を鳴らす者もなくなるであろう」。

このオールコックの判断は日本人を合理的に解釈し過ぎているが、薩長その他の藩の士の一部が外国公使などに、自分達は外国と親善にしたいが幕府が邪魔をしている、と語ったのは事実だった。彼らの国内向けの攘夷に困らされていた幕府から見れば、この二枚舌は言語道断であるが、幕府のみが貿易の利益を受け強大になることを望まなかったという意味では彼らの本心でもあったろう。しかし彼らの貿易の目的は自分たちが贅沢することではなく、鉄砲など武器を買うことにあったのである。

このような英国人の経済合理主義的見方に対して鋤雲が反論したことがある。それは翌慶應元年の閏五月のことで、英国代理公使ウィンチェスターと会った時、鋤雲は「諸大名は貿易ができないから幕府に反抗しているのではない。彼らはこれまでも徳川将軍と朝廷との仲を裂くために『外国との親善は国家に害がある』と帝に進言してきた。心の奥では彼らも今では外国貿易を望んではいるが、それでも朝廷の中では依然として貿易反対を主張している」と語った。すなわち鋤雲は幕府と薩長の争いは経済問題ではなく政治的権力闘争である、と述べたのである。そしてこれは正しい判断だった。

下関砲撃直前の英仏公使の態度

次に四カ国艦隊の下関砲撃と竹本淡路守のことを見てみよう。鋤雲と竹本が外国公使たちに会った元治元年（一八六四）七月は、英仏米蘭の四カ国公使たちが昨年の下関での長州藩の砲撃に復讐するため長州に向けて艦隊を出港させる直前であった。この時鋤雲はフランス公使のところで思いがけず函館時代の旧知メルメ・カションに会った。鋤雲は目付、カションはフランス公使の通訳兼参謀として公使館詰めになっていたからである。両者は健康と栄転とを祝しあったが、その後間もなく鋤雲の許にカションからの書状が届いた。公務中なので鋤雲は竹本の立ち会いの下でこれを抜《ひら》き見たところ、それは公使ロッシュの意見書であった。

その意見書でロッシュは、「攘夷を叫ぶものが多いのは憂えるに足らない、長州が幕府の命に従わないのは懲らすべきであるが、藩主に罪を着せなければ平穏のうちに長州の反幕府の態度を改めさせられるであろう、そのために私が仲介に立ってもよい」と書いて来ていた。ところがこの書面を読んだ竹本は非常に怒り、鋤雲を引き連れ、その手紙を携えて英国公使オールコックの許に至り、フランス公使がカションの名をもって他国の政治に関与するのは怪しからぬことである、この手紙をロッシュに返し、今後このようなことのないように注意されたし、と談じた。オールコックはその場は一応日本国内の問題への不干渉に賛成したが、その数日後、薩長も開国を望んでいるという前述の手紙を提出した。

このロッシュの手紙を見ると彼もオールコックと同じく、この時は日本国内の開鎖の争いや幕府と薩長の対立の真の原因は見えていなかった気がする。なぜならロッシュも、下級武士の体制変革の欲求という底流ではなく、毛利藩の存続というような封建道徳でこの時代の争いを解決できると見ているからである。しかし争っている本人たちでさえ明確に意識しなかったのだから外国人が分からなかったのは無理はないし、我々も維新の動乱の結末を知っているから「変革の欲求」などといえるので、元治元年の時点では人びとが本当に何を望んでいるか見通すことはほとんど不可能だったろう。

一方、外国人たちの意図は明らかで、要するに英国は開国貿易で利益を上げ、フランスは幕府に恩を売って公共事業で儲けようという立場であって、幕府と長州の戦争などは公使たちの望む所ではなかった。そして彼らはそのような利益を上げるには、まず朝廷から条約勅許をとりつけ、次に、攘夷論者たちを回心させることが必要だと考えた。そしてそれには西洋の威力を見せつけ、攘夷の中心の長州を凹ませるのがいいと考えた。長州を屈服させれば、瀬戸内海の自由交通や下関の開港なども手に入りそうだからである。それでフランス公使ロッシュは英国だけがひとり利益を受けるのを警戒す

下関戦争
（『イリュストラシオンの日本関係記事集』第１巻より）

る意味もあってそれまでの逡巡を捨てて下関攻撃に賛成した。とにかく外国人たちは、日本国内の反目を早く止めさせて大々的に開国させ、自分達の利益を上げることが目的だったのだ。

下関戦争補償金

　幕府に長州を懲らす実力がないことを悟った四カ国の公使たちは七月末に艦隊を下関に向けて出港させたが、その直前オールコックは竹本と鋤雲を呼んで出港を告げた。この時竹本は内心大いに喜んで、表面上は一応阻止の態度を見せながら、密かに使嗾するような態度をとった。鋤雲は横から口出しして、この挙を止めようとしたが、竹本はこれを嫌い、以後二人は意見が合わなくなった。鋤雲本人は、自分が四カ国艦隊の下関攻撃を止めさせようと思ったのは、日本人（毛利藩の士）の命のためというような愛国心でもなければ、この戦争の結果、長州と外国とが親しくなるだろうというような先見の明があったからでもない、ただ、勘定高い外国人が無償で、他人である幕府に尽すことなどあり得ず、英国は何か得をするだろうが、それは幕府にとっていいことはないだろうと直感したからだ、といっている。

　結局、四カ国艦隊の砲撃で毛利藩は惨敗し、賠償金を出すこと、瀬戸内海の通行を妨げぬこと、薪水、食糧、石炭を供給すること、下関に大砲を備えぬこと、などを約束し、外国に恭順の意を表した。

そして不思議なことに以後長州と英国の仲は非常に良くなった。

さて四カ国艦隊の下関砲撃の後、英米仏蘭の公使たちは横浜で竹本らと下関攻撃の事後処理に関する予備交渉に入った。鋤雲は初めこの席に列したが、間もなく京都に出張した。そして京都で鋤雲は、若年寄の酒井飛騨守（忠毘）と外国奉行の竹本とが、今回の下関戦争の遠征費と下関を焼き払わなかった補償金として、三百万ドル（四ドルを三両と見て二二五万両である。一両を今の三万円と見ても約七百億円であり、貧乏国日本としては非常な巨額である）を慶應元年（一八六五）六月から三カ月毎に五十万ドルずつ六回で支払うことを約束したことを知った。この取り決めには付帯条件がついていて、もし幕府が下関かその近郊の港を開いた場合にはこの償金を払わないで済ますことになっていた。

鋤雲が書いているように、この取り決めは変なものである。軍艦はすでに日本にいたもので、本国からわざわざ派遣したものではないから、経費はかかっていない。また下関を焼き払わなかったから金を寄越せというのは強盗のような論理だし、日本政府にその補償を要求するのは筋違いである。しかし帝国主義時代のヨーロッパ外交は大体このようなものであった。金か貿易の利が目的で、この場合も下関を開いたら償金を払わなくていいという条項には、貿易の促進を第一と考える英国の意向が反映していたのである。

竹本淡路守の真意

さて、竹本淡路守がロッシュの手紙に異常なほど怒ったり、四カ国艦隊の下関攻撃を使嗾したり、また不合理な償金を払うことに同意した理由は何だったのだろうか。四カ国艦隊の攻撃を長州征伐の巧妙な手段と見たこともひとつの理由だったろうが、鋤雲はそれだけではないと書いている。

鋤雲によれば竹本はもともと大きな目のつけ所のない人であった。それで日本の開国あるいは鎖国についても定見がなく時に応じて意見を変え、或いは尊攘の浪士と交通したり、あるいは老中に迎合したりする人だったらしい。そのため同僚には嫌う人が多く、鋤雲が竹本に頼まれて横浜鎖港談判に行ったのも、他に協力する目付がいなかったので竹本は新米の鋤雲に話をもちかけたのであった。鋤雲は竹本に対する不信感を山口泉處など同僚からも聞いたろうが老中の阿部正外からも聞いた。阿部は本家筋の白河藩主相続以前は幕府の旗本であって、その頃は竹本淡路守と同僚だった。だから阿部は彼の信用できない性質を知っていたのである。

鋤雲の想像によれば、竹本は一時長州藩の尊攘派と関係があり、そこに何か後暗いことがあって、幕府と長州が融和すると、その情報が長州から流れて来ることを恐れた。それで彼は、平和の裡に幕府と長州を和解させるロッシュの仲介を嫌い、下関を開港させれば償金を払わないで済ませるという約束をして、幕府が長州征伐を行わなくてはならぬよう仕組んだのであろう、と推定している。

竹本は慶應に入ると外国関係の役を離れ、五千石の旗本に戻った。そして維新になってからは隠居して本所に引き龍ったが、ある夜、強賊が忍び込み竹本は身体中を切られて死んだ。金品は全く盗まれなかったから、物取りではなく、怨恨沙汰だろうと噂された。竹本と長州の関係は鋤雲の回想であるから、竹本にはそれなりの言い分があるかもしれないが、しかし殺された所を見れば、尊攘派の口封じ、あるいは怨恨と取れないこともない。幕末には幕府側、薩長側ともに口に出せない暗い部分があったことを思わせる。

以上のようなことは、鋤雲が明治になってから書いた「下ノ関償金の顚末」などに書いてある。一面観であるからそのまま信じるのは危険であるが、学問的な歴史書には出て来ない裏話や個人の性行など、その時代を生きた人物にしか分からない正直な感想があるので非常に面白い読み物である。

4　条約勅許と兵庫先期開港問題

英仏米蘭四公使の要求　以上の横浜鎖港や下関攻撃は元治元年（一八六四）夏秋のことで、この後鋤雲は横浜詰め目付となり、ほぼ一年間、横須賀造船所のことやパリの万国博覧会出品のことなどでフランス公使ロッシュや通訳カションと応対する毎日が続いた。しかしこれらについては次章で記すことにして、ここでは引き続いて鋤雲の外交談判、すなわち一年後の慶應元年（一八六五）秋から冬にかけて行われた兵庫先期開港取り消し問題と下関戦争補償金繰延べ交渉について述べる。まずこれらの問題の経緯を略述しよう。

慶應元年六月、第一回目の下関償金五十万ドルが支払われたが、幕府は手許不如意だったので残りは一年間の猶予をおいて慶應二年から払いたいと公使たちに相談を持ちかけた。この時英国公使はオールコックからパークスに代っていたが、パークスは償金の三分の二を免除する代りに、一、条約の勅許（天皇の承認）を得ること、二、兵庫の先期開港、すなわち兵庫港を既定の一八六八年（明治元年）の元日以前に開くこと、三、税率を下げること、の三条件を日本側に提案しようと公使会議に提案し、フランス公使ロッシュは渋ったが結局同意して、公使団の総意として日本側に要求することになった。

右の第一の条件を公使たちが要求した理由は、安政五年（一八五八）に調印された通商条約は、それ以来七年以上を経過したこの慶應元年まで、未だに勅許が下りていなかったから、彼らはこの勅許が下りさえすれば各藩との貿易も可能になると考えたからであろう。第二の要求についてロッシュは、幕閣に出した書翰で「英国は貿易で利益をあげることを追求しているのに、幕府が両都両港（江戸と大阪および兵庫港と新潟港）の開港を決めないから、英国政府は、幕府は本心では鎖港主義ではないかと疑っている。その上、薩摩長州の大名は英国に密かに使者を遣わし、自分達の領地に開港場を設けたいという意志を示したから、なおさらである」と指摘し、早く兵庫開港を決定して英国の心証をよくするよう幕府に切言している。

以上のような要求を日本に強制するため、英仏米蘭の公使たちは慶應元年九月、それぞれの軍艦に搭乗し、天皇と将軍の居所に近い兵庫に向った（この時将軍家茂は長州征伐のために大阪にいた）。公使たちは天皇や公家、それに将軍がいる所に艦隊で乗りつけると、政府（幕府）の開国政策の応援になると判断し、もし幕府が言を左右にして決しなければ、そのまま京都に押し上って天皇に直々に要求しようと意気込んでいたのである。結果的にみれば少なくとも条約勅許は取りつけたから、この強行手段は彼らにとって成功だったといえるだろう。

将軍職辞任論

この時江戸にいた老中の水野和泉守たちは艦隊の出港を止めようとしたが、公使たちが聞かないので、急いで外国奉行山口泉處を派遣して艦隊の出港を大阪の将軍や老中に伝えた。しかし山口がこのことを報じても、大阪にいた老中の阿部正外や松前崇廣は、外国公使が兵庫に来ようが構うことではない、と悠然としていた。阿部らは公使たちの要求を呑むつもりだったのである。その見識は立派といえるが京都の攘夷の風潮に余りにも鈍感であり、政治家としては余りにノンビリ屋に過ぎよう。

そして九月十七日、公使たちを乗せた外国軍艦九隻は兵庫に入港し、直ちに条約の勅許を要求する強硬な覚書を発した。阿部は山口泉處を連れて兵庫に赴き、公使たちに九月二十九日に決答すると約束した。ところが京都では、すでに阿部が独断で各国公使に兵庫開港を許した、という流言が出回り大騒ぎになった。特に京都守護の会津武士などは陸続《りくぞく》下阪し、「もし公使ら上京せんとすれば、敝藩《へいはん》一同死力を尽してこれを拒み、淀、鳥羽以往は一歩も踏ませず、醜類を寸断して国威を伸べんこと、掌中にあり」と決意を述べた。この時は佐幕の会津藩が孝明天皇のお考えを遵奉する尊王攘夷派で、攘夷の筈の薩摩長州は本心では開国だったのである。逆にいえば会津は世とともに遷《うつ》る柔軟性を欠いていたのである。

こうして阿部、松前は開港を主張、京都は大騒ぎの最中、十月一日に突然朝廷から「阿部豊後守、松前伊豆守、叡慮により退職、官位召し放し」という詔勅が出た。三条実美一派がいなくても朝廷では、孝明天皇始め中川宮など佐幕派の公家たちも兵庫開港反対であったからこのような詔勅が出たのである。徳川二百五十年間、老中などの任命は将軍の権限で、かつて朝廷が介入したことはなかったから幕府は吃驚仰天し、直後の幕府の評定は悲愴なものとなった。そして、この時初めて「将軍職辞任」の意見が幕臣の口から出た。それは大目付兼外国奉行の山口泉處と目付向山榮五郎（一履、号は黄村）の建議であった。二人は「今この危急の際に、天皇が将軍の任命権を奪い、事に当っている老中を廃棄するならば、それは将軍にその職掌を尽させないものである、将軍が天皇の信任を失い、万民の望みに背いたのなら、徳川家祖先に顔向けができない、この際直ちに大任を解き、関東に戻るべきである」と論じた。多くの反対もあったが、家茂は二人の意見に同意して、将軍の位を一橋慶喜に譲り、自分は関東に戻って引退すると表明した。

この上疏文では表向き慶喜に将軍職を譲る形を取っているがこれは事実上の大政奉還で、朝廷が阿部、松前を辞めさせるというなら、あとは朝廷で外国との折衝などを適当にお遣り下さい、と政権を投げ出した形、すなわち下世話でいえば、朝廷に対し「尻をまくった」恰好である。そしてこれは同時に、家茂将軍の周囲の幕臣たちの一橋慶喜に対する不満のあらわれでもあった。慶喜が京都にいながら阿部や松前を庇わないのは彼が将軍になりたい野望があるのではないか、と江戸の幕臣たち（この時は家茂に扈従して大阪に居たが）は疑ったのである。この時の上疏文は向山黄村が即日書き上げたもので、当時名文と称された。なお、向山の経歴などは後に紹介するが、この上疏文は徳川幕府側の考えを要領良くまとめたものであるので、現代文にして左に大略を示す。

上疏の本文は家茂の辞職願いであるが、別紙にペリー来航以来の世界情勢把握と政府の方針を述べている。

向山の上疏文

「この頃の世界の情勢を考えますと、各国は互いに和親し、貿易によって国の富強を致す勢になっております。それなのに我が国のみ外交を行わず、卑怯退縮の姿では、かえって国体も立ち行き難くなりましょう。それで先年アメリカ使節との和親条約を取り交わし、これは朝廷の勅許も戴きました。以来鎖国の旧習を改め、富強の基が開けるかと思いました処、外交拒絶の思し召しを仰せ出されましたので、なるべくだけは叡慮に背かぬよう志し(開港延期使節派遣などをいう)、また、無謀の攘夷は致すまじき旨も仰せ出されましたので、そのように努めて参りました。しかしいずれにしても富国強兵の策が立ちませぬ限り、外国に対し強く出ることもできません。要するに西洋諸国の優れている点を学び、貿易の利をもって軍船を整えることが第一の急務でございます。

この度長州に事件があり大阪まで出張致しました処、思いがけず外国船が兵庫に参って、条約の勅許を得たいと申し立て、もし私、家茂で取り計らい兼ねるようなら京都に押し上るような勢でございます。家来に色々応接させましたがなかなか承知しませず、しかし必勝の算なく無謀の干戈を動かしましては後害が思いやられます。我が国は海国ですから、東西南北いずれからも攻撃を受け易く、そうしますと万民の禍害はこれより起りまして、わが徳川家の存亡はさておき、陛下のお名前にも拘りましょう。

以上の所をお考え頂き、沢山の反対もございましょうがそれに動揺なさらず、断然と御卓識を立てられ、条約を勅許なさるようお願い致します」。

ペリー来航以来の政策について幕府のいいたいことはこの短文に尽きている。批判は色々とできるが、幕府側から見ればこの通りだったのである。

条約勅許と向山の譴責

しかしこの時も幕府は自己の主張を貫徹できなかった。穏便を旨とする一橋慶喜や尾張公（徳川茂徳〔玄同〕）それに会津侯（松平容保）などの殿様が決定権をもっていたからである。そして結局、公家や在京諸藩の重臣、及び幕府側の一橋慶喜、小笠原長行（文久三年のクーデター未遂事件で逼塞させられたが、九月から老中格に復帰していた）などを招集して会議が開かれた。相変わらず鎖港攘夷を主張するものもあったが、慶喜と小笠原が決死の意気込みで論駁し、遂に条約勅許に漕ぎ着けた。薩摩も事実上開国していたから、昔の攘夷の志士たちも余りに見え透いた嘘はつけなくなっていたのである。時代の流れというものだろう。この慶應元年（一八六五）十月五日をもって日本は遂に名実ともに開国通商を開始したのである。但し、兵庫の開港は大久保一蔵（利通）などの議論によって許可されなかった。大久保はこれを幕府と朝廷の政争の具にしようと図ったのである。

向山が書いた家茂の辞職願いがこの結果を産んだのだが、朝廷は条約勅許と同時に向山の職を奪い、禁錮に処した。条約勅許と禁錮とは一セットになった妥協の産物だったのである。文久三年（一八六三）には小笠原、水野などを、今回は阿部、松前、向山を蟄居させ、気概のある幕臣を次々に廃したのは、朝廷や公家の単なる復讐であったのか、幕府の力を弱めようとする薩長の陰謀であるのか、はっきりした所は分からない。しかしいずれにしろこれらを唯々諾々と受け入れるようになった幕府の弱体ぶりは明らかで、幕府の終焉が近いと感じないわけにはいかない。

鋤雲はこの辞職撤回を嘆き明治時代に、「長州征伐に出馬して半年、荏苒《じんぜん》と京都にとどまり、老中の阿部、松前は罰せられて将来の望みもないこの時に『何の所見ありてかくの如き挙動に至りしや。愚もまた甚だしというべし。我、故にいう、幕府の廃するは慶應三年の辞職に非ず、今年（慶應元年）にあり。鳥羽、既戦の敗にあらず、今日、未戦の敗にあり』」と書いている。この言葉は実に真理であり、明治維新は薩長が勝ったというより、幕府の権力意志が溶けてなくなった結果であると思う。

パークス勅書を投げ付ける

さて将軍職を返上しなかった家茂は江戸へ去ったが、山口泉處は公使たちに京都の会議の結果を伝えるために心配しながら兵庫にとどまっていた。そして条約勅許は得られたが兵庫開港は許されなかったと知って落胆し、これでは気が立っているパークスを納得させられまい、と心配した。そして案の定、会議の結果を知ったパークスは烈火のごとく怒って「こんなものはペケだ」と勅書を抛りなげた。泉處は外国人の怒るのには馴れていたから「なるほど貴方が怒るのも尤もだが、こちらも老中（正式の代表として松平伯耆守が来ていた）が出てきているのだから、あなたの無礼を咎めるのではないが、そういう失礼な態度を取るのはいかがなものか。私の方の使節が英国に行ってそういう事をしたらどうなる」というと、パークスも悪かったと思ったらしく、少し話ができるようになった。それでも約束した兵庫開港はできなかったのだからこちらにも弱味があり、泉處は、一旦英国船を引き上げ、今度は幕府に同情的なフランス公使ロッシュと相談するためにフランス軍艦に向った。

パークス像
（『プリンス昭武の欧州紀行』より）

泉處がロッシュに兵庫開港問題の仲裁を依頼すると、彼は熟考して、開港交渉は全て江戸の水野和泉守に委任する、という外国公使宛の公式書翰を拵え、これに京都の老中達の花押《かおう》（サインのこと）を押して後の証拠にするなら自分がパークスを説得しよう、と請け負ってくれた。泉處はこの案で手を打たなければ公使たちは本当に淀川を遡り、会津藩の武士たちと戦いになるかもしれないと恐れた。そして今更京都に戻って老中たちの花押を貰って来る暇はなかったから、泉處は自分の一存で祐筆に小笠原壱岐守などの花押を偽造させた。一緒にいた松平伯耆守は渋ったが、泉處はいざとなれば自分が罪を一身に引き受けると松平を説き伏せ翌日これをロッシュの所に持参してようやく事を治めた。

しかし泉處が京都二条城に戻ってみると、そこでは驚いたことに自分の切腹まで議論されていたことを知った。兵庫開港の偽勅を外国公使に渡したのではないかと疑われたのである。老中小笠原壱岐守は、花押の偽造はあのような難所を切り抜けるためには仕方がない、と泉處の決断を賞賛したが、このまま京都にいるとどのような珍事に遇うかもしれぬ、といって泉處に直ちに江戸に戻るよう命じた。そして泉處は、急に江戸から呼ばれて二条城に駆けつけた栗本鋤雲に「時の勢いでこのようになり申した。是非もないことでござる。瀬兵衛殿、後をよろしくお頼み申す」との一言を残し、中山道を通って追われるように江戸に戻った。

『夜明け前』に現れる山口泉處

島崎藤村の『夜明け前』第一部（下）十一章の四は鋤雲の著述「幕末の形情」を引いたもので、本節の内容とほぼ同じことが書いてある。そして十一章の五に至って、藤村は馬籠の宿に二泊した山口泉處のことを次のように描いている。泉處は『夜明け前』の主人公、青山半蔵に対して、遂に条約の勅許が下りたこと、これで井伊大老や岩瀬忠震の骨折りが無駄にならずに済んだことを話した。

「大目付で外国奉行を兼ねた人の口から泄《も》れて来たことは、何がなしに半蔵の胸に迫った。彼はまだ将軍辞職の真相も知らず、それを説き勧めた人が自分の目の前にいるとも知らず、ましてその人が閉門謹慎の日を送るために江戸へ行く途中にあるとは夢にも知らなかった。ただ、衰えた徳川の末の代に、どうかしてそれを支えられるだけ支えようとしているような、こんな頼もしい人物も幕府方にあるかと想って見た。

深い秋雨はなかなか止みそうもない。大目付に随いて来た家来の衆はいずれもひどく疲れが出たという風で、部屋の片隅に高鼾だ。半蔵は清助を相手に村方の用事などを済まして置いて、また客人を上段の間に見に行こうとした。心にかかる京大阪の方の様子も聞きたくて、北側の廊下を廻って行って見た。思いがけなくも、彼はその隠れた部屋の内に、激しく啜り泣く客人を見つけた」。

藤村がこの話を本当に父から聞いたのかあるいはフィクションなのか、筆者は知らないが、国学者で尊王家、むしろ幕府の反対者だった青山半蔵の目を通して藤村は、鋤雲や泉處など「衰えた徳川の末の代に、どうかしてそれを支えられるだけ支えようとしている」人への同情を書きとめたのである。

5 先期開港取り消しと下関償金繰り延べ交渉

開港取り消し引き受けと暗殺の危機

さて、条約勅許や将軍辞職で大騒ぎしていた十月の初め、京都の幕府首脳部は外国事情に詳しい鋤雲を京都に呼び寄せた。山口泉處は兵庫にいて相談する事務官僚がいなかったからであろう。鋤雲は命令を受けたその日に発程して東海道を三日で駆け抜け、京都に入ると宿舎にも寄らず直ちに二条城に上った。この時の鋤雲は、蓬頭垢面、疾歩して階段を駆け上るという有様で、徳川家の危急に一身を賭して尽そうという意気込みが漲っていた。鋤雲が呼ばれた座には、一橋慶喜、尾張公徳川茂徳（玄同）、会津侯松平容保、桑名侯松平定敬および老中たちがいて、将軍辞職の噂が関東ではどう受け止められているか、と問うた。鋤雲が「心無き草木にまで怒りが見えましてございます。人ならば、況《ま》してのことでございましょう」と答えると、慶喜はじろりと睨み付け、満座、黙して声がなかった。阿部、松前の退職を唯々諾々と拝承した幕府首脳部への鋤雲の激しい怒りと軽蔑を感じ取ったからであるが、鋤雲は大袈裟にいったのではなく、実際江戸城大奥では天璋院（前将軍家定夫人、篤姫）、静寛公主（現将軍家茂夫人、皇女和宮）をはじめ、上臈や中臈の婦女が嘆き悲しんで、中には井戸に身を投じ、懐剣を抜いて自殺しようとするものまでいたような状況だったのである。

次いで慶喜は、阿部豊後守らが外国公使に約束した兵庫先期開港を引き戻すことはできないか、と問い、鋤雲は直ちに「いと易きことに候」と請け合った。首脳部は鋤雲が簡単に引き受けたのを見て、半信半疑で確かにそうか、と念を押した。鋤雲は自分の考えをこう述べた。「兵庫は条約文に一八六八年元旦に開くと明記されております。これは各国帝王と我が徳川大君とが取り決めた約束でございますから、この条約を今日本にいる公使たちの一存で変更するのは理に反するものであります。だから彼らの暴に屈せず理をもって押せば、彼らとても屈服せざるを得ませんでしょう。この談判は必ずやり遂げられると信じております」。信念と論理の通ったこの言葉を聞いて、玄同君は鋤雲の意気を壮として、自ら洋酒を注いで鋤雲に与えた。そして退いて待つ鋤雲に「兵庫開港延期の談判御委任」という指令書が与えられたが、鋤雲は文中の「延期」を「定期」に改めて貰って直ちに江戸に引き返した。

鋤雲が駆け下った当時の東海道
（『F・ベアト幕末日本写真集』より）

＊　ここに書いてある慶應元年（一八六五）十月九日の鋤雲の問答は彼自身の記憶にもとづいたもので、発表されたのはこれ

から約十三年後の明治十二年（一八七九）一月の郵便報知新聞紙上である。一方『徳川慶喜公伝』三の二〇〇～二〇一頁には「匏庵遺稿には往々誇張の記事ありて信じ難し」と、この話に疑いを投げかけている。その理由として該書は、一、鋤雲が二条城に上ったのは四国艦隊東帰の後で慶喜公が「先期開港の取り戻しは出来まいか」と問われることはあり得ない、二、この後の外国との談判では下関償金延期、貨幣改鋳、税率改正などの問題が主で、先期開港のことではなかったことを挙げている。そして慶喜公も「そは何ぞの記し謬りならん。さやうの事なし」と仰せられた、とある。このことは『昔夢会筆記』二八七～二八八頁に慶喜と鋤雲の関係について慶喜が「栗本には京都にて一度会いたるのみなり。特に任用せしことなし。引き戻し談判のことは全く無根なり。洋酒云々のこともまた無根なりと知るべし」といったことと対応している。なおこの談話は大正元年（一九一二）のことである。

実際、鋤雲は慶喜公に信任されてはいなかったろうし、鋤雲自身もそのようなことは書いていない。江戸にいた鋤雲と京都にいた慶喜とに君臣の情はほとんどなかったと思われる。しかし「玄同公が手ずから洋酒を注いで与えた」など細かい所まで書いてある鋤雲の文が全くの創作であるはずはない（『匏庵遺稿』五八一頁に鋤雲が玄同公を悼んだ文があり、その中にも玄同公から酒を賜ったことが事細かに記してある）。『昔夢会筆記』の慶喜の記憶は事件から四十年以上が経過した後のものであり、こちらの方が記憶違いがありそうである。

しかし兵庫はこのとき開港されず、だからこそパークスが怒ったのであるから、兵庫開港延期談判をその後江戸で行ったという鋤雲の記憶には何か理由がなければならない。以下にこのことを推定してみる。

山口泉處がロッシュから知恵をつけられてパークスに渡した覚え書きには「兵庫開港は今直ちには交渉に応じ難く、ロンドンの約定に定めた期日、すなわち西暦一八六七年一二月（日本暦では一八六八年元旦）に開くが、しかし期限より早く開ければ開く、また下関償金の三回目は約束通り十二月に渡す、同時に関税率改正のことも江戸で交渉する」と書いてあった。しかし慶應の頃までは関税率のことなどは小栗など一部の幕府の官僚以外、多分鋤雲も含めて誰も問題にせず、日本にとっては兵庫開港のことだけが重大問題だった。だから幕府上層部にとっては「兵庫を期限より早く開ければ開く」と書いてあることだけが悩みの種であったに違いない。だからこれさえ凌げれば、という気分があって慶喜や玄同は先期開港をはっきりと拒絶したいがために、「取り戻しは出来まいか」と訊ねたのだろう。そして鋤雲が定期に開くと答えたのは幕府高級官僚たちの誰もが考えていた「理の当然」であっただろう。

鋤雲が行った先期開港取消談判を証する文献は『匏庵遺稿』のみであって『幕末外交談』『幕末外交史の研究』『（増訂）明治維新の国際的環境』のどれにも見られない。後世問題になったのは関税の規則や税率を決めた慶應四年（一八六八）の「江戸協約」であって、兵庫開港延期などはどうでもよいことになった。これには明治以降、関税自主権など国権論の台頭や経済重視の学問的風潮のせいもあっただろう。その時代の人の問題意識が後世では理解し難くなる一例であると思う。

江戸に戻った鋤雲は直ちに外国奉行に任じられ、安芸守となった。そしてその任命の夜、すなわち鋤雲が横浜に交渉に出かける前の晩に、一人の若者、栗本某（鋤雲の親類筋だろうか）が鋤雲に面会に訪れた。彼は幕臣関口隆吉の塾生で、漢学者大橋訥庵の『闢邪小言《へきじゃしょうげん》』を信じ、尊王攘夷に凝り固まっていた。それで開国派の鋤雲を刺し殺そうと思っていたのである。だが話しているうちに鋤雲の忠誠や議論の確実さに信念が揺らいで、彼は遂に刀を抜くことなく帰った。だから鋤雲は彼の暗殺の意図を知らずにいたのだが、明治中期になってこの話をある宴席で関口自身から聞いたのである。

大橋訥庵はすでに文久の終わりに死んでいたが、彼は鋤雲より七歳ほど年長で、佐藤一斎の高弟だった。だから鋤雲とは兄弟弟子である。両者は天保時代に同じ儒学を学んだが、幕末には一方は攘夷の理論的支柱となり、他方は開国を実践する官吏になったわけである。また関口は幕臣の与力であったが、若い頃から尊王攘夷主義で山岡鉄舟などと仲が良かった。そして明治政府に用いられて静岡県知事になった。彼の中で、幕末の攘夷と明治以後の文明開化政策がどのように折合ったのか分からないが、当時の多くの若者は多かれ少なかれ彼のようだったのだろう。

定期開港で決着

さて鋤雲は横浜で公使たちを呼んで交渉を始めた。以下会話の形で両者の言い分を聞いてみよう。

鋤雲「わざわざお集り頂き恐縮に存ずる。さてこの度大阪表において、老中阿部豊後守、松前伊豆守の許可したる兵庫先期開港は、申すも気の毒ながらやむを得ざるに出でた一時応変の策にして、政府の本意に非ざれば、ここに取り消し、条約本文に載せある通り、定期に至って相違なく開くべしと改めとうござる。この旨了承願いたく存ずる」。

公使「何をいまさら言いますか。阿部豊後守、松前伊豆守の書かれた念書には、兵庫は相違なく開くべしとあるではないか。老中が承諾したものを、下僚の奉行が改めるなどとは、西洋ではあることでない。貴国政府はいつもこれだ。何故約束が守れないのか。貴君と交渉する気は毛頭ない」。

鋤雲「しばらく待たれよ。そもそも条約とは各国帝王と我が大君が互いに懇親の意を表し、然る後に印璽を押して確認したものなれば、それが不便なりとはいえ、老中の私を以って改変すべきものではござるまい。また公使の諸君も各々の帝王の許可なくして改めるようなことはなさるまい。それを豊後守や伊豆守はほしいままに改めたによってこの度重き咎めを蒙りたるは諸君の知らるる所でござろう。然るを、諸君が豊後守らの約束を楯に取り、兵庫開港を迫らるるは、各国の帝王に対し不都合にはこれ無きや」。

公使「なるほど、貴君のいうところ、条約面については一理あります。しかし老中は大君の命を受けて政治を行う大臣なのに、その大臣の印章のある念書を、一時応変の策と称して取り消すようでは、責任のある政府とはいえません。その念書が偽りである証拠は何ですか。あるなら出してみなさい」。

鋤雲「あれが一時応変、臨機の策たることは、その場に外国奉行が立合わざることによっても察せらるると存ずる。従来外国交際については大小となく外国奉行の関係せぬことはなかった。然るに今回に限り豊後守、伊豆守のみの承知にて、外国奉行は承っておらぬ。もし外国奉行が参しおれば、これまでの経緯も知れることとなれば、かかる軽忽の承諾はなさぬに違いない。貴公使らも、大阪において応接するとならば、何ゆえ大君政府にその旨通知し、外国奉行をかの地へ呼び上げざりしや。また豊後守らも真に開港を許す所存ならば、何にも先立ちて奉行を呼び上ぐる筈なれど、それに及ばざりしは、その策が臨機応変に過ぎざる証拠でござる」。

公使「貴国政府は常に、実意をもって談判致したし、と申し入れ、これは我々も耳が腐るほど聞いている。然るにこの件では詐欺の策を用い、臨機応変などと申さるるは何事ぞ。こんな事ではまじめな談判はできない」。

鋤雲「しかし今回の大阪出帆に当り、貴公使らの大君政府への届けは、航海旁《かたが》た兵庫の地勢を検分す、というばかりでござる。大阪で老中と折衝するとのことは絶えて聞き及んでおらぬ。されば貴公使こそ臨機の計をなし、不意に艦を大阪に寄せ、先期開港を迫られたと存ずる。御承知の通り大阪は京師に接近の海口にて、外国船がその地に滞在すれば、主上（天皇）、宸襟《しんきん》を安んぜられず、大君も日夜心を苦しめらる。これによって老中も外国船の早く立ち去らんことを願い、条約の重きを慮《おもんぱか》らず、臨機の計に出でしものと思わる。

もし貴公使らが何様ありてもこの取り消しを承知なさらぬ、とあらば、この上の談判は無用と存ずる。不肖ながらこの鋤雲、政府の命を奉じて欧州に渡り、貴国の政府と談判して従来の条約を遵守すべきことを談ずる他はござらぬ」。

この談判の結果、公使たちは取り消しを承知した。京都で幕府首脳部に請け合った通りに鋤雲は使命を果したのである。外国公使たちが取り消しを承知したのは論理に納得したのか、争っても意味がないと諦めたのかはよく分からない。開港を強いる気のないロッシュがパークスらをなだめてくれたのも確かであろう。しかし兎に角この会話を読む限り、鋤雲の論鋒は鋭く急所を突いており、彼は弁論家としても一流だったし、それにもまして外国人を恐れぬ意気込みがあった。鋤雲が外交交渉でもっとも名を揚げたのは、この兵庫先期開港取り消し交渉であったのも宜《む》なるかな、である。

償金繰り延べ談判

この十月の交渉に続いて、鋤雲はこの年慶應元年（一八六五）十二月にまたしても公使たちの怒りを買う交渉に臨まなければならなくなった。それは下関償金の繰り延べである。第四章4節の冒頭で述べたように、下関償金三百万ドルのうち五十万ドルはすでに支払われたが、残りはまだだったし、兵庫先期開港は取り消したから、その上金も払わないというわけにはいかなかった。しかし幕末には出費が多く幕府の財政は火の車だったから、期限の慶應元年暮に至って、勘定奉行小栗上野介ははたと金繰りに困った。そして鋤雲を傍らに呼んで「年も痛く押し詰まりたるが、財政も痛く押し詰まりたり」と冗談半分に相談を持ちかけた。さしずめ必要な金が下関償金五十万ドル（三十七万五千両）と聞いた鋤雲は、こんな無名の償金は踏み倒すに如かず、と外国公使との交渉を引き受けた。小栗は大いに喜んで、すぐさま老中水野和泉守（忠精）の了解を取りつけてくれたので、鋤雲は、この時は町奉行になっていた山口泉處を呼んできて、二人は即日横浜に出張した。

二人はまずアメリカ代理公使ホルトメンに面会した。ホルトメンはハリスとともに来日してすでに十年近く日本にいたから日本の事情に詳しく、外国奉行たちも話し易かったのである。鋤雲が「近年国内の人心騒がしく政府の困難たとえようもない、そのため財政も立ち行き難い」と窮状を述べると、彼は「誠にお気の毒である。その源に溯れば、我がアメリカのハリスが通航して以来、日本国中漸く事を増して、今日の有様に至ったということは、私だけでなくアメリカの大統領もよく察しています」と同情してくれた。鋤雲はしめたと喜び、長州征伐は遅れているが現在将軍も京都にあって着手中だから、今回の償金返済は繰り延べたいといった。長州を征伐すれば償金を払わなくてもいいという約束だったからである。これに対してもホルトメンはすぐ承知した。彼はこの償金が理不尽なもの、と思っていたのかもしれない。このホルトメンの例にも見られるように、幕末の頃、外国の中ではアメリカが一番日本に好意的であった。

次いで鋤雲と泉處は難物パークスの所に行ったが、その前にホルトメンに応援に来てくれと頼んでおいた。パークスは案の定、烈火のごとく怒り、通訳のアレキサンドル・シーボルトはお二人が会うと必ず喧嘩になるから通訳は御免蒙りたいというに至った。しかしそこにホルトメンが来て、別室でパークスに償金の不合理を説明してくれたのでパークスも納得し、仏蘭二公使も承知したので、結局この償金はこの時は払わずに済んだ。

下関補償金は明治時代までかかって支払ったが、明治十六年（一八八三）にアメリカは、この償金が不当だったと認めて返還してくれた。それで明治政府はこの金で横浜港に大埠頭を作り貿易振興の一助にしたという。これについて易断で有名な高島嘉右衛門が明治十四年（一八八一）にこのことあるを予言したという面白い話が明治十六年三月十三日の郵便報知新聞に掲載されている。

下関償金事件に関して筆者は別の感慨がある。この補償金にしても生麦事件の補償金にしても、支払ったのはいつも徳川幕府で、下手人の薩長は少ししか払っていない。日本の代表政府として海外に対する以上幕府が支払うのは当然ではあるが、薩摩や長州、その他の大小名は幕府に税金を納めていたわけではないから、国内的に見ると不合理の感がある。分かりやすい例をひくと、駄々っ子が他人に迷惑をかけたので人のよい親がその弁償をしてやるように、幕府は各藩の攘夷の尻拭いをしたのである。そして結局駄々っ子に家を乗っ取られた訳である。このことは要するに、開国したら徳川幕藩体制のような封建制度は維持できず、強力な常備軍をもつ中央政府を作るしかないことを示しているのだろう。

鋤雲の罷免

兵庫先期開港取消し交渉と下関償金繰り延べの交渉は両方とも外交倫理的には日本にも言い分があるとはいえ、形式的には約束を破る交渉だから、外国公使、特に英国のパークスには嫌われただろう。この交渉の後、鋤雲は高輪英国公使館建築掛りや横浜山手兵営地所談判掛りを命じられたが、彼は病気（泄痢）に罹り、実地に行うには至らなかった。

そして翌年の慶應二年（一八六六）一月十八日、突然京都から朝廷の命が下り、鋤雲は外国奉行を罷めさせられ勤仕並寄合という無役になった。「浪士、外人、共に予を便とせず、故に蜚語の九重（宮中）に達せしならん」と鋤雲は書いている。

第四章2節に書いたように、幕末の勅書は朝廷のある部分からほしいままに出せたから、倒幕側は朝廷を舞台に色々の工作をしただろう。彼らとパークスが相談して鋤雲の罷免を画策したという証拠はないが、慶應二年二月六日付けの西郷隆盛の蓑田傳兵衛宛の書翰には「仏人のカションと申す者、甚だ奸物にて、幕吏の奸人と結び（中略）右の幕吏先月十八日に栗本某外国奉行其の外、右の下役一同打ち込められ候」という部分があるから薩摩の手が伸びたことは十分考えられる。そして英国は幕府とフランスの結託を嫌ったし、薩摩は幕府の強力化を望まなかったから、もし両者が相談すれば、鋤雲の罷免ということでは意見は一致しただろう。そう考えて鋤雲は「浪士、外人、共に予を便とせず」と書いたのである。

右の西郷の言に見られるように、儒学で育った人間は、自分と考えが違うと、直ちに相手を道徳的な悪人と決めつけ、奸人とか俗論党と呼び、己を正義党と考える。これは特に尊王攘夷側の人に目立つ。水戸藩が人物払底の有様になったのはこのような唯我独尊の姿勢が尊王佐幕の双方にあり、その結果藩内で両派が殺しあったからである。このような善悪二分法による悲劇は長州藩でもあったし、西南戦争までをいえば薩摩にもあった。そしてそれは昭和維新を唱えた右翼や軍人に引き継がれた。儒教道徳はよい面もあるが、こういう厭な一面もあわせ持っていたのである。

第五章　フランスからの「近代」の輸入——慶應年間

1　横須賀造船所経営

外国人と単独応接すべし

話は少し前、元治元年（一八六四）冬に戻る。この年に目付となった鋤雲は横浜鎖港交渉の際フランス公使の許でメルメ・カションに再会した（第四章3節）。そして冬のはじめ鋤雲は横浜詰めを命じられ、赴任前の十一月一日江戸城に出勤して若年寄酒井飛騨守（忠毘）と次のような対話を交した。

酒井「足下がフランス人と親しいのは何故でござる」。

鋤雲「蝦夷地に居りました時、奉行津田近江守殿より命じられ、フランス人メルメ・カションと申す者に邦語を教えたことがございました。そのカション、今はフランス公使館付き書記官として横浜に詰めております。それゆえ、応接の際しばしば会い、昔話など致したことでございます。この縁をもって公使ロセス（ロッシュ）とも自然親しくなり申しました」。

酒井「それは一段のことである。知っての通り、今、外国奉行も多くおるが、誰一人外国人と親しく話せるものはない。また外国人との交際には目付や通訳を同席させて対話する規則であるので、皆、つとめて言質をとられぬよう、また責任を負わぬようにと用心するばかり、よって何事も隔靴掻痒の嫌いがあり、また秘密漏洩の患《うれ》いもある。それで今水野和泉守殿、阿部豊後守殿と相談いたし、今後は足下に限り外国人応接の際目付や下僚を携帯するに及ばぬ、と決定致した。左様に心得、以後は単独で担当してもらいたい」。

鋤雲は上司の信頼を有り難く思い、また業務を掣肘される心配がないのは望ましいと思ったが、自分だけがそうなると傍からまた議論が起きることを恐れ再三固辞した。しかし酒井が、幕府のためである、というので遂に鋤雲も了承した。次いで酒井は本論に入った。

酒井「当節、海軍局を一新し、旧習、弊風を改革しようと図っておる。その第一着として無駄な出費を省こうとしておるが、無駄の最たるものは毎年何度となく行う修理である。修理に出向く度にその艦の乗員は出張費を請求するが、そのくせ彼らは懶惰にして日数のみ遷延し、工夫《こうふ》はその技拙劣にして、修理すれば従って破れ、修理の回数を増すのみじゃ。勘定奉行より苦情の出ること頻繁である。今回また運輸船翔鶴丸より修理願いが出たが、修理するとも直ちに破るるは知れきっておる。幸い今、フランス国軍艦の横浜に繋留するものがあるというから、足下がフランス人と謀ってその軍艦の工夫を雇い、わが翔鶴の補修をなすことは出来ぬであろうか」。

幕府の海軍は操船などの技術はオランダ人から習ってできるようになったが、規律とか公務員としての心掛け、修理技術などはまだまだ道遠し、であったのだ。因みにこの時の軍艦奉行は勝海舟であった。

翔鶴丸の修理主任

鋤雲は酒井飛驒守の委任を受けて直ちに横浜に戻りフランス公使ロッシュに相談した。ロッシュはすぐさま鋤雲を連れて軍艦ゲリエール号に赴き、艦長（丈低く、頭の天辺が禿げて、よく自分に似ている、と鋤雲は書いている）と提督ジョレスに会い、翔鶴丸修理の承諾を取りつけてくれた。そして翌二日、鋤雲が江戸に戻って復命すると酒井は喜び、直ちに鋤雲を木下謹吾（利義、後の軍艦奉行木下大内記、大目付伊澤政義の実子）とともに翔鶴丸修理主任とした。ロッシュは幕府に恩を得る好機と思ったのだろう、士官ドロートルに命じて工夫十数人で六十日をかけて汽罐の腐食部分を切り取り溶接して孔を塞ぎ、また蒸気を通す鉄管を上海に手配して取り寄せて修理してくれた。本来海外注文品は勘定奉行の決済が必要だったが、それをすると「ヤレ評議、ヤレ廻しと云い、長引くうちに時機を失する故、（鋤雲が）この度は請負仕

軍艦ゲリエール号（『絹と光』より）

事と決心し、無断で取計らった」から、このように簡単にはかが行ったのである。

そして翌年の慶應元年（一八六五）春、鋤雲は木下謹吾とともにこの翔鶴に乗じて、相模、伊豆から八丈島、大島を回った。安政四年（一八五七）洋式船観光丸への搭乗を志し、岡櫟仙院の横槍で譴責処分となった鋤雲は、八年後に洋式船翔鶴で関東の海を乗り回したのである。

小栗上野介と横須賀ドック

まだ翔鶴丸が修理中だった元治元年（一八六四）十二月半ば（鋤雲の記憶であるから日付けに誤りがあるかもしれない）に小栗上野介忠順が鋤雲を訪ねて、横浜反り目の役宅にやってきた。小栗の一生については本章末尾に書く。小栗は、翔鶴丸の修理は立派にできそうだ、と褒め、続けて次のように話した。

「今、蒸気船修理機械一式が横浜の石炭庫に眠っている。これは先年鍋島公がオランダから購入したものだが、建設に大金が掛るのと、それを主幹する人を得ないため幕府に献納されたのである。幕府としてはこれを使って相模国駱カ谷湾にドックと製鉄所を作りたいと考えている。ついてはこの度翔鶴丸で世話になったフランス士官ドロートルに指揮をとってもらえるかどうか、貴君から聞いてくれないか」。

鋤雲は、ドックとか製鉄所とかいう名前さえ知らなかったが、とにかくその晩、小栗を同道して公使ロッシュと提督ジョレスに会った。ジョレスは、ドロートルはまだ弱輩だから判断できないだろう、しかし自分の乗艦セラミス号の一等蒸気士官ジンソライはそのようなことには長けた者だから、彼が上海から戻り次第、点検させて報告すると約束した。そして数日後ジンソライは、当該機械は小型であるから、横浜近傍に置いて鉄具の小修理をなすには便利であるが、これをもってドックを取り立てることはとても無理であると答えた。

小栗はこの返事を聞いても意気沮喪せず、西洋から軍艦や商船を買い入れる以上、破損は覚悟しなければならない、そしてその都度海外に修理に出すとすればその費用は莫大である、この際良い技術者を西洋から呼んできて、横浜近郊にドックを取り立てるに如かずと決断した。そして依頼すべき国としては、英国は威張りかえって日本人を恐嚇するし、アメリカは日本の不馴れに付け込んで暴利を貪るから、ここはフランスに頼むしかないといい、鋤雲に仲介を依頼した。英国の場合は公使オールコックの態度が小栗にこう思わせたのだろう。またアメリカの場合は次のような事情があった。

幕府は通商条約締結時から、公使ハリスに軍艦二隻の製造を仲介してくれるよう頼んでいた。そして文久二年（一八六二）に公使の役がハリスからブラインへと交代してもブラインは引き続き仲介を務めたが、丁度この時アメリカは南北戦争真っ最中であったから日本のために船を造ってくれるところはなく、ブラインは困ってしまった。最終的にはブラインに預けた金で明治維新後に日本は二隻の船を入手したからブラインが騙したのではなかったのだが、小栗と鋤雲が相談した元治元年（一八六四）冬は丁度、ブラインの横領が疑われた頃だったから、小栗はアメリカ信じるに足らずと思ったのである。

横須賀ドック建設決定

こうしてまず、鍋島公寄贈の小機械は、鋤雲配下の杉浦愛蔵、フランス人ジンソライ、ドロートルなどの努力で横浜の太田川辺の沼地を埋め立て据えつけられた。

建設中の横浜製鉄所
（『F・ベアト幕末日本写真集』より）

そして横須賀の本格的造船所の方は老中水野和泉守と若年寄酒井飛驒守が正式交渉を行って、蒸気学士ウェルニーを上海から呼び、フランスのツーロン製鉄所の三分の二の規模で、製鉄所一カ所、ドック大小二カ所、造船場一カ所、および武器庫を作ることが決定された。フランス人は横須賀の地形がツーロンに似て、景勝要害兼ね備わると喜んだそうである。建設費用は一年六十万ドルで、四年で竣工のつもりだったが、その前に幕府が崩壊してしまったので、その後は明治政府に引き継がれた。徳川幕府はその瓦解の直前に、東洋で最初の造船、製鉄の工場を作ったのであり、ここはその後、日本海軍の第一の鎮台横須賀鎮守府へと発展した。日本帝国海軍の基礎は幕府が作ったともいえるのである（海軍兵学校の前身は第一章4節に書いた築地の軍艦操練所である）。

鋤雲は造船所設立のきっかけとなるロッシュとの橋渡しをしただけで、造船所建設の実務は他の人びとが行ったからその後のことは鋤雲の伝記としては蛇足であるがちょっとだけ書いておく。

幕府は造船機械買いつけのために柴田日向守（剛中）らを慶應元年（一八六五）四月にフランスに派遣した。この時のことは柴田の下僚として一行に加わった福地源一郎が『懐往事談』に精彩ある筆致で書いている。それによれば柴田は「日本人の風俗風習がヨーロッパ人と異なることは当然であって恥辱に非ず、それよりも随行員の不品行によって外国人の譏笑《きしょう》を招くことこそ恥辱なり」といってあくまで日本風を守り、夜は若者に悪所通いをさせないよう、劇場に連れて行ったり、腕相撲などの遊戯をしたりして自ら若者の相手をし、朝は早く起きて職務に精励したという。幕府の役人たちは海外でも日本の名誉のために奮闘したのである。

この時フランスから呼んだ技術者や職工の総数は四十人ほどで、その給料は多い者で年五〇〇〇ドル、職工はその五分の一ほどであったが、ウェルニーは一万ドル（今の二億円以上）だったそうである。ウェルニーは独断専行することなく日本側とよく意志を疎通したので横須賀造船所取立ては順調に運び、ウェルニーは明治九年（一八七六）まで日本に住み、造船所の長であり続けた。

建設非難と清潔な軍艦

造船所の創設は、今から見れば当然のようであるが、それは後に日本が海軍国として発展したからそう思うので、その時代には非難囂々であったらしい。海軍部内では、これをフランスに委ねたのに対して議論が起り、そのほかにも造船所の無用不急を論じた者たちもおり、儒者や武人には西洋の戦術自体を罵るものもいる有様で反対者が満ち溢れていた。小栗はこの年、元治元年（一八六四）の暮、別の事情で勘定奉行を罷められ、後任の松平対馬守（康正）は凡庸な人物で巨額の費用に怖れをなしたが、機械類はすでにフランスに発注済みであったので計画通り建設しないわけにはいかなかった。多くの反対を押し切れたのは、計画の進捗が非常に早く、外部が知った時にはもう取り止めることができなくなっていたからで、小栗の決断と、鋤雲とロッシュの信頼関係が成功の鍵だったのである。

錨雲は造船所取り立てについて滑稽談をひとつ書いている。徳川時代の海軍は規律や公務精神が欠けていたことを前に述べたが、これに加えて不潔という悪癖があった。将官懶惰、吏卒放埒の結果、艦内は不潔汚穢、塗料は剝落し弁当滓は散乱するという状況で、物が腐って異臭を発していた。こんな風だから遂に寄生虫「アンドロス」なるものが発生し、乗組員は痒くて堪らなくなった。外国艦はいつも清潔で外国奉行たちは感心していたが、アンドロスについて聞くと、これはインド洋付近で商船に湧き出ることがあるが、艦内の清掃が行き届けば決して発生しないと教えられた。これを聞いた奉行は、きちんと清掃するよう日本の艦長たちに諭したが、海軍の者たちは剛愎《ごうふく》でいうことを聞かない。そこで、錨雲たちは一計を按じ次のように通達した。すなわち「横須賀は開港地ではないので、外国船の乗り入れは禁止されている、だからドック取立てに際しては日本軍艦にフランス軍人を乗せて検分に行くことにしたから、各員心を引き締めて外国人に笑われないようにせよ」と命じ、もっとも不潔と呼ばれた順動丸を使用船とした。これを聞いて順動丸の乗組員一同は大いに恐れ、毎日艦内の清掃に努めたから、アンドロスは撲滅され艦内も清潔になった。そしてこの風はおいおい他の艦にも及んだ。「スマートで目先が利いて几帳面、負けじ魂これぞ海軍」は後年の日本海軍の伝統になったが、その几帳面の始まりはこのアンドロス事件あたりに端を発していたともいえよう。

土蔵つき売家の栄誉

以上の翔鶴補修や横須賀ドック取立ての経過などを見て来ると、幕末の幕仏結託、およびその反動としての英国と薩長の親善が成立したのには、かなり偶然が作用したように思われる。もしアメリカで南北戦争が起らなかったら、幕府は軍艦の発注や留学生の派遣はアメリカに頼んだだろう（榎本、赤松、西、津田などのオランダ派遣留学生は最初アメリカに行く筈だったが、南北戦争のためにオランダに変更されたのである）。もしそうなれば造船所などもアメリカと相談した可能性が高い。また、フランス公使ロッシュは民間貿易では英国に敵わないのを知って、一種の宮廷外交として幕府に食い込もうと機会を狙っていたのであるが、それが実現されたのには、鋤雲とカションとが知り合いであったことが大きな要因であった。だから、もしフランスと結んで英国を敵にしたことが幕府滅亡の一因だとすれば、その責の幾分かは鋤雲が負うべきものである。

しかしこれは単なる結果論で鋤雲や小栗が悪かったわけではない。元治元年（一八六四）の小栗と鋤雲は幕府と日本のためによかれと思って造船所取立てに熱中したのであった。鋤雲は造船所を作るという小栗の遠識に感心したが、巨額の資金を要する事業だけに小栗にその金の当てがあるのかと質した。小栗は笑って「今、幕府の経済は真にやり繰り身上で、ドックを起す余裕があるからやるのではない。すなわちドックを止めたからその金をどこに廻すというような状況ではない。このように現実の金は何処にもないのだが、絶対必要なドック修船所を取り立てるといえば、他の冗費を節約する口実にはなる」と答えた。そしてまた「いよいよ出来《しゅったい》の上は、旗號に熨斗《のし》を染め出すも、猶、土蔵附き売家の栄誉を残すべし」ともいった。「熨斗」は進物ということで、幕府が滅亡するにしても、ドックという立派な土蔵を形見に残して潰れるのだ、という意味である。

鋤雲は小栗を高く評価しており、「上野《こうづけ》が此の語は、一時の諧謔（冗談）にあらず。実に憐れむべきものあり。中心（心中）久しく、すでに時事の復た如何ともする能わざるを知ると雖も、我が仕ふる所（徳川幕府）の存せん限りは、一日も政府の任を尽さざるべからざるに意を注ぎしものにて、熟友（親友小栗）、晤言《ごげん》（語言）の間、常に此の口気（口調）を離れざりき」と書いている。小栗の言葉には、幕府が維持できないことを知りつつ、やれるだけのことをやろうとした幕臣の悲愴な覚悟と、それを軽口に託す江戸っ子の意気が感じられ、寸言の中に人と時代を活写している。

また鋤雲が明治十一年（一八七八）に書いた『横須賀造船所経営の事』の中には「今月巣鴨の植木屋で図らずも水野泉州（和泉守忠精）に十数年ぶりに邂逅《かいこう》した時、泉州は、自分の昔の事業は一つとして今に知られるものはないが、ただ横須賀造船所だけは残っている、これは実に貴君と小栗上野の尽力の御蔭だった、と感慨を述べた」と書いてある。実に「土蔵付き売り家」の栄誉であった。

2 フランス式陸軍の導入とフランス語学校設立

小栗と浅野の鋤雲訪問

慶應元年（一八六五）の三月頃、小栗上野介は浅野美作守（氏祐）と同道して、また また横浜に鋤雲を訪ねた。浅野はこの時陸軍御用取扱という賤役で、小栗も勘定奉行から陸軍奉行並という役に左遷されていた。浅野は二年前には神奈川奉行だったが、第四章・2節で述べた小笠原長行上京事件の一味として責任を問われ、奉行職を奪われて今は朝廷を憚って低い役に留められていたのである。

小栗の場合は次のような事情があった。元治元年（一八六四）三月に一橋慶喜は将軍後見職から禁裡守衛総督摂海防御指揮という役目についたが、一橋家は所謂《いわゆる》大名ではなく、領地がなかったから収入もなく、実際に事に当る時、手足となって働く家臣団もいなかった。そこで、朝廷の一部から、摂津、河内、和泉、播磨の幕府所領の一部を割《さ》いて一橋家に与え、京都守護の一助にせよという諭《さと》しがあった。これについて閣老が勘定奉行小栗の意見を徴した所、小栗は真っ向から反対し、自ら朝廷に言上してでもこの議は通すまいという意気込みを示したから、この政策は行われなかったが、小栗も同時に勘定奉行の要職から逐われたのである。

小栗が反対した理由は多分次のようなことであったろう。第一にこの頃から小栗は、大名が割拠する封建制度は早晩ぶちこわして全国を群縣制にしたいと思っていただろう。そして彼にとって、それは幕府の手で行われるべきものであったからその幕府領をさらに分割するなど以ての外だった。次にこの時代の幕府の金繰りは非常に苦しかったから年貢が減ることは大事件だったし、小栗は後に大阪や兵庫の商人から上納金を出させたくらいだから、その近辺を幕府領にしておくことは重要だと考えていたのだろう。最後に小栗ら江戸の幕臣は慶喜を信じていなかった。慶喜は水戸烈公の子であるから、何かの時には朝廷に附いて幕府に刃向かうのではないかと疑っていた。だから彼に領地を与えること、特に皇居近くの大阪兵庫付近に与えることには徹底的に反対せざるを得なかったのである。

さて小栗と浅野が鋤雲を訪れたのは、二人が幕府陸軍の役職にあり、その職責を全うするためには鋤雲の助けが必要だと考えたからであった。酒井の時と同じに両者の会話を聞いてみよう。

小栗、浅野「暖かくなり申した。先日は横須賀ドックの相談に参り、助力を蒙っておいおいお取立てにもなる模様、御同慶の至りに存じまする。さて、瀬兵衛殿には御承知かとも思いまするが、今日我々がこうして伺いたるは、職掌柄の陸軍の大眼目についてご御相談があってのことでござる。

西洋軍制伝習の必要

そもそも幕府旧来の軍制を廃し、洋風に倣って騎兵、歩兵、砲兵の三兵を置き申したは、去る文久二年にして、すでにあしかけ四年の昔。然れども、その御変革も仮の取扱いの如くして、その間種々の故障もありさらに功績も挙がらず、今に至りても一定の規律も立たず目的さえも確定せず、すべて苟且《こうしょ》(かりそめ)の施設に過ぎませぬ。例を挙ぐれば、倉橋、貴志の二人は先年長崎に出張しオランダ人に西洋式乗馬術の伝授をうけ申したが、これも騎馬の技を受けしまでにて、騎兵隊伍の駆け引きなどには至ってはおらぬ。されど、乗馬だけを知るは、他の知らざる者に優るを以って、二人を騎兵隊の頭となした次第にござります。

この他も万事この類いにて、訳本『三兵タクチーキ』などに就きて、分からぬところは高畠眉山、大鳥圭介に問い合わせ、他は臆測をもって何とか真似事を取り繕いたるまでにて、とても三兵などと口に出して言えるほどのものではござりませぬ。よって我々二人の思うには、然るべき国より陸軍の教師を迎え、士官、兵卒に一定の方式を教導せしめたく、そのことにつきて相談に参った次第」

鋤雲「左様のことでござったか。『三兵タクチーキ』なぞはすでに嘉永の頃には名高き本にて、安政には刊本も出たように存じ、幕府におかれても、かれこれ十年前に講武所をお取立てになったるより、陸軍は制度整いたるかと思っており申した。御両所の言わるる如く、三兵も名ありて実なく、みな杜撰《ずさん》に出ずるとなれば、訓練も児戯に等しく、一旦緩急ありと雖も用いるべからず、これ、捨て置くべからざる大事にござろう。

さて、初心の児童が初めて字を学ぶ際、名人の法帖などについて学ばんよりは、市井の手習い師匠につきて肉筆を学ぶに如かずと申すことのあれば、陸軍教師を西洋に求むることは今日の急務でござろう。ただ、当今、神奈川定番の輩、しばしば調練を行い、就中《なかんづく》、林百郎など英国式を見倣って兵たちを指揮するなどと聞きたれば、これなど御採用になりては如何」

小栗、浅野、（大いに笑って）「老兄、冗談を仰せらるるな。陸軍、人無しといえども、百郎の如きは何人にてもありまする。況《いわ》んや、横浜山手に駐屯せる英兵の調練を柵外より窺い、その仕業に倣う如きは、我々の屑《いさぎよ》しとするところにあらず、我等両人が申すところは、真に我が国陸軍の本式を制定することにござります。この根本が立ちたる上は、神奈川定番役にもこれを遵奉《じゅんぼう》させまする」

鋤雲「これは失言を仕った。御両所の眼識には恐れ入る。では改めて伺うが、両兄が軍旅のことに疎《うと》い拙者にわざわざ御相談と申されるは、その陸軍教師をフランス国より招聘せんとするお考えにて、拙者にフランス公使との橋渡しを依頼せらるるならんか」。

小栗、浅野「御明察の通りにござる。フランス国は陸軍強しとの評判なればいかがでござろう」。

鋤雲「されば拙者が函館に居住致したる時分は、英仏共同して支那と交戦したる頃なり。またそれ以前、両国はクリミアにおいてロシア人と戦いたることもあり、この二つの戦闘を見たるロシア人の話を聞くに、いずれの戦いにおいてもまず仏兵勇を奮って先進し、英軍これに継いで気を鼓す。故に英あらずして仏のみなれば功をなし難く、仏なく英独りなら敵を破り難し、とのことでござった。またメルメ・カションも海軍は英、陸軍は仏というは世界の公論と、歴史を引いて論ぜしこともあれば、御両所の見るところ過《あやま》たず、と思いまする」。

妨碍百出の虞れ

この会話を交した慶應元年（一八六五）は日米和親条約のなった安政元年（一八五四）からすでに十一年が経過していたが、それでも武士階級では外国人と親しく交わると皇室に対し不忠という評判が立ち、幕府内部の者でさえ反対派によって失脚させられる虞《おそ》れがあった。むしろこの時代は薩長側の方が外国兵器の購入などで外国人と親しくするものが多くなりつつあったのである。そして江戸には薩摩藩のスパイがおり、幕府が自強策を取ろうとすればこれを京都に通報して妨碍《ぼうがい》運動を起し、遂に朝廷から中止命令が出ることもあった。実際、前章に述べたように山口泉處や鋤雲が職を奪われたのはこれから一年も経っていない。だからこのフランス士官招聘計画も外部に洩れれば、思わぬ横槍が入るかもしれなかった。こんな状態だったから小栗と浅野はフランスとの仲介を鋤雲に頼んだだけで、自らはフランス公使館に赴かず江戸に引き返した。一方、横浜駐在目付だった鋤雲は疑われることなく翌日公使ロッシュに面会してフランス士官の招聘を依頼した。

しかし、この時のフランス陸軍伝習団派遣は色々の事情があってすんなりとは決まらなかった。小栗と浅野はフランスに依存するつもりだったろうが、幕閣の首脳部は、すでに横浜に千五百名の兵をもつ英国に陸軍教習を依頼し、フランスには「山路歩兵」という特殊部隊だけを頼むつもりだったからである。しかし幕府から距離を置こうとしていた英国外務省は陸軍伝習団の派遣を拒絶した。他方ロッシュもこのような幕英の交渉を睨みつつ、本国に教官派遣の要請を伝えなかった。

しかし英国が引き受けなかったので幕府首脳部もフランスに頼む他はないと考えを変えた。そして慶應元年の終わり頃、横浜先期開港引き戻し談判で江戸に戻った鋤雲は、老中から再びロッシュと交渉するよう命じられた。そして二人は協議して、ロッシュは慶應二年（一八六六）一月に騎兵、歩兵、砲兵の演習のため総勢三十五名の軍人の派遣を要請する手紙を本国に送った。しかしその後も教官団の編成などについて議論があったのだろう、結局フランスから団長シャノワーヌ以下、騎兵、歩兵、砲兵の士官や下士官十四名が教師として来日したのはそれから一年後の慶應三年（一八六七）の初めだった。小栗の最初の立案から二年が経過していた。

フランス公使館全景（『絹と光』より）

この遅れは結果的にみれば幕府にとって致命的であった。それから一年後に起こった鳥羽伏見の戦いでよく戦ったのはこれらフランス人に仕込まれた幕府の一隊であったから、もしもう少し時間の余裕があって、多くの兵隊を訓練できていれば、幕府軍は負けないで済んだかもしれないからである。これは歴史によくある「もし」の話だが、とにかく小栗や浅野、それに鍬雲は徳川幕府のために最善を尽くしたのである。

フランス語学校の開設

慶應元年（一八六五）春の時点では小栗や鍬雲は、フランス軍事顧問団が今年中にも来日する、と思っていたから、訓練を受ける日本側にフランス語を解する人間を大急ぎでたくさん作らなければならないと考えた。それで鍬雲はロッシュと相談して、早速フランス語学校創設の意見書を書き幕府に上申した。ロッシュは陸軍だけでなく造船所やその他色々な所にフランスの勢力を扶植したいと思っていたから語学校設立を積極的に推進したのだろう。こうして基本的にはフランス式陸軍軍制導入の準備の一つとして、幕府のフランス語学校は設立されたのである。

この頃日本でフランス語を聞き、話せたのはメルメ・カションが函館で教えた立広作と塩田三郎くらいだった（第三章1節）が、彼らは英語もできたのですでに別の役職に就いていた。江戸の開成所でも数年前から村上英俊を教授としてフランス語が教えられていたが、これはほとんどフランス語の原書を読むことに限られていたから、今回のフランス語学校は「外国語を話せる」学生を大量に生み出すという意味では日本最初の語学校だった。日本には、それまで日本人が解した唯一の外国語、オランダ語の会話学校さえなかったのである。

先に述べたように今回のフランス語学校はできるだけ手軽に大急ぎで開校された。小栗らが陸軍教官派遣の相談に鍬雲を訪問したのが慶應元年三月頃だったというのが事実なら、学校はそれ以前から鍬雲とロッシュの間で計画されていたのだろう。なぜなら学校は同年四月には第一期入学生を迎えて授業を開始したらしいからである。最初は横浜警備兵の宿営があった太田村陣屋内に学生を寄宿させたが、間もなく横浜弁天町（今の桜木町駅の東、博物館があるあたり。弁天社の隣。）の新築校舎に遷った。校舎は二階建てで一階が教室や食堂、二階が寄宿舎で二十数名の学生と主任者の川勝近江守（広道）の居室があった。二年目の慶應二年（一八六六）には五十名近い生徒がいて、建物の増設も行われた。実際にフランス軍事教官団が来日したのは、慶應三年（一八六七）のことであったから、その時にはすでに、修学期間一年半のフランス語学校からは第一期生が卒業していた。この学校の教頭はお馴染みのメルメ・カションで、その他に公使館から二名の助教を派出したが、学校の全権はカションにあり彼が全責任を負っていた。カションは横浜本町に住んで、学校に通ったそうである。

メルメ・カションとフランス語伝習生
（『ワーグマン日本素描集』より）

フランス語学校の教育と生徒たち

学校の授業内容は読書、筆写、地理、万国歴史、数学などで全てフランス語で行われた。一日六時間授業で、日曜と水曜の午後は休講、休日は五節句、暮から正月にかけての十日間及びお盆の四日間だけだった。また三カ月毎にフランス公使ロッシュと鋤雲や川勝近江守などの立ち会いの下で試験があり、優秀者には賞品が授与された。全寮制で夜間の外出は禁止、昼間も外出には許可が必要だったから生徒はよく勉強し、既定年限一年半の終了日にはフランス語を操れる者がかなりいたという。『メルメ・カション』によれば、クラスで四番目の成績という生徒が書いたフランス語作文がロッシュの手でフランスのルイ外務大臣に紹介されているが、それはフランス語を習い出して九カ月なのに、驚くばかりにたくみな作文だったそうである。

ちょっと滑稽な話として、つぎのような届けが、川勝、鋤雲、向山栄五郎（黄村）の連名で幕府に提出されている。すなわち「語学伝習は翻訳講説とは譯が違い、全く、音韻清濁のわかち、唇舌開合のはたらきのみを専らに」するが、この発音、発声の術は幼年よりの習慣であって、「中年以後より新規に相始め候ては、自然、唇舌剛く相成りおり、清濁開合自在に学び取り難き気味」があり、これでは熟達の程は覚束無く、どんなに心掛けが良くてもつまりは徒労に属すから、そのような者は辞めるのを許可したいというのである。鋤雲は自分のフランス語のことも思ったのではなかろうか。だから語学所の生徒は十二歳から二十五歳までであった。

生徒には小栗の養子の小栗又一、鋤雲の養子の栗本貞次郎の他、入学を希望したが事情があって入学しなかった川路太郎（川路聖謨の孫）や平山成信（平山敬忠の子）など、開明的幕臣の子弟も多く、彼らはこれからは西洋軍制の時代、広くいえばヨーロッパ文明導入が日本の進路と思って入学したに違いない。学校の第一回目の卒業式でロッシュが述べた祝辞と栗本貞次郎の答辞が残されているが、栗本の答辞の最後の文は「我が日本は、旅行者の土産話として海外にその名を知られるのではなく、ロッシュ公使閣下のためにも、我ら自らが日章旗をフランスの旗とともに全世界に輝かすことを希《ねが》う」というものである。日本学生の意気込みとロッシュの希望を要約したものといえよう。

フランス語学校の卒業生の明治以後の経歴は『メルメ・カション』に十人ほど紹介されているが、それによるとかなりの人が陸海軍省や、外務省などに勤め、それぞれの方面で立派な業績を上げている。フランス語学校は明治維新によって一旦廃止された後、明治二年（一八六九）に新政府によって再興され、川勝広道が再び校長となり、翌年には大阪の兵学寮と合併し、兵部省の支配となって陸軍幼年学校へと発展した。明治八年（一八七五）に川勝を引き継いで校長になったのは、鋤雲の函館時代の仲間、武田斐三郎（成章）であった。ここでも鋤雲たちが始めた仕事は明治時代に引き継がれたのである。

3　慶喜の新政とフランス公使ロッシュ

慶喜の新政と鋤雲の再起用

以上に紹介したフランスからの西洋陸海軍導入は主に慶應元年（一八六五）夏までの仕事で、この年の後半、鋤雲は兵庫先期開港取り消し交渉など専ら外国公使との折衝に取り組んだ。そして彼の活躍が華々しかったので倒幕勢力に憎まれ、その朝廷手入れによって失脚させられたことはすでに第四章5節に述べた通りである。

鋤雲が御役御免となったのは慶應二年（一八六六）一月だったが、この慶應二年という年は第二次長州征伐の失敗と将軍家茂の死が引き続いて起り、幕府にとって苦しい時だった。しかし色々とすったもんだはあったが、とにかく家茂の跡目は一橋慶喜が継ぎ、長州征伐失敗も何とか治まりをつけた。

だが同年十二月に孝明天皇が崩御されたことは結果的には幕府にとっては何よりの痛手となった。孝明天皇は攘夷主義ではあったが幕府への依頼心が深かったから、もし孝明天皇が生きておられたら徳川幕府が朝敵という形で亡ぶことはなかったかもしれない。

一方鋤雲は十カ月ほどの無役の後、朝廷に対していわゆるほとぼりが冷めたのだろう、慶應二年十一月四日に再び外国奉行として復活した。今回の起用も鋤雲の親フランス性が買われたものであるが、それには新将軍慶喜の施策が関係しているから、まずそれについて簡単に述べる。

慶應二年後半から三年にかけて、将軍慶喜は、なかなかの意気込みをもって幕府の建て直しを図っていた。財政問題は次章に譲りここでは外交と内政だけに限るが、慶喜はまず英国およびフランスに日本公使を駐在させる計画を立て（慶應二年秋）、英仏に中村正直、川路太郎、菊地大麓などの留学生を派遣し（慶應二年十月）、水戸の徳川民部大輔昭武をフランスに留学させ合わせてパリの万国博覧会に出品し（慶應三年一月）、英国に海軍伝習を依頼して艦長以下十数名を招聘し（慶應二年秋、実際の赴任は約一年後）、アメリカから軍艦、兵器、書籍などを購入するため小野友五郎、福沢諭吉などを派遣し（慶應三年一月）、幕府の旗本を銃隊に編成し、講武所を陸軍所と改名して砲術を修行させ（慶應二年十一月）、外国公使を大阪に召集して謁見した（慶應三年二、三月）。なお、最初に書いた日本公使は幕末の騒動で結局英国には派遣されず、フランスにだけ向山隼人正が赴任した。

右の施策の全てが慶喜のイニシャチヴであったのではなく、鋤雲が目付になった元治元年（一八六四）以来の幕府の自強策がこういう流れを作っていたのであるが、慶喜に幕政大変革の構想があったのは事実で、外国公使たちを大阪で引見したのは慶喜の決断であったし、慶應三年（一八六七）五月には、非常な努力を傾けて遂に兵庫開港の勅許も獲た。慶喜が将軍後見職や摂海防御指揮などの役にあった将軍家茂の時代は「朝廷の意向を遵奉すべし」と主張して幕府の変革意欲を殺ぐ役回りが多かった彼が、自らが責任ある地位に立つと、逆に革新的措置を断行したのは矛盾であるが、政治の世界にはよく見られる現象である。慶喜は内政方面の改革にも意欲的で、その経綸は慶應三年六月の総裁職設置によって実現された。

総裁職設置はヨーロッパの政治体制の模倣であって、その先生はフランス公使ロッシュであった。ロッシュはすでに本書お馴染みの人物であり、彼の意見が用いられるならば、それにつれて鋤雲が浮かび上がるのは当然だった。だから以下では焦点をロッシュに絞って、その活躍をやや詳しく紹介しようと思う。

制度革新指南役ロッシュ

ロッシュは将軍家茂時代からたびたび日本の政治問題について幕府に助言している。たとえば第二次長州征伐に将軍家茂が進発した慶應元年（一八六五）の夏頃、老中から諮問をうけたロッシュは西洋陸軍の戦術や戦略を詳細に説明したが、これは鋤雲が「ロセスの机前において、かの書記官メルメテ・カションが口譯を筆記」したもので鋤雲には思い出が深かった。その後もロッシュが幕府のために図ってくれたことはすでに前章や本章で何度も述べた通りである。

そして慶應三年（一八六七）初め、ロッシュは将軍職についた慶喜に西洋の進んだ国家制度を具体

フランス公使レオン・ロッシュ
(『絹と光』より)

的に伝授した。慶喜とロッシュが直接会ったのは二月初めの大阪城においてであったが、その少し前(多分慶應二年の暮)ロッシュは熱海で、今後幕府のとるべき方策について鋤雲と山口泉處に対して熱心に語り、二人はそれを文書にして幕府に提出した。ロッシュはリユウマチの療養のためしばしば熱海を訪れていたから、鋤雲たちはそこに訪ねていって彼の教授を受けたのである。この時の建言でロッシュはまず外国との条約、たとえば兵庫開港の約束は万難を排して断行すべきで、もし幕府にこの権威がないと思われれば、外国が戦争を仕掛け、その挙句、国内有力諸侯が合同して幕府を倒すだろうといい、某国は日本国内の四分五裂を望んでいる、と暗に英国を譏刺《きし》している。

次いでロッシュは、内政変革の具体策として西洋各国に共通して行われている内閣制度を教授した。それは政府を、陸軍、海軍、会計、内国庶務、内国農、外国事務の六局に分ち、各局に総裁一人を置き、その上に六局を総括する高官を一人置く。この高官は一年の歳入を見積もってこれを六局に配分し、各局の会計官が、消費した金を年度末に会計局に報告する、という仕組みである。省庁の数が増えただけで現代の政府もほぼ同じ仕組みであるからすぐに理解できる。右の高官は今の総理大臣で、会計は財務省、内国庶務は内務省（総務、警察、自治省など）、内国農は通産や農林水産などの殖産に関する省庁に対応する。明治新政府は議定とか参与、太政大臣、頭、丞など、日本古代の制度やシナ風の制度等を色々試した挙句、結局このような内閣制度で安定したから、ロッシュが教えた政体は近代日本の先取りであった。

旧来の幕府の仕組み、すなわち譜代大名から選ばれた老中と若年寄で政策の大綱を決め、幕臣から選ばれた奉行以下の官僚組織で行政を行う仕組みは、現在の政治家と官僚の制度と似ているが、幕府の場合はすぐに幾つかの問題点が浮かんで来る。第一は譜代大名の数が少なく、従って有能な人物をその中から探し出すことができるかという問題、第二は、老中は合議制であり専門分野が決まっていないから一人に過重の負担がかかるという問題である。阿部正弘や井伊直弼は、将軍家、諸大名、内政、外交など全ての問題を一人で決断したようで、政務が複雑になるとこれはとても行い得ない激務であったろう。それでロッシュに教えられた慶喜は慶應三年の六月に月番老中制を廃し、内閣を会計、国内事務、外国事務、陸軍、海軍の五部局に分け、それぞれに総裁をおいた。初代総裁は老中格とし譜代大名を宛てたが、もしこの制度が長続きすれば、有能な幕臣に変えていっただろうから、そうすると明治の藩閥政治とほとんど変らない体制になったと思われる。

このようにロッシュの建言によって江戸幕府の政府機構は西洋風に改革されつつあった。筆者が幕府から新政府への変化は断絶ではなく連続であったというのはこういう意味である。

植民地化の恐れなし

この時の建言でロッシュは陸軍軍制についても触れ、戦闘術のみならず、兵糧の運送、兵卒の訓練、地理の測量などについてもヨーロッパからそれぞれ専門の教師を呼び寄せるのがよく、伝習所の生徒もこの際「全国の士庶、俊傑秀才を普く教育相成り候様の御仕向け然るべく」といった。鋤雲たちの頭にも、徳川幕府から日本という国家、武士だけの軍隊から士農工商全てを含んだ全国民の軍隊という意図があったことは疑いないであろう。

このように内閣制度も国民皆兵もすでに幕末に現実化されようとしていた。しかし弱体な幕府ではこれらを実行することは難しかった。だから明治政府に残された仕事は西洋の制度の理解と輸入ではなかった。それらはすでに周知の事だったので、新政府に必要なのは反対を押し切って封建制度、身分制度を廃止できる「実力」であったのだ。

ロッシュの建言についてもう少し述べる。興味深いのはロッシュが、フランス人陸軍教師たちはもし日本で戦争が起ったら現地に出張するつもりで訓練に当っている、と書いていることである。これは後に現実となり戊辰戦争の末期、榎本軍が函館で官軍に対抗した際、ブリュネー以下十名のフランス軍人が戦闘に加わった。だがこれはフランスが幕府と同盟して薩長と戦う、すなわち日本を舞台に英仏の代理戦争が起るという意味ではない。大塚武松氏の言を引けば「ブリュネーらが榎本軍に参加したのはフランス国公使に関係がなく、青年客気に動かされ、教官団の解散に対する不満と旧幕府軍との因縁、これに対する同情から行われたもので、前任の公使ロッシュの密命云々と言うが如きは、単なる憶説に過ぎ」なかった。彼らはフランスの外人部隊のような感覚だったのだろう。

幕末における薩長と幕府の争いの陰に、英国とフランスの後押しがあったことは事実であるが、両者は「後押し」はしたが「介入」する気はなかった。勝海舟を弁護する徳富蘇峰は、戊辰戦争の際、勝が戦わずに江戸城を明け渡したのは、この時国内で戦争が起これば英仏列強の介入が考えられ、日本の植民地化の恐れがあったからだといっているが、福沢諭吉が「瘦我慢の説」に書いているように、そんなことは全然考えられないことだった。本国の了解を得ずに、他国の交戦団体と同盟するような権限が一介の公使にあるはずがないし、英仏の外務省には日本の内戦に関与する気持ちは全くなかったからである。だから鳥羽伏見の戦い、江戸開城、東北戦争、函館戦争それに西南戦争のどれにも干渉は行われなかったし、逆にパークスは西郷の江戸城攻撃に強く反対し、これが江戸平和開城に有力な動機を与えたのである。

外国人の経済第一主義

しかし英仏が直接介入しなかったからといって彼らが平和愛好者であったのではない。彼らは金儲けのためならどんどん武器を売った。ロッシュは建言の最後に抜け目なく、大砲や銃器あるいは軍艦は陸海軍の専門教師、たとえばウェルニーなどと相談して（フランスから）精良なものを購入すべし、と説いているし、薩長側がグラヴァーから新鋭武器を大量に購入したことも周知のことである。そしてロッシュの言は当っていて、戊辰戦争で勝負を決めたのは何よりも兵器の違いであった。すなわち幕府や東北同盟軍は一部を除いて旧式の装備しかもっておらず、他方、官軍側は新鋭のミニエー銃や佐賀藩のアームストロング砲を持っていたから勝ったのである。武器購入以外にも留学生の派遣、造船所の建設、学校の新設など大所高所からの政策を行った幕府が負けて、焦眉の急たる新鋭武器購入に集中した薩長が勝ったのは当然であったのかもしれない。

要するに、諸外国は貿易（武器の売り込みや生糸の買いつけ）や国家事業参入（横須賀ドック）で利益をあげることに専念し、そのことで英仏は鎬を削ったが、幕末の凶暴な攘夷運動や武士の自尊心、あるいは日本の教育程度の高さや統治の行き届いていることなどを知っていた彼らは植民地化などは全く考えず、むしろ国内の平和を望んでいた。戦国時代の侍気質が抜けない日本の武士階級は、英仏も自分たちと同様「他国を攻め亡ぼすことを目的にしているに違いない」と思い、幕府側も薩長側も互いに相手が「金でどうにでも動く」外国勢力を利用するのではないかと疑ったのであるが、金に合理的な外国人たちは政治道徳的にも案外合理的で、戦争そのものには干渉しなかった。

以上ロッシュの建言から英仏の干渉に筆が滑ったが、鋤雲が山口泉處とともにロッシュの策を文書にまとめた際には、もっと別の秘密に属する話、たとえばフランスからの借款や軍艦の購入、あるいはそれに対する日本側の担保などについても何か話があったと思われる。そしてそのような下地があったから半年後の鋤雲のフランス行きが決まったのであろうが、それについては次章に譲る。

4　鋤雲のフランス依存とロッシュの夢

カウンターバランス

以上、ロッシュの徳川幕府支援について述べたが、次にロッシュと鋤雲の個人的関係を紹介しよう。ロッシュが日本に派遣されて一年が経った元治元年

（一八六四）の年の瀬、鋤雲とロッシュは横須賀ドックのことで相談した後、横浜のフランス軍施設を見学した。そして二人はその軍営が立派にできたのをみて喜びあったが、その時鋤雲は丘の上にある英軍キャンプを見上げて次のように語った。

「この兵舎に人びとは疑念を持っているが、しかし現在ではこれらの兵舎はむしろあった方がいいものだろう。なぜなら四国艦隊が下関を砲撃してくれた御蔭で幕府は助かった。この行為によって多くの諸侯は、幕府に敵意を示したら砲撃を受けるかもしれないと思って攘夷を自粛するだろうからである。だから外国兵の駐屯は残念だが、愛国的な日本国民は将軍の権威の下に治安が完全に回復するまでは、駐留はやむを得ないと思っている。ただ英国は他国の領土をしばしば侵略してきたから、もし我が国が内紛状態に陥るとその野心を満足させようとするかもしれぬ。だから英国を牽制する勢力として我々はフランスに期待しており、フランスの駐屯部隊が英国ほど多くなくてもよいが、もう少し多いことを望む」。

この感想はロッシュの報告の中にある文章だから言葉通りに信じるのは危険かもしれないが、筆者は、鋤雲の正直な告白とみてよいと考える。この時代の多くの日本人は外国の歴史書と世界地図を見て、英国が世界各地で土地を奪うという印象を持っていたからである。昔カションから聞いたセポイの乱のこと、シナでのアヘン戦争のことなどは鋤雲の頭に焼きついて離れなかった。だから鋤雲は英国を警戒し、フランスをカウンターバランスとして釣り合いを保とうと思ったのであろう。その上鋤雲は、オールコックなどがいう、西南諸藩へも貿易の利益が行き渡れば国内が調和するだろうという考えは甘く、薩摩や長州は幕府の権威に挑んだのであると思っていた。そして英国が彼らに味方するのなら幕府はフランスに頼るしかない、と覚悟した。それにロッシュの徳川将軍を尊敬する態度は鋤雲たちに好印象を与え、鋤雲を始め幕府の高級官僚は強くフランスと結託したのである。

ロッシュはまた慶應三年（一八六七）の夏、鋤雲がフランスに派遣される前、フランス外相ムーティエに宛てた書翰で鋤雲のことを「私が日本に到着して以来、この国に導入された改良（ドック建設や陸軍演習など）の大部分を協議したのは彼とである。彼はいつも私の商議の貴重な協力者だった」と述べている。鋤雲とロッシュは真の友人であった。

ロッシュの夢

ロッシュはフランスの栄光と利益のため（無論自分の利益もあっただろう）に日本で大いに活躍したが、一方で彼は日本（幕府）のためにも誠心誠意働いた。それを証するものとして彼が横浜のフランス語学校卒業式で行った演説の主要部を聞いてみよう。

「（前略）私は諸君（生徒たち）を愛する。私は諸君の教師の話を聞き、また諸君の作文を読み、あるいは諸君の通訳を聞いてみて、君たちが学問に意欲があり、また志の高いことを知った。これが私が君たちを愛する所以《ゆえん》である。君たちのフランス語の会話や作文はまだ十分とはいえないが、フランス語は、日本の名を揚げ国益を増すための諸学問へ道を開く関鍵である。私は諸君が怠らず勉学に励み、この学校が取り立てられた目的を実現することを確信している。諸君はこの学校に入って以来、学ぶ方向を変え知覚も開けて成人の域に近づいてきた。私がいう成人とは崇高な階級を意味する、すなわち天に対し、国家に対し、また人間に対していささかも道を欠くことのない人のことである。私は諸君がこの域に達することを心から望む」。

　この卒業式の前、生徒たちは課題として富士登山記をフランス語で書いて提出していた。ロッシュはそれを読んで、よく書いてはあるが生徒の文章が衣食住など具体的なことに限られているのをやや不満に思った。それで卒業式の演説の中で「私も、この壮麗な山の頂に登った夢を見た」といって、続けて次のように語った。

「これから述べる話は夢だが夢が正夢となることもあるだろう。さてその夢の中で、私は日本で数十年の歳月を送り、その後フランスに帰っていた。私はすっかり老残の身だったが、再び日本を見てみたいと願う心を神がみそなわしたのか、ある時忽然として私は美しい山頂にいる自分を見いだした。その山は形の優美さから世界に冠たる富士山であることはすぐ分かった。そこにひとりの人がおられて次のようにいわれた。

『余は将軍である。貴君はかつて好意をもって我が国のために図られた。余は貴君に、あののち余が天皇の命を奉じてこの国を導いたその成果を見せたいと思う。この成果は、貴君が勧めた聡明忠良の道を踏み外さずに余が行ってきたことに由来するのだが、それは貴君には直ちに了解できよう』。

　私が将軍の案内で富士山の頂から日本を眺めると、その平原山谷は寸地を余さず耕作が行届いており、山には鬱蒼たる樹木が繁茂し、平地は水路や道路が開けて幾条もの編み目をなし、製鉄の煙突が高く空中に聳え、到る処産業の盛んなることを示していた。細かく見れば東西南北の海港には商船が輻輳《ふくそう》して高檣が林立し、盛大な造船所では巨大な軍艦が製造され、広場には騎兵、歩兵などが三兵訓練をなして、その隊伍整然たることは我がフランス陸軍を見るようであった。

私は感動して天帝に感謝しようと目を上げると地と天の中間に小山があってそこに白髪の老人が黄金の冠を戴き座っておられるのが見えた。私は神霊かと疑ったが、彼が将軍に微笑して挨拶したのを見て、私はこの神々しい御方が天皇であると直ちに理解した。この後将軍は壮麗な宮殿の中で日本の諸侯を率いて私を紹介されたが、そこには全ての諸侯が集い、国の大臣たちもいた。そしてその多くがフランス語学校の卒業生であることを知って私の喜びは益々加わった（後略）」。

彼の夢は、フランスの指導の下に日本が発展し徳川幕府が安定して、上には天皇を戴き下には長州や薩摩を含めた大名たちを従えて世界に雄飛することだった。徳川幕府のことを除けば右の夢はまさしく現実となり、耕作も道路も製鉄も産業も（軍隊だけは戦前は日向に出すぎ、戦後は日陰に隠れすぎてロッシュの夢のようではないが）現代の日本を予言した形になっている。

ロッシュの思い出

熱海で山口泉處とともにロッシュの話を聞いた慶應三年（一八六七）から二十一年経った明治二十一年（一八八八）、郵便報知社を退社して悠々自適の境涯に入った六十七歳の鋤雲は保養のため熱海を訪れた。そして次の漢詩を作った。

○把酒追思前法使　弄棋邂逅舊詩盟　此遊未飽山川氣　往事先来入話評

酒を把って追思す、前法使。棋を弄して邂逅す、舊詩盟。此の遊、未だ山川の氣に飽かず、往事、先ず来りて話評に入る。

（原注、前法使は法国〔フランス国〕全権公使、魯節〔ロセス〕、詩盟は高齋、單山なり）

熱海に来て鋤雲は昔の知り合いと碁を打ったが、ここに来てまず何よりも先に思い出されるのは、昔ここでフランス公使ロッシュと幕府の回復策を話し合ったことだった。失敗に終わったとはいえ、壮年期に主家の命運を賭けて西洋の政治や軍事制度の導入に一身を賭けた時代は、鋤雲にとって忘れ難いものだった。そしてロッシュはフランスの利益のために鋤雲たちと親交を結んだに違いないが、ハリスがアメリカの利益を図りつつも、日本に悪くないようにしてくれたのと同様、彼も幕府のために真剣に国家富強の策を伝授しようとした。幕府が滅びたという結果から見ればロッシュは英国公使たちに比べて見る目がなかったともいえるが、慶應三年末から四年正月にかけて慶喜にもう少し意気込みと度胸があれば、明治維新があのような形で決着したか否か予断を許さなかったのだから、ロッシュのやったことが政策的失敗だったと断じることはできないだろう。

筆者は本章を終わるにあたって、鋤雲の「熟友」小栗上野介の一生を簡単に紹介して幕府の能吏たちへの鎮魂の一段としたいと思う。

小栗上野介の略歴

小栗上野介忠順は二千五百石取りの旗本の子として文政十年（一八二七）に生まれた。通称は又一、鋤雲と同じく安積艮斎の塾で学んだ。彼は塾ではあまりしゃべらず一見馬鹿のようだったが意地っ張りで、悪戯では断然頭角を現し餓鬼大将として他の子供を牛耳っていたそうである。

小栗は井伊直弼に抜擢され、万延元年（一八六〇）の遣米使節に目付として派遣された。その後勘定奉行となり、徳川幕府滅亡まで幕府の財政を支え、破綻を生ぜしめなかった手腕は驚くべきものと評価されている。勘定奉行は老中の前で国費の精算書を朗読する義務があったが、小栗はその時並みいる老中を前に「これを朗読しても皆様にはお分かりないことと存ずる。すでに書面にして提出しておりまするから、それで十分でござろう。上野（小栗自らをいう）がこうして居ります限りは、決して徳川家の御為に悪しくは致しませぬ。皆々様、御放念下されー」と述べたという。

小栗は経済に精通していた。彼の施策の二、三を挙げれば、まず小判の量目を減らして、金銀交換比率を外国並みに改め、これによって日本の金貨の流出を防止し、また富商に一種の所得税を課して国家（幕府）財政を豊かにし、一種の兌換《だかん》紙幣を流通させて経済の便を図るなどの近代的経済政策を実施した。また政治家として大局を見ることもでき、全国の土地を徳川家に収公して、封建制から郡県制にしようと考えていた。この他、小栗は軍艦奉行になれば横須賀ドックを作り、陸軍奉行並になれば、洋式陸軍を創設するなど、置かれた立場で国家の為に最善を尽す能吏であった。

小栗など幕末の近代化された幕臣たちの理想を分かりやすくいえば、それは徳川将軍を天皇にした形の明治維新だった。薩長は徳川を戴くのを嫌って、一君万民の明治維新を目指し、結局こちらが勝ったのだが、両者の理想にそれほど違いがあるわけではなかった。ただ客観的に見れば、徳川の政府が、明治維新のように身分制度を徹底的に破壊できたかどうかは疑問であるし、まず何よりも幕府の兵力が諸藩を圧倒できるようなものではなかったから、小栗たちの夢が叶えられることはなかったろう。また聡明な小栗はそれも覚っていただろうが、「幕府の存せん限りは、一日も政府の任を尽さざるべからざるに意を注」いだのである。個人的にも小栗は身を処するに清廉な人で、勘定奉行という職にありながら、死後にほとんど財産を残さなかった。小栗は個人の倫理としては封建道徳に忠実で、心から主家徳川のために尽したのである。

最後に小栗の口の悪さを紹介しておく。幕末には蒸気船や電信など珍奇な器械が続々と入って来たので、器械という言葉は当時の流行語になった。それで小栗は幕府役人の無能な連中を、あいつらは糞を製造する器械だ、といったそうである。今も、あるいは少なくとも筆者の子供の頃まではよく使われた製糞器という言葉の発明者は小栗であったらしい。この話は藤田鳴鶴の『随想随記』に、栗本鋤雲翁から聞く所として載っているそうである（『森銑三著作集』続編）。

小栗上野介（『幕末外交談』より）

慶應四年（明治元年）一月、鳥羽伏見の戦いで幕府軍が敗れた後、一月十五日に江戸城で今後の方策について会議が開かれたが、小栗は、薩長その他の軍（幕臣たちは彼らを真の意味の「官軍」とは思っていなかった）を関東まで引き入れて決戦するよう論じ、慶喜が恭順と決して座を立とうとした時、その袖をとって考え直すよう求めたが聴かれなかった。小栗は大事が去ったことを認め、上野国（群馬県）権田村の所領に戻ったが、何の罪状もなかったにもかかわらず「この者、朝廷に対し奉り、大逆を企て候こと、明白につき、天誅を蒙らしめしものなり」として、斬罪、梟首（さらしくび）された。明治維新のいやな一面である。小栗はこの時まだ四十二歳で、彼ほど才能と見識のある人物は薩長側にも少なかったから惜しいことであった。

第六章　パリの鋤雲——慶應三年から明治元年

1　パリ万国博覧会と徳川民部公子の派遣

幕府の外資導入策

慶應三年（一八六七）の前半、将軍慶喜は大阪にいて、この時の懸案事項、兵庫開港と長州処分問題に腐心していたが、一方、江戸にいる幕臣たちは徳川の威信を取り戻すために、軍事的、財政的な富強を目指していた。そしてその協力者はフランスで、軍事的にはシャノワーヌによる陸軍教育があり、財政的には小栗上野介による外資導入計画があった。後者は慶応二年（一八六六）の中頃に計画が熟したもので、その内容は、フランスの巨商たちの出資でソシエテ・ゼネラルという商社を起し、六百万ドル（七百万ともいう）の資金を集めるというものだった。小栗らはその金で軍艦や資金を入手して、でき得れば薩長を叩き潰し、その勢で藩を廃し日本に中央集権の郡県制を施行しよう、と計画していた。ソシエテ・ゼネラルは、日欧間の貿易会社であるが、特別な取扱い品として日本の生糸や茶を幕府専売にして一手に引き受けるつもりであって、そのためにフランス人クーレイ（彼の身分ははっきりしないが、ソシエテ・ゼネラルの支配人に擬せられていたらしい）は横浜に来てカションや小栗忠順と相談し慶應二年九月にその計画はほぼ出来上がった。

また小栗は鉱物資源の輸出も考えており、当面は銅を売って外貨を稼いだが、慶応三年になるとロッシュに教えられて北海道の鉱山採掘権を担保にして英仏（特にフランス）から借款を受け入れる、という計画を立てた。北海道だけが幕府領で、他の土地はみな各大名の所有地だったからである。この他に小栗は兵庫開港後は大阪の民間資本を活用して、政府の関税収入を増やそうとも試みた。

しかし結果的に言えば、ソシエテ・ゼネラルや鉱山採掘権などの計画はフランスでの株式募集が予期通りに進まず、慶応三年末には失敗に帰すことが明らかとなった。英国は貿易立国であるから、もしソシエテ・ゼネラルができて生糸が専売になればその海運業は大打撃を受けるから、パークスや英国外務省がこの計画に猛烈に反対したのは当然である。そして何より大きかったのは、当時の国際情勢がフランスの不利な流れとなり、その結果ナポレオン三世が一八六六年（慶應二年）夏に外務大臣を、積極主義、フランス栄光主義のドリューアン・ド・ルイから温和主義、英国協調主義のムーティエに変えざるを得なくなったことである。その上幕府の基盤が危ういことは東洋からの通信でフランス人も知っていたろうから、株式募集が集らなかったのも無理はなかった。幕府が勝てば借款は成立したろうが、勝つには借款が必要だったから幕府の立場は苦しかった。

パリ博覧会と徳川民部公子

これらの借款計画と平行して、幕府はパリで開かれる万国博覧会に徳川昭武（民部公子）を派遣することに決めた。この博覧会出品はロッシュに勧められてすでに慶応元年（一八六五）から計画が進められたのだが、当初、日本人は博覧会とはどういうものか分からず、鋤雲がカションから説明を聞いて、物品陳列会というほどの意味で博覧会という名前を考えついたのであった。このように幕府は当初、パリ博覧会出品を純粋に文明開化の一つの試みと捉えていたのだが、外国で幕府の権威や統治能力が疑われ始めた慶応三年（一八六七）になると政治的意味合いが強くなってきた。幕府首脳部が、十五歳（数え年）になった将軍の実弟（水戸齊昭の十八子）徳川昭武に御三卿のひとつ清水家を継がせて将軍の名代としてパリに派遣したのには、幕府が日本の実質的な主権者であることを国際舞台でアピールしようという意図があったのである。なぜアピールが必要であったかはすぐ後に述べる。

この時民部公子に同行したのは初代のフランス公使向山隼人正で、他に公使館書記官（組頭）として田邊太一、翻訳御用の箕作麟祥、公子の侍医高松凌雲、御勘定格の渋沢栄一など明治時代にそれぞれの方面で活躍する錚々たるメンバーが揃っていた。その他に民部公子にはお附《つ》き武官として山高石見守信離、水戸藩から菊池平八郎、伊坂泉太郎など七人が同行したが、水戸藩士たちはもちろん攘夷党であったから「主君が夷狄の国に行かれるについては死を以て護衛する」という覚悟で扈従《こじゅう》していた。だから万事神国日本風で、ホテルでは椅子机を片づけて床の上にあぐらをかいていたとか、自分たちが洋服を着なくてはならなくなった時、

ますかがみ　心を照らせ　姿こそ　かはれど同じ　大和魂

という歌を詠んだとか、昭武侯が洋服を召される時、脱刀されるのに猛反対して遂に七人中の四人は日本へ帰ってしまったとかの武勇伝が伝えられている。會沢正志斎、藤田東湖伝来の水戸学に涵養されたのだから、さもあるべきである。民部公子一行は慶應三年一月十二日に横浜を出航し、三月七日にパリに入った。この一行には幕府の役人の外、商人芸人もうち交じって色々の興味深いことがあったが、本書では割愛し、以下では鋤雲に関係する事柄だけを述べる。

こうして日仏というより幕仏親善の大目的のために派遣された使節団であったが、フランスに着いてみると案に相違して使節団の日本人たちは反仏に傾き、このままでは親善どころか日仏疎隔、絶縁が起りそうになった。それで事態改善のため急遽鋤雲が派遣されるのであるが、本節ではまず使節団に起った二つの重要問題、博覧会での幕府と薩摩の闘争、および使節団とフランス側との疎隔について簡単にその事情を説明する。

博覧会での幕薩の闘争

パリの万国博は慶應三年（一八六七）三月末（日本暦）に開幕したが、ロッシュが幕府に出品を勧誘したのは慶應元年（一八六五）のことで、丁度このとき横須賀製鉄所の件で柴田剛中がフランスにいたので幕府は彼に命じて参加の手続きをとらせた。それで柴田はフランスの富豪フリューリー・エラール（鋤雲のいうフロリヘラル）を日本領事（コンシュル・ゼネラール）に任命し、パリでの日本の代表者とした。この時幕府は諸藩や個人の出品も許したので、佐賀藩なども出品している。ところが薩摩藩だけは幕府を経由せず独自の参加を企てた。薩藩はこの時すでに倒幕を決意しており、その外交政策の一つとして、幕府は日本の主権者ではないという印象をヨーロッパ諸国に与えようと図ったのである。そこで密航していた薩摩藩士五代才助や新納刑部はフランス人モンブラン伯と相談し、「薩摩大守としては幕府の命に従うが琉球王としては独立である」という届けを博覧会事務局に提出して、「薩摩大守兼琉球王」という名義で博覧会場の一角を確保し（慶應二年一月）、同時に新聞などにこのことを大きく宣伝した。幕府が正統政府としてアピールしなければならなかったのはこのためである。

こうして慶應三年三月初めに徳川民部公子の一行がパリに入った時には、開幕間近の博覧会場に日本からの出品の二つのブースができていた。一つは、琉球王国という名称と丸に十の字の国旗を掲げた薩摩藩のブースでもう一つは幕府出品のブースであるが、会場には日本という看板文字はなく、ただ琉球という文字があるだけだったらしい。そこで、事務局との交渉を命じられた田邊太一は、フランス外務省博覧会掛りのドナと日本出品取扱い委員長のレセップ、琉球王国の博覧会委員長モンブラン、および薩摩藩の家来で琉球諸島王大使

パリ万国博日本の部（『絹と光』より）

と銘打った岩下佐次衛門（後の男爵岩下方平）および新納刑部と談判に当ることになった。田邊は、幕府こそ日本唯一の政府であると主張し、ドナとレセップを説得して琉球王国という文字や薩摩の旗を会場から撤去させ、幕府のブースには日本・大君政府という文字と日章旗を掲げさせることに成功したが、レセップがモンブランの顔を立てて、薩摩のブースは日章旗の下に日本・薩摩大守のグウエルマン（英語のガヴァメント、政府とか政庁を意味する）と書きたいと固執したので、期日が切迫している事もあって田邊もこれを了承した。しかしこれが日本に伝わると、ロッシュは「日本薩摩政府」という言葉は一国二政府という印象を与えると幕府に注意を促し、それで幕閣は直ちに田邊を免職し、帰国を命じた。

パリ万国博での日本茶屋の芸者
（『プリンス昭武の欧州紀行』より）

ただし、博覧会の幕薩問題は、その後フランス皇帝ナポレオン三世が徳川民部公子を可愛がり、同年輩の自分の子とともに公子を公式の会合や外交団の前に連れて現れたので、自然に幕府が正統政府であることが認知され、琉球王国と琉球諸島王大使のことをいうものもなくなり、岩下佐次衛門と新納刑部は博覧会の会期中に消え去って、モンブランとともに日本に帰った。

シーボルトの活躍と金詰まり

モンブランについても面白い話があるが、それらは『花のパリへ少年使節』に譲って、次に使節団の反仏の話に移る。向山、山高らはフランスに着くと意外にもフランス嫌いになったが、これには沢山の理由があった。まずアレキサンデル・シーボルトがある。

彼は、文政年間（一八二〇年代）に長崎オランダ商館に来て、医学、博物学などを日本人に教え、ヨーロッパには日本の文物を紹介したドイツ人フィリップ・フランツ・フォン・シーボルトの子で、この時二十一歳だった。彼は安政（一八五〇年代）の終わり、十二、三歳の時父に連れられて来日し、その後英国公使館の通訳となったが、丁度この時賜暇休暇を得て本国ドイツに帰るというので民部公子一行に加わったのである。しかしその実、彼はパークスによって送り込まれた英国のスパイでもあって、英国の良い所を使節の人々に宣伝し、また使節団の動静を英国外務省に通報していた。ただ使節団の方も彼を通じて英国政府や植民地政庁の意向を知ったのだから、必ずしも一方的に損をした訳でもない。彼は若く、如才がなかったから民部公子も親愛し、一行の人々にも受けが良かった。それで向山や山高もむしろ英国に好意をもつようになった。

次に博覧会の出品問題があった。フランス政府と博覧会事務局は別機構だとはいえ、前節で述べたような幕薩の争いになった際には、フランス外務省は当然幕府側に加担すると向山や田邊は考えていただろう。それなのにフランス政府は存外冷淡であったから彼らは、フランスやロッシュの幕府支持も怪しいものだと感じ、反仏に傾いたのである。これには積極的外交を展開してきたドリュー・アン・ド・ルイ外相が慶應二年（一八六六）夏に更迭されたことが大きな原因だった。

第三に金の事があった。出発前向山らは、一行の費用はソシエテ・ゼネラル会社から配分されると小栗上野介から聞かされていた。ところが前に述べたようにロッシュや小栗の思惑ははずれて、会社の株式の売れ行きは悪く、とても企業化できそうもなかった。それで結局フランス官民からは金の融通がつかず、田邊と渋沢は、この時英国に留学していた川路太郎などと相談し、英国のオリエンタル・バンクから五千ポンドとオランダの貿易商会から五万ドルを借り入れて費用に充てなければならなかった。これも、フランス頼むに足らずと使節団に思わせる一因だった。

最後に個人的反目があった。あるいはこれが反フランスの最大の動機だったかもしれない。フランス人には僻のある人が多かったと見え、これに加えて日本側も容易に屈しない、いい換えると協調性に乏しい者が多かったからたくさんの衝突があった。

排仏コンペニーの成立

まずカションである。カションは昭武の教師にはフランス第一の日本学者たる自分がなるものと思っていたが、向山と山高は彼の人物を嫌い、また彼が神父であったことからも教師には不適当と考えた。ましてお附きの者たちは攘夷、反耶蘇《やそ》で鳴らした水戸藩士だから、民部公子が元耶蘇教の坊主について学ぶなどは以ての外と反対した。それで向山はフランス外務大臣に宗教色のない人物の紹介を乞い、陸軍大佐ウィレットを雇い入れた。

カションはまた、開明派の幕臣田邊との間も疎隔した。それはカションが、公子とナポレオン三世との謁見の際の通訳が自分ではない、といって腹を立てたからで、この時は結局昭武の言葉は保科俊太郎が、フランス皇帝の言葉はカションが通訳することで何とか妥協したが、田邊の不快感は残ったろう。保科はカションにフランス語を学んだ学生だったのだから、保科の通訳を彼が怒る筋合いはないようだが、名誉心の強いカションは帝と直接言葉を交したかったのである。彼はまたシーボルトがフランス人にも好かれ、謁見の席に連なることに嫉妬した。しかしシーボルトの父フィリップはナポレオン三世と知己だったのであって、謁見を許されたのは帝の意向だったから彼が嫉妬しても仕方がなかったのである。ともかくこのような状況であったから使節団一行はカションを嫌い、疎外した。これに対してカションも復讐して、一時は薩摩の岩下佐次衛門やモンブランと通じて、幕府を誹謗する記事を新聞に発表したりして、遂に使節団との関係は断絶した。

家庭教師に選任されたウィレット大佐は昭武の館で同居するなど真面目に任務を遂行しようとした

山高石見守
（『プリンス昭武の欧州紀行』より）

が、山高石見守と非常に不仲になった。鋤雲は後の江戸宛の手紙に「石見守はごくごく英国の制度文物を好んで、一行の人たちと排仏コンペニーを結び、フランス人を憎むこと仇敵の如く、特にコロネル（ウィレット大佐のこと）と極めて不和である。これには流石の茗荷草鞋《みょうがわらじ》の同行者たちもことのほか心配している」と書いている。具体的な山高の言動は後に述べるが、右の文中の茗荷草鞋とは水戸藩からのお附きの人々を指している。彼らは江戸を出る時、茗荷で拵えた草鞋百足を拵え「この草鞋を穿《うが》ちて五大洲を蹂躙すべし」と意気軒高としてフランスに向ったのである（茗荷草鞋については『懐往事談』にも滑稽談がある）。フランス人で使節団一行に評判が良かったのは日本領事のフリューリー・エラールただ一人だったらしい。

2　外交問題

鋤雲パリへ行く

以上に述べて来た幕薩問題や排仏コンペニーなどの問題は日本にいる公使ロッシュや幕府の外国方にもおいおい聞こえて来た。フランス外務省は日本の一行がロンドンに移ろうと企てすでに館や酒まで準備したらしいと疑い、使節団はフランスの待遇が悪いと苦情をいい、ともに日本に手紙を寄越したからである。これでは日仏親善も危うくなる、とロッシュは幕府に善処方を申し入れて来た。それで幕府は、事態を収拾しフランスとの協調を立て直すためにはフランス事情に通じた鋤雲を派遣するほかはないと考えた。それで彼は慶應三年（一八六七）五月に大阪に召され、将軍慶喜から直々に、フランスに渡ってフランス官民と日本使節団との仲を調停するよう命を受けた。鋤雲が受けた実質的使命は、日本の政治的主権者は徳川将軍にある、と英仏諸国に納得させること、ソシエテ・ゼネラル会社あるいは北海道鉱山採掘を担保にして借款を確保すること、などで、出発直前にはロッシュと会って打ち合わせを行ったと思われる。ただ実質的使命はこのようなものであったにせよ、鋤雲の役目はなによりもまず日仏友好を確実なものにすることだった。ただし鋤雲は初めから向山に代る公使として派遣されたのではなく、事態が収まればそれで帰国するつもりであった。

こうして四十六歳の鋤雲は慶應三年五月に位を勘定奉行格の外国奉行に進められ、六月に横浜を発ち、八月十一日にマルセーユに着いた。そしてこの後半年余り鋤雲はフランス滞在し、その間江戸の外国奉行、山口駿河守や川勝近江守たちに宛てて、使節団の内情や外交問題あるいはヨーロッパ文化の感想などを何度も書き送ったが、それらの手紙はのちに『川勝家文書』として公刊された。だから以下では、できるだけ鋤雲の肉声でフランスでの鋤雲の活動を辿ってみるが、最初に公的な外交問題を取り上げ、その後に人間関係や文化交流などを述べることにしよう。

民部公子の各国親善訪問

鋤雲がマルセーユに着いた八月十一日、民部公子一行はスイスにいた。幕府としてはフランスとの親善が第一、各国訪問は二の次だったが、山高や向山は鋤雲の到着を待つことなく、これ幸いと親善訪問に出発したのである。鋤雲はマルセーユで、迎えに来ていた杉浦愛蔵などに会い、彼と一緒にスイスに赴いて向山と協議したが、すでに諸国と約束済みのことなので結局この訪問は続けられることになった。これはオリエンタルバンクからの借り入れのめどが立って、金の問題がやや緩和されたからでもあった。それでこの後、民部公子と向山らは九月にはイタリア、そのついでに英国領のマルタ島を廻り、一旦パリに戻ってから、十一月には英国親善訪問を行った。鋤雲はフランス長期滞在を勧める立場にあったが、公子の親善旅行を強いて止める気はなかったようである。常識のある鋤雲は、公子の外国訪問を認めながらフランスとの融和に努めるのが現実的だと考えたのであろうし、それは正しい判断だったろう。

英国本国訪問は、シーボルトや公子、山高らの望む所だったろうが、鋤雲にとっては公子がどのように取扱われるかが心配の種だった。しかしさすがに英国は外交上手で、パークスから幕府の短命を予言する報告が来、スタンレー外相も同じ見解だったにもかかわらず、徳川幕府の代表者に対しては温顔をもって接し、公子一行に反英感情を持たせるようなことは一切しなかった。すなわち英国外務省は九月にはシーボルトに命じて植民地マルタ島を訪問するよう使節団を招待し、その際はイタリアまで軍艦を派遣して一行を送迎し、マルタ島では造船所を見せるなどして公子を喜ばせた。そして英国訪問の際にもバッキンガム宮殿でヴィクトリア女王が謁見を賜うなど、万事鄭重な取扱いで、鋤雲も「パークス持論と本国政府とは格別に相違、鄭重な御取扱い」と喜んだ。

しかし向山との外交交渉では英国側は引かなかった。これはパークスが日本で将軍のことを「ハイネス」という敬称をつけたことで、一国の君主なら「マジェスティー」と呼ぶべきだとする徳川幕府と対立した問題である。スタンレー外相は向山に対し、日本では天皇と将軍をそれぞれ何と呼ぶかと問い、禁裏様、公方様と呼ぶという答えを得て、英国ではマジェスティーは第一の敬称である、と答えるに止めたが、これは暗にパークスを支持したものである。今から見ればこの問題は英国の言い分に理があるようにみえる。次に述べる「国体記」とも関連があるが、明治維新とともに日本には唯一の最高権力者、天皇が君臨することになって、この将軍の呼び名問題は消滅した。

「国体記」

先に述べたように博覧会における幕薩問題の責任をとって田邊太一は帰国を命じられたが、薩摩の所謂「琉球王国」は自然消滅して、徳川民部公子が正統政府の代表と認められたからこの問題はそれ程尾を引かなかった。しかし鋤雲は出発前、幕閣から「国体記（国律）」と「琉球略記」を交付され、これをフランス語に訳して、フランス外務省はじめパリ駐在の各国公使に提出するよう命じられていた。この中で「琉球略記」の方は、琉球は将軍から薩摩に与えられたもので、薩摩大守が琉球王と称するのは僭称であることを述べたものである。

もうひとつの「国体記」は、薩摩がパリの新聞に次のように広告していたことに対する対抗処置だった。薩摩曰く「徳川将軍は元来諸大名と同列であるが、ただその富が盛大だったから天皇から権力を奪取した。だが今、天皇はその権力を回復し、有力諸大名の合議によって政治を行おうと望んでいる。将軍は現在諸外国と親善のふりをしているが、本心では、西洋の進んだ武器を輸入し実力をつけた暁には朝廷と諸大名を滅ぼし外国人を打払う積りなのである。幕府はいつもは諸大名に全く相談しないのに、外国人の正当な要求を拒む時だけ、朝廷や諸大名が納得しないということを口実にしているのだ」。ロッシュはこの新聞記事を読んで、日本の正統政府は幕府であることを万国に宣伝すべきだ、と幕閣に助言し、その結果鋤雲が「国体記」を携行することになったのである。

「国体記」はまず、我が国千有余年の歴史を通観し、武門が政柄を執って源頼朝以来六百八十年、徳川家になって二百六十年「万民歓呼太平を謡」っており、家康公の時代から諸大名以下天下の人心が一致して徳川家に対し君臣の礼をとっている、と述べた。また朝廷も家康の徳を称して毎年奉幣使を立てるほどで、大小の政務をことごとく委任し、将軍の方も朝廷を尊ぶこと「もっとも敬礼を尽す」と朝廷と将軍の関係を説明した。次いで現在の大名の成立を歴史的に説明し、大名はその封国内の政治は自由であるが、家督相続、家族の江戸住み、参勤交代、婚姻、元服など事ごとに幕府の許可を要することを述べ、徳川家に政治の実権があることを縷々《るる》述べている。そして天皇が政治に与《あづか》らない時代はすでに久しく、徳川家によって京都は再建され、人々が天皇を尊崇することを知るようになり、今の天皇も徳川将軍を深く信頼されている、と幕府と朝廷が親善であることを強調した。そして最後に、近来鎖国の令を廃して諸外国と親睦を結び開化を目指しているが、西洋諸国は日本の国体を理解できず判断に苦しむところがあろうから、ここに日本の歴史を概括して「全国の治平する所と、今の大君政府二百六十年来継ぎ来たりし大業の威権、紀綱の大目、確実の情状とを詳《つまび》らかに」した、これを読んで一時の流言、無根の説に迷わないよう望む、と結んでいる。

「国体記」はカションに訳させ、クーレイや箕作貞一郎（麟祥）に校正させて九月の終わり頃フランス外相ムーティエに提出されたらしい。英国には十一月に向山が英訳を持参した。尾佐竹猛博士が「能く説明してある。これ以上の説明は到底六《む》かしいが、外人には矢っ張り判らなかったろう」と評しておられるように、これを読んだ西洋人が、日本の天皇と将軍の関係をどの程度理解したかは疑わしい。ただ幕府としてはこう説明する以外仕方がなかったのである。

パークス失脚工作

鋤雲の手紙にはソシエテ・ゼネラル会社による六百万ドルの外債についてはほとんど記述がない。九月二十三日の手紙には「御借銀、蝦夷地など、小生一己にお任せ相成り候御用向、未だ渾沌未分、……クーレイ挙動相待ち居り、拠ん所なく両三カ月の淹《えん》留《りゅう》」という一文があるから、鋤雲がソシエテ・ゼネラルによる外債募集、あるいは蝦夷地鉱山開発を担保としての借款など、種々の工作を行ったのは確実であるが、その後は諦めたのか、あるいは私信に書くべき内容でなかったのか、御借銀に関する報道は全くない。結局この借款は成立しなかったが、シーボルトの手紙によれば、三百万ドル相当の銃器や長靴などの軍需品がエラールの周旋で日本に送られたという。

幕府はまたロッシュに頼まれて、彼を留任させるよう求めた将軍の書翰を外相ムーティエに提出させた。ロッシュは外相がルイからムーティエに代った後、リュウマチ療養という名目でフランスに召還されていたが、彼は日本でなすべきことがあるとして、命令に応じなかったのである。外務省側も強いて強要しなかったと見え、彼は鳥羽伏見の戦のあとも明治元年(一八六八)四月まで日本駐在公使であり続けた。徳川幕府のロッシュ留任工作はフランス外務省にある程度の影響を与えたのかもしれない。

興味深いことに鋤雲はまた、幕府の敵である英国公使パークスを解任させる裏面運動を始めようとしていた。十一月十四日の手紙に「パークスが相変わらず日本で乱暴を働く由、憎むべきことだ。フランス駐在の英国公使は人望のある人物だから、彼に博覧会出品物でも贈り物にして関係をつけておき、それとなくパークスに対する不満を申し述べ、来年、民部公子を厚遇してくれた御礼に自分が英国を訪問する際、駐仏英国公使からそれとなくパークス召還を働きかけてもらおうと思う。それについて、パークスが増上寺の駒寄せを馬で飛び越えたとか、その他士官たちが無礼を行った月日を調べて送られたい」と書いている。この手紙が日本についた頃、鳥羽伏見の戦いで幕府は破れたから、この工作は実現しなかったが、鋤雲がパークスの解任工作を行おうとしたのはなかなかの外交的手腕と称してもよいのではなかろうか。この時代は通信設備が整っていなかったから、新聞情報の影響より公使の個人的見解が国家の政策を左右したろうから、別人が公使になれば局面を変えられたかもしれないからである。

夥多の愚人に勝つ能わず

もう一つの外交問題として、慶應三年（一八六七）始め長崎の浦上（鋤雲は大浦と書いている）に六十八人の隠れキリシタンがあらわれて、六月に投獄されるという事件があった。これはフランス神父が浦上に入り込んで布教した際に、隠れていた信者たちが出て来たためであったが、これがフランスに伝えられると、西洋ではキリスト教が文明の精華と信じられていた時代だけにフランスでもちょっとした評判となった。しかし日本ではまだキリシタンは禁制であったから、幕府は鋤雲に指令して、フランス人宣教師がまた長崎地方に潜入することのないようフランス政府に善処を求めさせた。それで鋤雲は、外務省東洋掛のジョブラーに面会して日本の立場を説明し、その結果彼が委細承知したこと、それに関し心配する必要のないことなどを二、三の書翰で、山口駿河守などに報告した。これについて明治十三年(一八八〇)に鋤雲が書いた回想が面白いので以下に引く(元文語文)。

この時日本の形勢はすでに「豺狼《さいろう》、路に当る、何ぞ狐狸《こり》を問わん」(薩長との争いが激化していることの時、キリシタンなどどうでもいい)という時代だったが、江戸からいって寄越した以上は捨て置くわけにもいかず、自分は早速外相ムーティエの所に応接に行った。すると彼は、「宣教師の旅行を禁じて、浦上のような事件を起すなと命じるのは皇帝ナポレオンの力をもってしてもなし得ない。しかし帝としても宗教の害は嫌っているから政府もできる限りのことはして、なるべく宣教師の勝手気ままを抑制しよう。いずれの国でも愚者で宗教を信じる者は数多く、智者で惑わない者は少ない。『寡少の智者が夥多《かた》の愚人に勝つ能わず』、すなわち衆寡敵せず、である。仕方なく世の風潮に媚びるのは随分心苦しいが、帝の力をもってしてもこれを如何ともすることができない」と言った。

宗教が愚夫愚婦のもので、智者はこれに惑わないというのは儒教の教えと合致しているから鋤雲が右のように考えたのは無理もないが、ナポレオンにもその傾向があったというのが面白い。日仏政府はともに政教分離政策で一致したのである。

3　親善関係の再構築

日仏疎隔の実態

鋤雲がフランスで一番骨を折ったのは日本人とフランス人との反目の解消であった。そして十一月に向山に代ってフランス滞在外国奉行(公使)となった鋤雲は

「当地これまでの不都合は、拙者任当《にんとう》致し、必ず補足、御安心の場合に至らせ申すべく」と江戸に書き送った。来た当初はすぐ帰国するつもりだった鋤雲も、自分でなければ日仏間の不和を解きほぐすことはできず、これは国家の為にしなければならない仕事、と覚悟したのである。日仏の不和の原因は、ソシエテ・ゼネラルからの融通の不調といった国家的問題より、個人的ないがみあいに基因しており、歴史的重要性を持つものではないが、鋤雲の人間観察の鋭さ、人情の機微を察する感覚、しかも人々を融和させていく手腕など、彼の人間性がよく現れているから煩を厭わず紹介する。

鋤雲が来るのをフランス人たちは待ち構えており、「コロネル、フロリヘラル、クーレイ、カシュン輩、十分に網をはり待ち居り候所に、何気なく参り候ゆえにて、スポンと陥井《かんせい》へ陥入り候」と、鋤雲はフランス人たちの不平不満の引き受け所になった。そして「初めはフロリはコンシュル辞退、クーレイは御用御断り、カシュンは郷里に引き籠りたし」などといったが、もともと本心ではないから二、三慰藉の言葉をかけたら忽ち氷解した、と書いている。フランス人懐柔策は後に廻してまず、不和の実態を具体的に見てみよう。

前節の排仏コンペニーの所で述べたように山高信離（石見守）はカション、コロネル・ウィレットとの個人的反目からフランス人全体を嫌うようになり、鋤雲渡仏後も目に余ることが多かった。たとえば、マルタ島訪問の帰りに、フリューリー・エラールが、マルタ島訪問は無益で、時日と金を費やすのみであったといったのに腹を立てた山高は「御交際のことは汝輩の知る所に非ず、大君の命をもって巡回遊ばされ候えば、御入用（費用）何程掛り候とも苦しからず」と罵倒し、「フロリは温厚の長者なのでそのまま黙ったが、山高は怒りを抑えられず、今度は長崎のキリシタンのことから、洋僧（神父）など首を並べて斬る可し」と放言し、コロネルとフリューリーが憤然として詰問すると「腰間三尺の氷《ひょう》（日本刀のこと）は祖宗の厳禁を犯し候者を戮する為なり」と申し聞かせたので、回りの日本人たちも愕然とした。愛国の意気込みは立派なものだが、これでは喧嘩を売りに来たようなもので、フランスとの親善も何もあったものではない。

鋤雲が「御交際」上捨て置き難いと感じたことのひとつに、皇室に対する礼儀の欠如があった。ナポレオン三世の妃は有名なユージェニー皇后であるが、彼女は民部公子を可愛がり、公子が眼病に罹った際には明け暮れ御見舞の使者を遣わした。ところが全快後、日本側は御礼にも出なかったそうで、ユージェニーは気を悪くしているとの噂が流れた。

フリューリー・エラール
（『（画報）近代100年史』Ⅰより）

これは外国交際の法を知らない徳川武士の失態であった。そして山高とコロネル・ウィレットは食堂の座席の順序のような些事に至るまで事ごとにいがみ合いを続けたから、鋤雲は、コロネルがナポレオン三世に不満を申し立てないうちに山高の職務替えをしようと図り、結局彼を留学生取締掛に移転させた。山高は「人物含蓄に乏しく、歩兵頭には余りあれども、海外で幼主を保傅《ほふ》するには叶い申さず」というのが鋤雲の最終的判断であった。以上山高のことばかりであるが、向山も山高と似た考えであったことは、フランス人たちが、山高は子供のようだから、向山が去りシーボルトもお役御免になれば変るだろう、と鋤雲に語った所からも推察される。

お匙磨き役は無用

山高と向山を更迭させるもう一つの有力な理由は経済上のことだった。民部公子一行の旅行は贅沢なものだったらしい。徳川時代の日本は貧乏だったが、お上《かみ》の支出には糸目をつけないという所があり、幕府派遣使が国内旅行をする時は非常に大掛かりなものだった。一行はその感覚で外国旅行も押し通したのである。

初め公子の館を借りる際、シーボルトの叔父という触れ込みでやって来た男が、豪華な家具その他を余程高値で買い入れたから、一の座敷、二の座敷（接見のホールなど）は非常に華麗で、公子も、三条御旅館に対し申し訳がないといわれたそうである。三条御旅館は将軍慶喜の京都での仮住まいのことで、公子は将軍家よりもずっと立派な所にいて恐縮だと言ったのである。鋤雲は、三の座敷くらいで丁度よく、またお匙磨き役など無用である、と書いている。本当に銀の匙を磨くためだけのメードを雇ったのかどうか分からないが、とにかくシーボルトの叔父などは使節団一行を喰いものにして外国人使用人たちに対していい顔をしていたのだろう。また食事も公子から下役までおしなべて同じものを食べたからその出費も莫大であった。支出を担当した田邊太一は経済観念が乏しく、前回池田筑後守の時は六十日で八十万フラン（十六万ドル、十二万両くらいに当るだろう）使ったが、今回は半年でその額に達しないなどとノーテンキなことを言っていた。

鋤雲が節約するよう忠告すると、山高はそれを「公子を粗略に致し、強いてお手許を詰め候ようにばかり聞き」取るので、鋤雲もほとほと手を焼いた。また公子の家庭教師についても、まだ語学もおできにならないのだから一人で十分と鋤雲がいうと、山高は、今後舎密《せいみ》（化学のこと）もお学びになることになれば今の教育費の十倍も掛かる、と放言し、取りつくしまがなかった。また鋤雲たちが経費の問題で行くことを好まず、相手方からも延期を申し入れてきたプロシャ訪問についても山高は、御国を出る時の将軍の命令はその意中より出たものだが、二度目に幕閣から来た延期命令は公使ロッシュの入れ知恵による乱命だから従わない、と三田《さんだ》伊衛門に語った。三田は「狂人と論議しても致し方なし」と匙を投げている。こんな風だから鋤雲は山高の更迭やむなしと観念したのである。

昭武一行が借りた館
（『プリンス昭武の欧州紀行』より）

　結局鋤雲は十月の終わり頃には、公子のご入用は一カ年洋銀五、六万ドルとほぼ半減させ、次いで十二月に鋤雲が公使兼清水家家老になってからは一カ月二千フラン（一年で約五千ドル）にまで抑え込むことに成功した。

身分の義は幾重にも保護

鋤雲の報告によって、向山は英国訪問を最後の仕事として帰朝、山高は留学生取締りへ転出、シーボルトはお役御免と決まり、鋤雲は「御都合大いに宜しく」と喜んだ。しかし鋤雲は自分の判断で向山や山高が幕閣に疎んじられるのを気の毒に思い、自分の報告が正しいかどうか実地検分の為に目付一人を派遣されたし、とか、帰国する三田伊衛門に直接聞かれたし、とか書き送っている。三田は誰にでも好かれたと見え、鋤雲の手紙に「伊衛門は向山と親善なれば回護こそすれ、訐《あば》きはすまじ」という文がある。また「伊衛門は猩々の性質、すなわち私と同様、酔わないときは慎み深く、本当のことを言わないだろう」と、彼に酒を呑ませて話を聞くよう助言している。三田伊衛門を知っている人は現在ほとんどいないが、彼は北海道で鋤雲の下におり、明治初年には中村正直の『西国立志編』に大和言葉の面白い序文を書くなどなかなかの文化人であった。

そして鋤雲は向山が帰国する際の手紙に「山高や向山に別段悪い所があったわけではない。ただ彼らは外国との交際に不馴れのため、頑固に私見を押し通そうとしたために今日の事情に立ち至り」云々と書き、お上（幕閣）にも眼鏡違いという失策があったのだから、二人の身分は幾重にも保護してもらいたい、と頼んでいる。失敗は失敗と断じる冷静な判断と、若い人たちの将来を無にしないよう心配りを忘れない鋤雲の人間的暖かみを感じさせる。

なお、向山黄村は幕臣で、フランス滞在時は四十二歳だった。向山は箱館奉行所の調役だったから安政の終わり頃は鋤雲と函館の同僚であったが、その後抜擢されて目付となり、将軍家茂の辞表の草稿を書いたことは第四章4節に述べた。明治以後は官に仕えず、漢詩人として全国に名が知られたが、第九章で述べるように明治時代には鋤雲と非常に親善だった。

山高信離はフランスにいる間に断髪し、洋服を着て、西洋を学ぶ「立志愈々堅し」と鋤雲は書いている。山高はもともと鋤雲たちが作った横浜のフランス語学校の出で、この時まだ二十八歳だった。明治以後は大蔵省や内務省に奉職し、博覧会掛りとして海外の博覧会や日本の博物館行政にあたり、上野の博物館長にもなって、明治四十年（一九〇七）に死んだ。山高はフランスとの親善には失敗したが、何といっても明治時代では新帰朝の海外知識人だったのである。

フランス人批評とその取扱い

日本人のことはこのくらいにして今度は鋤雲のフランス人評を見てみよう。鋤雲はいう、「フロリ・ヘラルトは正直温厚の君子、富み且つ倹なる者、憾《うら》むところは気力やや乏し。コロネルは樸直軽忽にて、乍《たちま》ち怒り乍ち笑う。蓋《けだ》し武人の常にして愛すべく、カションは御承知の通り外柔内残なれども、そのきき所を押え候らわば馭し易し。クーレイは略（機略）もかなりこれ有り、気力も頗る盛んなれば、前三人を籠絡して、一言もなく駆役せり。故にこの者と談ずれば余程面白く御座候。さりながらこなたにても随分気を取締めて交わり申さず候ては軽侮を招き申すべし」。この鋤雲の評は外国人を恐れることなく、また軽蔑することもなく、あるがままに見たものといえるだろう。明治以後、大量の日本人が修学、外交、駐在武官などとして西洋に行ったが、多くの人が心酔するか反感をもつかのどちらかになったのに比べ、鋤雲の冷静な観察は立派なものである。

「きき所を押え候らわば馭し易し」と評したように、鋤雲は、カションがおだてられると熱心に働くことを知っていた。それで鋤雲は彼を、ちょうどこの頃にやって来た日本留学生の教師に取り立てた。日本からの留学生たちは鋤雲の養子の貞次郎に率いられて十月末にパリに着いたのである。彼らは横浜のフランス語学校卒業生がほとんどで、これまで英国、オランダに派遣した連中より未熟者が多かったが、それだけに取締りは楽だった。これらの留学生が来て、フランス人との関係は目に見えて改善したらしく、「留学生は日仏親善にタラビヤン（トレビアン。鋤雲は鱒尾安とも書いている）」「カションも余程勉強、カションの方からお金を出して留学生たちに劇場の芝居を奢ってやったりして、生徒の機嫌を失わないよう奔走している」と鋤雲はカションに仕事ができたのを喜んだ。またクーレイは子供好きで、日曜と木曜には自分の子供とともに留学生を連れ出し、一銭も使わずパリ近郊を二、三里もただ歩きまわった。黄色い人間が十数人も集まっていると途中人だかりがして、シノワシノワ、ジャッポンジャッポン（シナ人シナ人、日本人日本人）と大騒ぎだったそうである。学生たちも何が面白いのか喜んでついて行くので、鋤雲も一度行ってみたら、「真に犬の川端（歩き）」で疲れるばかり、一度で閉口した。

鋤雲はまたフリユーリー・エラールに老中の感謝状を送ってくれるよう頼んでいる。エラールは、公子、博覧会、留学生などのために、非常に多忙な中を厭な顔もせず奔走してくれた「真に善人君子」であったらしい。しかも会計も至って正しく「一毫も私曲なし」だった。鋤雲はフランス人の名誉好きを知っていたから勲章があれば勲章をやりたいと思ったらしい。モンブランはいかさま師に近かったが、薩摩の一味だったから明治時代に日本総領事となって名誉を獲たが、エラールは人格者だったのに幕府が瓦解して何の栄誉も与えられなかった。

十一月十四日附けの鋤雲の手紙に、彼が外務大臣ムーティエと対話した面白い一節がある。

フランス劇に日本国中喝采

鋤雲「先日、劇場に参りまして、演劇サンゼリヤンを見物致しました。話の筋は我が国の紅皿欠皿《べにざらかけざら》という芝居とよく似ており、至って面白く覚えましたが、御国の言葉に通じぬ悲しさ、喜怒哀楽の情は大抵察しても、フランスの方々のように拍手喝采というところにまではいきませんで、残念でありました。我が国大君（将軍慶喜）が語学留学生を当地に遣わされた趣意は、御国の劇の喜怒哀楽を察知するに止まらず、言語を解し、日本国中を拍手喝采させたいとの思し召しと聞いております。これは両国親睦の第一義と思いますし、恐れながらナポレオン帝も同様にお考えではありますまいか。ですから御地の日本語学校も是非、早々に御開校願わしゅう存じます」

ムーティエ「私は日本の演劇を見物したことはないので、拍手喝采という訳には行きませんが、公使の只今の御口上には拍手喝采を惜しみません」

と言って、二人は笑い合った。鋤雲はこの会話をしたことが得意だったのだろう、手紙の続きに、「事務執政（ムーティエ外相のこと）は矢張り御老中に御座候間、面と向い議論致し候ては、必ず敗北を取り候間、ポンとハメ候手、矢張り宜しく覚え候。この段、小栗上州へ御傳語、云々」と書いている。議論せず、談笑の裡にいうだけのことをいった鋤雲の才覚は得意になるだけのことはある。右の会話中の「日本語学校」はパリ東洋語学校の日本語講座のことであろう。十一月の外国奉行宛の手紙で鋤雲は「フランス国の日本語学がいよいよ開講になった。遠からず、十四、五歳の童子二十人ほどを横浜へ出港させるから、御厄介でも御親睦の一助であるからよろしく頼む」と書き送っている。鋤雲はフランスの子供を日本見物に出すつもりだったらしい。だからもし幕府が長続きすれば、日本人のフランス留学だけではなくフランス人の日本留学も一八七〇年頃に実現していたかもしれない。

明治以後の日本政府は西洋文明を取り入れるのに汲々として、その文明も政治、軍事、経済、学術に偏していた。また、明治の人は日本文化に自信を失っており、その海外への紹介などはほとんど考えもしなかった。日本文化を再評価したのはフェノロサなど欧米人である。「尊王攘夷」の行き着いた先がそうなったのは皮肉な感じがする。これに対し、封建道徳で育った徳川幕府の士鋤雲には、フランス人に日本語を教え、歌舞伎と西洋演劇を等しく見、国家間の親善は文化交流にまでわたるべきだという見識が備わっていた。鋤雲にどれほどの深慮があって日本語学校や演劇文化を口にしたのかは一応措くとしても、彼が西洋文化を尊敬するとともに、日本の文化にも誇りをもっていたのは確かであり、江戸幕府の優秀な外交官の見識は決して明治以後の外交官に劣るものではなく、むしろ優れていたとさえいえるのではなかろうか。

4　フランスと日本の比較

鋤雲が江戸の同僚に送った手紙には仕事以外、ヨーロッパの時事問題や国民性、およびそれに対する彼自身の感想がところどころに書かれている。それらの面白い部分を抜き書きしてみよう。

フランス人の性は外奢内倹

民部公子一行がスイスを訪問した頃はちょうどイタリアの独立運動の頃であった。そして一行がベルンに来た時ガリバルディーもたまたまそこに来合わせ、彼は向山にも連判状に署名をするよう要請した。彼は、これから世界に乗り出そう、という日本に幾分の共感を抱いたのだろうか。またイタリアの革命にフランス軍の介入が取りざたされた際、鋤雲は「フランス軍十万の兵を起したり止めたり、実に造作もこれ無く」と西洋強国の軍事統制が行き届いているのに驚いた。

面白いのはフランス人の吝嗇《りんしょく》についての感想である。鋤雲はフリューリー・エラールとクーレイは至極倹約家であるといい、その例として、留学生たちがシャンゼリゼの旅館を引き払う際フロリは旅館の主人と掛け合って、ローソクの燃え残り分、薪の未使用分などまで一々勘定から差し引かせ、ほとんど喧嘩のように弁論したので、その場にいたカションと息子の貞次郎はいたたまれずに座を避けた、という話を引いている。貧乏な家に生まれたカションは見え坊で、金持のエラールはケチ、というのはよくある話であるが、鋤雲は続けて「右はごく無用の瑣事に御座候へども、仏人の性、外奢内倹、御国、京師《けいし》の人情に相似居候《あいにおり》」と書いている。京都人の「外奢内倹」は江戸で評判だったのだろう。鋤雲の感想はここにとどまらず、「だからフランス人の気風を理解して、日本使節団一行も思いきった倹約を行えばフランス人の尊敬を得るだろう。取締りもなく浪費すればかえってフランス人たちは軽蔑し遠ざかる」と正鵠《せいこう》を得た人間観察をしている。

内倹、すなわち私的生活でのケチの例は以上のようだが、外奢すなわち外向きの虚栄の例も鋤雲は書いている。エラールは元々富豪なので、八万フランのダイヤの首飾りを細君の為に買おうとして値段の交渉をしているうち、皇后ユージェニーに買われてしまったという話である。「仏人外奢の一證迄に申し上げ候」と鋤雲は書き送っている。妻に一万両以上の贈り物をする日本人は居ないから鋤雲たちは驚いたのであろう。

＊　この話を『花のパリへ少年使節』では鋤雲が首飾りを買ってフロリの細君に贈ろうとしたと解しているが、これは原文の読み誤りである。原文は「……（首飾り）八万フランクなるをフロリ細君の為に買候積りにて……、（皇后に）被買上残念に存居候……」で、これは「フロリの細君に」ではなく「フロリが細君に」と読むべきである。その後に続く判断文「仏人外奢の一證迄に申し上げ候」からもそう判断できる。

もう一つ、鋤雲は向山から、フランス議事堂の貴顕紳士はほとんど老人であることを聞き、自分のような老人のために大いに気を吐くものと喜んだ。そして「フランスの老人は怜悧で、日本の老人のように馬鹿でない。アジア人は余りにも酒食に節制がないので、人の精神が早く消耗するのか、あるいは不学無術の故に流行に遅れるのか」という感想を記している。山高や通訳の保科は二十代であったし、老中の傑物阿部正弘も二十代で老中になったくらいで江戸時代は若くして重責を担った人が多かった。しかしこれは老人が早く耄碌《もうろく》するというより、身分制度が厳重なため人材に乏しかった、と解するのが当っているのではなかろうか。

江戸っ子鋤雲の酒と滑稽

鋤雲はパリにいて、フランスとの親善回復に務め、ヨーロッパの進んだ文明についての認識を深めつつあったが、楽しみは純粋に日本的だったようである。鋤雲の手紙には、「洋酒甘《うま》くなし。禁酒同然、面白くなし」とか、「中秋の名月、梅酢に等しきボルドウ（ワイン）にては何分懐《かい》を遣り兼ね」とかの愚痴が散見する。また、「これまでは国家の大事と観念して身をもって親善回復に務めてきたが、これは一時のことで事が平らげば速やかに帰朝できるのを楽しみにしている。『人情誰か家居安逸を好まざらん、況《いわ》んや、言語通ぜず、酒食味を異にする国、（中略）何の娯楽もこれなく候』」と江戸の山口に書き送り、「極力御救助」を頼んでいる。

このように気晴らしの少ないフランス滞在時に、鋤雲が心から笑えるのは箕作貞一郎《みつくり》のしゃれ、地口だった。箕作貞一郎（麟祥）は箕作阮甫の娘しんと水沢藩の下級武士佐々木省吾（養子になって

箕作麟祥
（『「明六雑誌」とその周辺』より）

箕作省吾）の子で、蘭学、英学に通じ、この年慶應三年（一八六七）に二十二歳で翻訳御用として徳川昭武一行に加わった人である。貞一郎はこのフランス滞在時にナポレオン法典を訳し、明治時代には我が国に西洋法学を導入する中心人物として活躍したが、この時はまだ学生に毛の生えたくらいだったから鋤雲などは子供のように思って可愛がったのだろう。鋤雲の手紙には「箕作貞一洒落語箋《しゃれごせん》の著述」中の秀逸として

ガラス明けても暮そな模様　（原）烏啼いても知れそな物よ
メガル、シャッポウ、外が花　（原）津軽八方外ヶ濱
（メガルは婢女）（シャッポウは帽子）
ロアンドロイス博覧会が栄へ　（原）おまん何処行く油買に茶買に
（ロアンドロイスはドリューアン・ド・ルイ外相のこと）
茶屋売れないで首縊《くく》ろとわ　（原）唐紅に水くくるとわ
酒左程には飲めはせぬ　（原）先ず左程には思やせぬ

の五句を引いて、わざわざ、江戸の外国奉行たちに報じている。パリの暗い冬、女中の帽子飾り、博覧会の繁昌、博覧会出店の日本茶屋があまり流行らず商人が困ったこと、洋酒はそれほど飲めないことなど、うまくしゃれるものである。貞一郎が公子についてロンドンに渡ると、淋しくなった鋤雲は

向山や三田伊衛門に手紙を送り、貞一郎に新滑稽を督促させた。彼は、昨日江戸から届いた御用状中の報知を種にたちまち、

原市くびとりはらをきるきる　(原) はねいちこまどりはねをつく也

ロ一イド川路が当惑だ　(原) どうりでかぼちゃがとうなすだ

の二句をひねり出した。前者は、徳川慶喜の懐刀として京都で大久保一蔵(利通)と渡り合っていた原市之進が幕府の攘夷主義者に暗殺された事件を種にし、後者は、幕府派遣留学生取締りとしてロンドンに居た川路太郎や中村正直が、受入側英国の担当者ロイドと意見が合わず、困っている状況を種にしている。

痔の手術とアルプス登山

日本人初ではないかもしれないが、この時代、ヨーロッパで麻薬を使った外科手術を受けた日本人は銀雲の外には少なかったろう。銀雲はマルセーユに入港した八月十一日の四、五日前から痔瘻で発熱していた。それでも御用のため病をおしてスイスには行ったが、パリに来た後も段々悪化し、十月には、痔疾のため廃人同然という有様になったので、遂に十月二十四日「麻薬相用い、切断治療致させ申し候。指頭大の贅肉六枚切下《せつげ》致し、以来、脱肛の患を相除」いたが、便所に行く度に「鮮血滴々、矛戟乱刺《ぼうげきらんし》致し候如く、随分苦悶を極め」た。しかし「当地外科は至って精良」なれば必ず快癒すると信じて決断したのであった。「暁窓追録補」にはクロロホルムを

嗅いでからの気分が「あたかも芸者を呼んだ宴会に朋友知己を会して、大いに飲み大いに酔うた後の愉快極まる状態のようだった」と書かれており、実際夢うつつの裡《うち》に鋤雲はうわ言でカションにそういう意味のことをいったらしい。酒好きで友人好きな鋤雲は幸福な人である。

手術とは別の話であるが、白井光太郎博士の『日本博物史年表』に、慶應三年（一八六七）八月に鋤雲がスイスでアルプスに登ったと記してあるそうである。真実とすれば鋤雲の名誉が増えるわけで筆者としてもそうであって欲しいと願うが、この頃痔疾で発熱していた鋤雲が近郊の小山ならともかく、所謂「アルプス登山」といえるほどのことをしたのか、やや心許ない。白井博士（文久三年、一八六三年の生まれ）は登山のことを鋤雲から直接聞かれたのであろうか。

幕府の瓦解と帰国

さて、鋤雲が痔の手術を受けて病床で呻吟していた頃、日本では政局が一転して将軍慶喜は朝廷に大政を奉還した。ただし、奉還はしたものの、当分の間政務は徳川家にお預けということで実質的には幕府が日本政府だったが、何といっても大政奉還は大事件だった。この報らせがパリに届いたのは十二月であったろう。鋤雲の手紙にはっきりした意見は述べられていないが、十二月十九日附け書翰に鋤雲には珍しい和歌が一首載せてある。

夢ながら　聞くも板屋の　玉あられ　唯はらはらと　思うばかりに

次いで明治元年（一八六八）正月の鳥羽伏見の戦の報知がもたらされた後、二月二十三日の書翰には「近況如何。英米電信の報知が真実かどうか半信半疑、深く心配仕り候。いよいよ逆賊御殄滅《ごてんめつ》という会心の便りを待ち望み居り候」と、幕府軍敗北を報じる英米通信社の電報に心を痛め、挽回の方法はないものか、ともどかしく思っている鋤雲の様子があらわれている。慶喜が恭順と決した一月下旬の江戸城での会議の結末をいつ鋤雲が知ったのか分からないが、三月二十五日の手紙に鋤雲は「要するに和戦の何れか以外にない。内心和するつもりで講話談判に入ればその和は必ず破れ、遂に滅亡に至るに違いない。ここは命がけの戦を行うつもりでいてもらいたい。戦う気でおれば、もし講和になってもその平和は続くであろう」と、徳川幕府は当然戦うものと考えていた。しかし、この頃すでに将軍慶喜は謹慎し、政権は京都に移っていた。

幕府の崩壊を知ったメルメ・カションやロニ（篤学の日本学者、次章で述べる）は鋤雲に向って、フランスから軍艦を借りて日本に戻り、薩長と一戦すべしと勧めたが鋤雲は外国に兵を借りて戦うことをよしとせず、この中し出を断ったという。フランス兵を借りることに問題もあったろうが、鋤雲は日本からの通信や外国の電信で、すでに時機を失していると思ったに違いない。

幕府の外国奉行たちは一月の時点で海外留学生たちの故国引揚げを決定し、鋤雲の所に命令書を発したので、各国駐留の留学生たちは数班に別れておいおい帰国した。そして鋤雲も渋沢栄一や息子の貞次郎に後事を託して、明治元年四月二十六日にパリを発した。鋤雲がパリを発つ二日前、民部公子徳川昭武はフランス人たちも呼んで晩餐会を催したが、この会が鋤雲とフランスの友人たちとの永遠の別れとなった。

鋤雲は伝習生木村宗三、高松凌雲、山内文次郎、赤松大三郎（後の海軍中将。森鷗外の最初の妻の父）など十三人とともに五月十七日に横浜に着いた。この日は上野で彰義隊が全滅した二日後で、品川湾には榎本武揚が率いる幕府軍艦七隻が今にも脱走しそうな様子で遊弋《ゆうよく》しており、陸には薩長などの軍勢が幕府の士を逆賊視して警戒しており、すこぶる危険な情勢であった。それでフランス帰りの鋤雲たちがそのまま江戸に陸行するのは危険であったから、一行は一旦横浜のフランス公使館に入り、横浜裁判所判事寺島宗則に事情を話してその斡旋で語学伝習所（鋤雲が建てたフランス語学校だろう）に移り、その後官軍の大総督府の印鑑を得て江戸に戻った。寺島は薩摩人であるが松木弘安と名乗っていた頃には蕃書調所で洋学を学び、薩英戦争で英軍の捕虜にされた後は英国で勉強した人であるから、鋤雲たちを知っていたろうし理解もあったのであろう。こうして約一年にわたる鋤雲のフランス出張は終わりを告げたのである。

第七章　フランス文明の思い出——暁窓追録

1　ナポレオン法典とパリの市街

徳川の士から浪人へ

鋤雲がフランスから帰国してまもなく、幕臣たちは徳川の新藩主、家達に従って静岡に移るか、江戸に残って新政府に仕えるか、あるいは、禄をあきらめて浪人になる、すなわち帰農するかのどれかを選ばなくてはならなくなった。徳川八百万石が一挙に七十万石になったので、静岡に移住しても禄を貰える士はわずかのものだったから、かなりの者は帰農して商売などを始めた。しかし江戸の人口は激減し消費者がいないのだから忽ち多くは失敗した。いわゆる士族の商法である。鋤雲は若年寄格だったから、静岡に移ればある程度の禄は戴けただろうが、彼は今更静岡に移っても他人の生活の資を奪うようなものと観念して帰農することに決し、小石川大塚の自宅（第一章3節）に住んだ。

幕府が瓦解した頃の鋤雲の気持を詠んだ漢詩が幾つかある。はっきりその時代のものと分かるのは「帰田後、除夕（大晦日の夕方）、旧采邑（元の領地）を過ぐ（に戻る）。内を省すれば二幼女のよく母を扶《たす》けて、爨《さん》を執る（食事の用意をする）を観る。愴然として作あり」という前書きのある詩である。

○麥飯棉衣漸欲馴　嬉嬉迎我又迎春　花簪猶倣前時様　姉汲渓水妹拾薪

麥飯棉衣漸く馴れんとす。嬉嬉として我を迎え又春を迎う。花簪《かしん》猶お倣う、前時の様。姉は渓水を汲み、妹は薪を拾う。

これは明治元年（一八六八）の大晦日ではないだろうか。鋤雲が禄を離れたので生活は質素（麥飯棉衣）になり、下男下女の数も減ったが、子供たちはそれなりに楽しくしている様子を見て、鋤雲は彼女たちを憐れんだ。「花簪猶倣前時様」に、少し前の流行の髪飾りをつけた可愛い女の子の様子が髣《ほう》髴《ふつ》とするが、この詩によって明治初期の鋤雲には、まだ小さい女の子が二人いたことが分かる。そして鋤雲はこの頃家族に囲まれて、昼は好きな庭いじりをしながら、午夜一人起き出して、夢の如くに過ぎ去ったフランスの想い出を書き留めていた。

新文明への入門書

明治元年（一八六八）鋤雲は、フランスの思い出を記した「暁窓追録」に第三章1節で述べた「鉛筆紀聞」を合本して『匏庵十種』巻之一および二として公刊した。「暁窓追録」は芳賀徹先生が「ある意味では『西洋事情』より面白い新文明への入門書」

と評されたように、紙上での知識ではなく、また単なる表面上の見聞記でもなく、実際の経験をもとにして西洋精神に触れる所のある著作であった。鋤雲のフランス行きから四年後の明治四年（一八七一）、新政府は岩倉使節団に欧米を回らせ、その記録を浩瀚な『米欧回覧実記』として公表したが、「暁窓追録」は短いながらもその先鞭をつけたものといえるだろう。

「一言にして訴訟を断じるというのは、子路（孔子の弟子）のような賢人にして初めて可能なことで、才智凡庸な我々の敢て為し及ぶ所ではないと思っていたが、今、フランス帝ナポレオンの法令を見ればほとんどそれに近いと思われる。実に驚歎し羨しく感じられる」（元文語文。他の所もそうであるが鋤雲の原文は漢文調で調子がよく、ユーモアもあって面白い。筆者の口語訳はその趣を出せないので、漢文体の面白みを味わいたい読者は是非岩波文庫『幕末維新パリ見聞記』を読まれたい）と書き出された「暁窓追録」は短文の集まりであるが、漢学の素養を背景にフランスの文化を多方面にわたって紹介した本である。

全体を簡単な標題で分けると、ナポレオン法典、訴訟の実際、警察官とその実際、宣誓とアジア人の偽証、日本人の正直、気候とスケート遊び、パリの建築と清潔および安全、ガス灯、下水、道路と都市改造の実際、凱旋門とパノラマ、動物園、博物館、ブローニュの森、観兵式と兵力、欧州各国の兵力の比較、ビスマルク、ガリバルディー、ルイ外相の薬品会社社長転出、ロスチャイルドとユダヤ人、国債と貨幣価値、セーヌ川の水運、電信と電送写真、新聞印刷法と蒸気機関、知日家フランス人やオーストリー人の日本贔屓、日本の漆器と陶器、スイスとオランダ、独立ベルギー、ヨーロッパの農業、身体障害者と廃兵院、ゴミ処理とアスファルト道路、野鳥、ソースとバター、民兵、監獄、議事堂、ホテル、劇場、死体置き場、競売、各国得意の技術、スエズ運河開鑿、ポーランド分割、ナポレオン三世の人気、メキシコの騒乱、ナポレオンと博覧会、ヨーロッパの人材は名家や豪家に出《い》づ、という約五十項目に分けられる。短いものは三、四行、長いものも三十行位である。どれも面白いが以下では幾つかの項目のみをかいつまんで紹介する。

ナポレオン法典と公僕精神

先に引用したように鋤雲は成文法としてのナポレオン法典に強い感銘を受けた。法典の内容を列記した後「微細の所まで備わらざる所なく、賞罰判然、吏となりて上に在り令を奉ずる者、民となりて下にあり令を受くる者、ともにこの律に因りて断定し断定せられ、更に一語不服の者なし」と激賞している。そしてエラールとカションに息子の貞次郎を助けてこれを翻訳させた。この翻訳には後に箕作麟祥も加わったのだろうし、佐賀藩から博覧会に来ていた佐野栄（後の常民）にも訳本を与えた、と鋤雲は書いている。万人が読むことのできる明文化された西洋法律書の輸入はこれが最初であった。

ナポレオン法典に準拠した係争事件の判決を日本人で最初に受けたのは、博覧会に出品した商人瑞穂屋こと清水卯三郎と吉田次郎の二人だった。清水卯三郎は、嘉永六年（一八五三）の日露長崎交渉に筒井政憲の随員として同行し、箕作秋坪に蘭学を習い、今度はパリの博覧会に茶屋を出すなど、新しいことに次々と挑戦した型破りの商人だった。彼は明治以後も印刷機や歯科機械の輸入など輸入商として活躍し、文化的にも仮名文字普及に尽して『明六雑誌』に論文を書いたりしている。

彼ら二人は博覧会出品の商品授受に関してフランス人と係争したが、その際裁判所に呼び出されたのである。鋤雲は、裁判官が両者に宣誓をさせた後「ほとんど平常談話のごとく」事情を聴取し、その際、訴訟者と被訴訟者の間に「絶えて対決論難の事なし」と書いている。そして数日後、呼び出しがあって、裁判官が、事情を検討した結果「ナポレオンコード何條の律に従いその曲直を判じて某々の科に処せり」と判定し、この一語に「訟者も被訟者も黙して退くのみ。特に声と色とを大にして、強いて人を圧服すると、遷延濡滞《じゅたい》久しくして決せざるとの弊なきのみならず」、口下手な人間でも普通に論弁ができる、と鋤雲は感心した。

江戸の町奉行は訴訟者と被訴訟者をお白州に呼び出し、両者を対決させたから口下手な者は言葉に詰って損をしたし、奉行たちが「黙り居ろう」と自分の威勢で被疑者を圧伏するようなこともあったから、大岡越前守や遠山金四郎のような名奉行はあっても、やはり成文法があった西洋法の方が優れていたのである。

ナポレオン法典と関連して鋤雲に印象を与えたのは政治犯の罪の軽さだった。この時代ロシア、プロシャ、オーストリアに祖国を分割されていたポーランド人たちはそれを悲しみ、特にロシアの統治は残酷だったから深くロシアを憎んだ。そして多くのポーランド人がフランスにやって来た。ショパンやキューリー夫人もそうである。そうしたポーランド人の一人の男が、パリの博覧会見物に来たロシア皇帝アレクサンドルを狙撃したことがあった。弾は逸れ、男は逮捕されたが、結局流刑で済んだ。これは報復であって私怨ではないから法律に照らしてそう決められたのであって、ロシア皇帝も納得している、と鋤雲は書いている。

偽証と泥棒とポリス

真実を語る保証としての宣誓について、カションが次のような面白い話をした。右手を聖書に、左手を天にあげて誓えばキリスト教徒は誠実にこれを守り、死に至るまで変えるものはない。しかるにインド人は甲に頼まれれば甲のために「天に誓って偽り無し」といい、乙に頼まれればまた乙のために違うことを言って、これも、天に誓って偽り無し、という。だからナポレオン法典といえどもこれを東洋に行うことはできない。このカションの言は西洋人を買い被っているが、それでも彼らが宣誓して証言する時には真っ赤な嘘は吐き難かったのだろう。特に十九世紀はそうだったろう。

鋤雲は自分の意見を次のように述べている。公使ロッシュが昔、日本の風俗の美を賞めてアジア第一と称し、シナ、インドの遠く及ぶ所に非ず、といったが、自分はこれを信じず、単なるお世辞として聞いていた。ところが近年フランス行きを命じられ、上海、香港、シンガポール、セイロン、アデン、スエズの各港に停泊した際、船は必ず船倉を鎖し船室に錠を下し泥棒の用心は厳重を極めた。ただマルセーユと横浜のみ、船員四散しても窓戸開放して意に介さなかった。この一事、我が国の「政令厳粛、風俗淳美を知るの兆《しるし》」であり、ロッシュの言が必ずしもお世辞でないことが判る。であるから、たとえ「戟《げき》手（片手を戟《ほこ》のように張り出すこと）して天に誓うのこと無しといえども、声と色とを大にせずして、漢竺、盟を渝《か》え、言を食《は》むの陋を圧するに足るべし。新定律書、豈にそれ借り用いざるべけんや」。日本人は正直で恥を知るから、キリスト教がなくてもシナやインドのように偽証するものはいない。だからナポレオン法典を導入すべし、と鋤雲はいっているのである。実際、現代でも日本人は、真実に対する尊敬や人間に対する同情心（人権）ではシナ人より西洋人の方に近いだろう。

ポリスは今もパリの名物だろうが、鋤雲はその姿と公僕精神を次のように書いている。「遠山形の帽子、蟬翼様の外套にして、腰間に鉄鞘刀《てつしょうとう》を佩《お》べり。人一目にしてそのポリスなることを知るべし」。ある晩、博覧会出品のためにパリに来ていた長崎会所の手代佐兵衛が路に迷って、一人のポリスに「リウガリレイ（ガリレイ街）三十七番」の一語を発したら、彼は遠路はるばるその宿所まで送ってくれた。佐兵衛はその親切に感銘を受けて、酒を少々御馳走するといったら、警官は微笑を浮かべてそのまま去った。現代日本の警察および交番制度は世界でも指折りの優秀なものだが、それはこのようにして学んだ西洋の公僕精神と日本の番所との合の子だったのである。

ガス燈と下水と都市計画

鋤雲は函館にいる頃から物産や輸送、公衆衛生などに広い興味を持っていた。だからパリでも都市生活の基盤としての道路、照明、ゴミや下水の処理について、他の見聞記著作者に比べて、ずっと具体的に観察している。そして彼がパリにいた足掛け九カ月の間、「家に蚤、蚊、鼠の患《うれい》なく、途《みち》に酔人、盗偸《とうちゅう》、争闘、高歌の喧《さわぎ》なく、且つ火災、地震なし。真に楽土楽邦と称すべし」とパリの文明を謳歌し、これは家屋が石と鉄できっちりと建てられているのと、法令の密、ポリスの厳、ガス燈の明に依るものとしている。そして社会基盤としてのガス燈設備に言及し「ガス燈の街上を照らす、その明、蟲蟻《ちゅうぎ》を拾うべし」と感心した。

パリの下水道（トンネル）は『レ・ミゼラブル』に長文の記述があるようにこの頃のパリの名物で

あった。鋤雲は実際に入ってみたらしく、その幅は五、六丈（一五〜一八メートル）、溝の広い所は船で、狭い所は車で行くとか、船は三十六人を載せるとか、両岸にガス燈を点じるなどの構造を詳述し、溝は下水と雨水を集め、トンネル中の二つの大鉄管は飲料用水道と水洗便所の汚水である、などと説明している。下水の次に鋤雲は、オスマンによる都市改造計画によって、パリの街路が残らずフルバール（ブールヴァール）と呼ばれる「樹木を列栽せる大路」となろうとしていると報じ、その費用はパリに搬入される物品税から捻出されること、アレキサンデル・シーボルトがいうには、この事業はパリの肉体労働者に生活の資をあたえるという社会政策の一面があることなど、技術者と政治家との二面を兼ね備えた鋤雲ならではの周到な説明を付している。

当時のパリの道路拡張
（『幕末維新パリ見聞記』より）

鋤雲がカションに「中以下の者は旧に安んじ労を厭うのが通情だから、道路改造のために家や庭を没収されたら不平不満が出るだろう」と尋ねると、カションは「確かにその通りで先日ある墓地を改葬するときは議論百出したが、市長が『墳墓は私で道路は公である。子孫は先祖の墳墓を守りたいだろうが、私情をもって公益を阻害することを孝とするような祖先ならば、その人は正人君子ではない。

祖先が正人君子ならば、己の一身の便宜のために、社会の大勢の人の便宜になるような事業の妨害はしないであろう』と論破したので、人は皆これに服した」と答えた。西洋の公共精神と儒教の「身を殺して仁を為す」教えとが一致するところなので、鋤雲は心から賛同した。

舗装と監獄と郵便

鋤雲はまた道路の清掃について、道路は車から水を撒いて埃を払い、雨泥は馬に引かせた膠刷《こうさつ》（道の泥をくっつけて取り、凾に落とすのだろう）で灑掃《さいそう》するので士女が出遊する際に裳裾をかかげる必要がないし、歩道と車道の区別があって馬車に轢かれる心配もない、と感心した。また側溝があってその三和土《たたき》は極めて固く石のようだが、その製法は土と紫褐色の薬汁を煮て、鉄柄杓《てつびしゃく》で地上に撒き木片をもって平らに擦ると、直ちに固く粘着しない性質になるのである、と書いてその製法を教えてもらおうとしている。これは簡易アスファルト舗装だろう。

監獄について鋤雲は次のように書いている。「未決囚の部屋は個室で、ベッド、椅子、洗面器、便器などみな揃っており、外には花木を植えた運動場があって散歩もできる。既決囚には製靴、玩具製造などの仕事を教え、婦人牢でも洗濯、裁縫、書写などの技を教え、他に売春婦の牢屋もある。どの牢屋にも対面所、礼拝堂、書庫を備え、罪人は万巻の書を読む事ができる。婦人牢の長は尼僧で、日曜日には礼拝堂で説法をし、通常日には女工のことを教える」。特に鋤雲の感想はないが、キリスト教に対して偏見はないようで、むしろ敬服したように見える。別のところに、「パリではせむしやびっこなどの不具者をよく見るが、これは医学が発達していてこれらの人も長生きできるからであり『東方の得難き所なり』」とも記しているから、鋤雲はヨーロッパでハンディキャップを負った人に対する愛護の行き届いているのに印象づけられたのであろう。日本でも盲人に限って金貸業を認めたり、鋤雲の大伯父にあたる長谷川平蔵が石川島に人足寄せ場を作ったりしたから、弱者保護対策はヨーロッパだけのものではないが、やはりヨーロッパの方が整っていたのだろう。

郵便制度は国内便、国際便、ハガキと封書、また新聞書籍などの印刷物の低廉な料金などを説明し、特に切手（鈐印紙《けんいんし》、タンブルポストと鋤雲は書いている）の便利を強調している。日本にも飛脚の制度があったが、街毎にポストがある西洋の制度には学ぶ所が多かった。

2　フランスの国情と日仏文化交流

フランスはお上の国

個々の制度のみならず鋤雲は国情にも興味をもった。この時代のフランスは、民間に任せるより政府が主導して色々の事業をなす国であったとみえて、鋤雲がフランスの郵船会社社員でもあったクーレイに、貴社の東洋便は僅かの旅客とわずかの貨物を積んで、はるばる東洋に来るが、これは赤字であろう、国家が国民を愛護するのは美挙だが、収支相償わないのは当を得ないのではないか、と尋ねるところがある。そして、フランスに大金持ちが少ない理由を鋤雲は、ロンドンやニューヨークの会社は創業にあたって政府の許可を受けるだけでよいが、フランスでは小さい事業にでもいちいち政府が口を出すからだ、と鋭く突っ込んだ観察をしている。

また「暁窓追録」の最後に鋤雲はフランスの人材は名家からかあるいは豪農巨商の家から出て、天稟美質、才器特達で匹夫から起る者は千万人に一人である、と書き、「王侯将相、寧《いずくん》ぞ種有らんや」は乱世の語にして治世の談に非ざるなり、と結んでいる。自由平等を売り物にするフランスでも、一皮剝けば身分と金が物をいう社会であることを見通していたといえよう。

金の威力とロスチャイルド

次に政治と金融のことを少し紹介しよう。この時代はナポレオン三世華やかなりし時代だったから、鋤雲も、彼が庶民に対して少しも偉ぶらない所に感心し、「流離卑賤より身を起し、一旦権謀術数をもってその国を得ると雖《いえど》も、すでに得るの後、深く逆取順守の理を悟り、極めて力を治国に尽し、勉めて衆庶の歓心を得て」と彼の政治姿勢を紹介し、最後に、博覧会を開いて世界の帝王を籠絡《ろうらく》し、庶民を親附させる手際は「現世帝王の最となす」と賛辞を呈している。また他方では共和政治についても「世界各国にみな帝王がいるが、王制は私意であって天理に背くものである。故に自分は義徒を糾合して世界から悉く帝王を追い払い、各国をみな共和政治にしたいと思う。そして民意によって大統領が逐次交代するようになれば至正公平の政治が行われ、万民の便宜であろう」というガリバルディーの言葉を紹介し、彼は狂妄を免れずといえども亦一個の奇男子なり、と一定の理

ナポレオン三世
（『（画報）近代100年史』 I より）

解を示している。

鋤雲はまた、昔、公使ロッシュが「ある国に有名な軍師がいて、彼が某国を訪問した際その国の国王から必勝の策を問われた。そこで彼は、勝利の秘訣は三つございます、その第一は貨幣、第二は貨幣、第三は貨幣です、と答えた」という話を自分に聞かせたことがある、と筆を起し、今ヨーロッパに巨富の兄弟がいる。伯はスペインに、仲はパリに、季はロシアにあり、支店は英国、オーストリー、プロシャ、スイスなど各地にある。各国有事の際、この兄弟に金を借りないものはない、と金融の大切さを説いた。この兄弟がロスチャイルド家であるのはいうまでもない。そして鋤雲はカションから、この兄弟は独特の宗派（ユダヤ教）で、この宗徒は卑しめられているが貨殖の道に長じ今パリで金銀貨幣を扱う店は概ねその宗派の者である、という知識を得た。ただカションは（あるいは多分鋤雲は）誤って、その宗派がギリシャから出たと書いている。

次いで鋤雲は、各国政府は外国人に金を借りるが、その方法は楮幣《ちょへい》（国債）というものを売り出し、期日がくれば、これに利息を加えて償還する、と具体的に説明している。そしてこの国債が国の治乱、安危を知るバロメーターで、善政美治の国は国債の価格が額面価格より高いが、その国に変乱動揺の兆しがあれば、忽ちその価格は低下する。イタリア騒乱の際には百ドルの国債が四十五ドルまで下がり、それでも売るものはあっても買うものはなかったが、プロシャがルクセンブルグと一触即発の危機に陥った際には、プロシャ国債は低下しなかった。これによって見れば、もし戦争になればプロシャが勝利しただろうことは疑いない、とヨーロッパの金融、投機の世界の先見性を説明した。また株式についても「暁窓追録補」に、フランスの鉄道会社四社の株券について説明し、その利息で生活したり、学資に充てたりする、と書いている。

江戸時代、武士たちは金に困ったが、それでも何となく「武士は食わねど」という金銭を卑しむ風潮があった。しかし実際は、武士の商売である戦争でさえ金がなければ勝てなかった。フランスから借款して薩長を叩き潰そうという使命を帯びた鋤雲が、事ならずして帰国した後、「一に貨幣、二に貨幣、三に貨幣」と金の威力を説き、国債の意義、あるいは金融市場の動向から戦争の帰趨を予知できることを書いたのは、自らの痛切な経験があったからに違いない。

物質文明の中にも閑人あり

西洋近代の物質文明には幕末に海外に出た日本人がみな同様に驚いたから「暁窓追録」からとりたてて引用するまでもないが、電信の便利は徳川昭武一行に強い印象を与えた。一カ月以上かかる日本との通信は、彼らに非常にもどかしい思いをさせたからなおさらであった。鋤雲の手紙にも、テレグラフによる日欧連絡は美事ではあるが、緩急の別があり、「まず京阪と江戸の間にお備え然る可し」とか、「老拙（私）存じ込みには、蒸気車、電信機、皆、治国第一の要具。今日にありては具えざる可からず」とかの文字が散見し、クーレイに見積もりまでさせている。またこの頃新発明の電送写真（今のFAXのように図を送る）について、向山黄村が田邊太一と箕作貞一郎に習学させて、田邊が「百敷《ももしき》の大宮人は暇《いとま》あれや櫻簪《かざ》して今日も聚《つど》へり」と書いてこれを機械で送ると「太一の筆格一點を誤らず、真に奇」であると驚いている。昔の人はこのような新奇な機械の使用の際にも古雅な短歌を書くのが面白い。

この時代はエネルギー源としてほとんど蒸気を用いたから、新聞印刷も再生紙製造も皆蒸気の力を借りた。鋤雲は新聞紙の印刷が、二頁ずつ一時に刷り、「瞬息の間、積む所千百を以って数ふべし」とその大量印刷法に感心した。また瑞穂屋清水卯三郎から聞いた古紙からの再生紙製造工程を詳しく筆に載せ、西洋紙製造の盛んなことに舌を巻いている。後年瑞穂屋が印刷機を輸入したのはこの経験があったからかもしれない。

汽車による輸送とともにセーヌ川の水運のことも書かれているが、セーヌ河畔散策のついでに鋤雲は釣り人の獲物も見て歩いた。「竿絲浮沈鈎餌《かんしふちんこうじ》の六物、全て我（日本）に異なる事なし。唯蚯蚓《みみず》極めて鮮紅にして血色の如し。試みにその籃《かご》を窺えば、終日の獲る所、いずれも小鰱細鰷《しょうれんさいじょう》五七頭に過ぎず。吁嗟《ああ》、天地何《いづれ》の処か閑人を少《か》かん」。なお鋤雲は後に人から聞いて、血色の蚯蚓はみみずでなくボウフラの一種である、と書いている。フランスにいても鋤雲の釣りを楽しむ気分は失せなかったらしい。「吁嗟、天地何の処か閑人を少かん」という言葉には近代文明輸入の必要は理解していても、のんびりした江戸情緒を愛した鋤雲の気持ちが籠っているように感じられる。

山芋の掘り方とボートル

農業物産家、自然科学者としての鋤雲の一面は「暁窓追録」の中にもあらわれている。鋤雲はヨーロッパへの船旅の途中、中東地方から先は山は禿山、野は荒野であるが、イタリアに至って初めて緑樹青草を見る、ヨーロッパは多く瘦せ地なのに、耕作して畑地としあるいは放牧用の草地としている、と感心した。特に葡萄の栽培法が日本と違って年々根際から蔓を切るのに注目している。

あるとき鋤雲は薬品会社社長になった元外相ドリューアン・ド・ルイから招待されて、彼が主催する薬物研究会に出席した。そしてルイから、日本北部に真正の竹があるか、畑に植えた山芋を折ることなく掘り出す方法、日本の野菜果物でフランスでも益になりそうなものは何かと問われて、鋤雲は図も添えて丁寧に返事した。それでルイは大いに喜び、鋤雲が帰国するときには懇篤な手紙とともに数百種のフランス産の草花や野菜果物の種を贈ってくれた。単なる政治家に止まらず、医学本草学の部門でも日仏文化交流ができた鋤雲の教養の厚みを感じさせる挿話である。

この外に自然科学のことを目につくままに拾ってみると、まず地中海に潮汐がないことをジブラルタル海峡とマルタ島（シシリー島か）による海水せき止め効果によって説明した後、珊瑚や海綿の事を書いている。海綿は江戸時代の日本では使われなかったのだろう。石油製品のスポンジが使われ出す以前の日本では洗拭に海綿がよく使われたが、その紹介はこれが最初だったのではなかろうか。

フランス人が日本の産物で褒めたのは強靱な和紙もあるが、何といっても漆器だった。これは世界中の評判だったし、パリでも多くの家の客間に漆器が飾ってあった。パリではまた七宝焼が盛んに持て囃《はや》されていた。「雲紋花鳥五色爛然たり」と書いているから、西洋人好みの派手なものが盛んに製造され輸出されていたのだろう。鋤雲は博識だから、七宝焼は陳眉公の『陶説』に佛朗嵌と名づけてあるからフランスが本場と思う人もいるだろうが、フランス人がこれを珍重するのを見ればそれは託名（フランスの名を借りただけで本当はシナの国産品）であるのは明らかだ、と記している。

食品では、ソースは我が醬油に似ているが辛味を帯びて不味《まず》い、オランダには醬油があり、酒場や料理屋には大抵備えつけられていると書いている。またボートル（バターのオランダ語）は西洋で食えば極めて鮮美だが、紅海より東に輸出する時は腐敗しないように塩を加え、とても臭悪で一匙も食べられない、としている。鋤雲は続けて「この他、飲食、かの国にありては甚だ美にして、我が国に輸来すれば、殊に美ならざる類、頗る多かるべし」と書いている。昔は旅行をすればたくさんの驚きに出会えた。いながらにして世界中のものを食べられるようになった現代の我々は果して昔より幸福になったのだろうか。

日本贔屓の外国人・ロニ

「私は常に可笑《おか》しく思っていた。というのは漢籍を好む書生は常にシナを尊崇して雅致風韻ありとし、洋書を読む者は常にヨーロッパを賞めて開化文明なり、とし、甚だしきに至っては飲食衣服の末までもその好む国に従い、つとめてそれの模倣するからだ」と鋤雲は日本人がすぐに外国かぶれになるのを笑っていたが、フランスに行ってみて、それが日本人だけではないことを発見した。というのはフリューリー・エラールやロニのように日本の事情を研究している者は日本に来たことがなくても日本かぶれになっていたからである。彼らは日本のことを悪くいう者がいると大いに憤って日本を弁護するのみならず、個人的嗜好でも日本を模倣していた。たとえば彼らは日本茶をのみ、時には抹茶まで飲んだ。ロニに至ってはシガレットではなく日本の煙管《きせる》に粉煙草を詰めて吸っていた。

ロニは親孝行な貧乏学者だったが、鋤雲が行った頃はパリ東洋語学校で日本語講座を受けもっていた。彼は日本史、日本記、日本外史から雑書に及ぶまで歴史関係の本は相当広く読んでいたそうで、自分の名前も羅尼と漢字で書くほどだった。ただ日本に来たことがないので会話能力は乏しく、特に助詞を解しないので会話は三、四割しか分からなかったと鋤雲は書いている。ロニはこの後フランスの東洋学の有力者となり、学会を主催したりしている。また彼は東洋語学校教授の時日本人を復習教師として雇うことを始めたが、その劈頭に選ばれたのが鋤雲の子、栗本貞次郎であった。ロニはまた福地源一郎をはじめ何人かの日本人にフランス語を教え、沢山の日本語関係の本を書いた。平川祐弘先生によればラフカディオ・ハーン（小泉八雲）も彼の本を読んでいるそうである。

ロニは長い間日本学に尽した功績によって明治十五年（一八八二）に日本政府から旭日勲章を授与された。鋤雲は明治十六年（一八八三）一月四日の郵便報知新聞紙の「獨寐寤言」でこのことを祝し、ロニのことを懐かしんで思い出を書いている。

ロニ（『イリュストラシオンの日本関係記事集』第１巻より）

ロニについては松原秀一氏の行き届いた研究書があり、松木弘安（後の寺島宗則）や福沢諭吉との交流が興味深い。なおロニが日本語を勉強し始めたきっかけは、漂流した日本人がフランスに来た時「節用集」一部を所持していたので、ロニはこれを買い取り、その人について句読を学んだことによる、と鋤雲は「獨寐寤言」に書いている。このことは松原氏の略伝に書かれていないようなので付言しておく。

以上にその一部を紹介した「暁窓追録」には豊谷樵者江岬の序文がある。筆者は遺憾ながら豊谷樵者江岬という人を知らないが、その序文はなかなか手厳しいものである。すなわちこの鋤雲の著は外国の理治を説き目を見張って心酔しその新奇に驚くばかりで、全くあさはかな者が知識を衒《てら》っているのと同じであり、匏庵の学と才にしてなおここに至るか、と慨嘆しているのである。もう一つの序文は実兄喜多村香城のもので、これはまた、この旅行記を漢や唐時代にゴビ砂漠などを跋渉した人たちと比べた古色蒼然たるものである。いずれにしてもこれらの序文は江戸時代の人の教養と感性が表れていて面白い。

なお「暁窓追録」には間違いと思われるところが少しある。たとえば『陶説』は陳眉公の著ではないようだし、シシリー島とマジョルカ島を間違ったらしいところもあるが、大したことではないから本書ではいちいち注釈はつけなかった。

第八章　郵便報知新聞で

1　郵便報知新聞

一折凌雲千里翼

前章で紹介した「暁窓追録」以外、明治初年の鋤雲が何をしていたか分からない。鋤雲も何をしようかと迷い、明治二、三年の頃には北海道に移住しようかとも考えたようである。そして五、六年ぶりに函館を訪れてみた。そう考えられる理由は「将に北海に移入せんとして憮然として作あり」という言葉書きのある七言律詩が残されているからである。この詩の第二句「満袂秋風失意帰」は函館に帰ったことをいっており、最終の二句「一折凌雲千里翼　不知何日更雄飛」には幕仏同盟に失敗した鋤雲の失意の気持ちが込められている。

しかし結局鋤雲は北海道には移住しなかったし、一旦折れた鋤雲の千里の翼は、これ以後も政治的には雄飛することがなかった。しかしフランスから帰国した明治元年（一八六八）に鋤雲はまだ四十七歳だったから、このまま無為のうちに朽ち果てるには早すぎる歳だった。そして数年後、鋤雲は文筆方面に新しい活躍の場を見出した。すなわち鋤雲は明治五年（一八七二）、再び世に出て、まず横浜の東京毎日新聞に入社し、次いで明治七年（一八七四）には郵便報知新聞社に移って健筆を揮った。以下では新聞記者時代の鋤雲を紹介する。

＊　明治文学全集4『成島柳北、服部撫松、栗本鋤雲集』の巻末に亀井勝一郎氏による鋤雲の伝記が掲載されていて、その冒頭に筆者が右に引用した詩が引かれている。そして氏はこの詩を鋤雲が最初に北海道移住を命じられた時のもの、すなわち安政五年（一八五八）の作と解釈しておられる。しかし筆者はそう思わない。『成島柳北、服部撫松、栗本鋤雲集』は、どの図書館でも簡単に読めるという意味では、現在鋤雲に関する唯一の本だから、読者の中には、この詩が安政のものか明治のものか迷われる方がいられるだろう。だから、ここで筆者の考えを述べておく。まず詩の全部を引く。

〇低徊無力啓予扉　満袂秋風失意歸　利鎖名韁人既誤　蓴羹鱸鱠跡空依
　蘇秦未佩黄金印　賈誼新懸貝錦衣　一折凌雲千里翼　不知何日更雄飛

亀井氏はこの詩について「利剣を持し名馬に跨がって活躍せんとする空想に誤られ、美味美食をほしいままにしようとする愚かな夢を空しく追うた。昔、蘇秦は六国の宰相の紫綬金印を一身に佩びたが、わが身は佩びず、漢の賈誼は出世して錦衣をまとうたが、自分は真似すら能はぬ。ひとたび高き野望を折っては、いづれの日か雄飛することが出来るか測り難い。甚だ誇張した文字をつらねてゐるが、蝦夷移住は彼の志を悉く覆へしたことは明らかである」（原文まま）と書いておられる。もしこの詩が安政五年のものであるなら、たかが一介の奥医師鋤雲がわが身を蘇秦や賈誼のような宰相と比べるのは、確かに「甚だ誇張した文字」である。しかし江戸時代の漢詩人はそのような不釣り合いな比較はしないものである。また亀井氏の詩の解釈にもおかしい所が幾つかある。たとえば原詩では蘇秦は黄金の印を佩びて居らず賈誼は貝錦の衣を懸けているのに、亀井氏の解釈ではどちらも否定、すなわち賈誼に比した己も懸けていないことになっている。鋤雲はこのような文法に合わない詩を作る人ではない。

以下に筆者の解釈を述べる。まず、蘇秦との比較であるが、鋤雲がフランス公使だった時代、その任務は幕仏同盟にあった。幕仏同盟と蘇秦の六国合従策とは、ともに国家間の同盟であって、両者を並べることはそれほど不倫ではない。そしてその一方の代表者だった鋤雲は蘇秦と似た地位にいた訳だから、彼が自らを蘇秦に比したのは当を得たものである。だから幕仏同盟が遂に成らなかったことを「未だ帯びず黄金の印」（蘇秦は一時、六国の宰相の印を帯びた）と表現したのである。一方の賈誼は若くして出世した人で、漢詩では年少の秀才の代名詞としてよく使われる人物である。そしてここでいう賈誼は鋤雲の分身ではなく、近ごろ時めき出した若者、すなわち伊藤博文や大隈重信のような明治政府の若手の高官を指している。彼らは実際金モールのような「貝錦の衣」を「新たに」身に纏ったのであり、現実とよく対応している。もし安政五年に若くて出世した人を具体的に捜せば、目付になった堀や岩瀬などであろうが、これらは出世したと言っても貝錦の衣というほどではなかろう。

次に語釈であるが、「利鎖名韁」は利剣や名馬のことではなく、利益という鎖や名声というきずなという意味で、幕府の高官となって高い禄を食み、外国奉行という高い位に就くという名誉慾が誤りだった、といっているのである。また「跡空依」は「蓴羹鱸鱠」すなわち北海道の美味しい食べ物を食べた旧居の「跡」はこうして今も空き家で残っているというように解釈すべきで、食べようと思っていたのが空想に終ったという意味ではない。「跡」は昔の跡である。「跡」がそうであるように第二句の「満袂秋風失意帰」は、秋に失意の状態で「帰って来た」ということである。安政五年に鋤雲が函館に移住したのは帰ったのではなく行ったのであって、またその時節は春であった。だからここも安政五年説では説明できない。

以上に述べたことからこの詩が明治時代のものであることは間違いないと思う。

新聞の時代

明治も四、五年頃になると日本にも西洋の文化が少しずつ入ってきて、政治、経済、学問、芸術、その他生活一般の中にも、古くからのものの中に西洋風のものが混じり始めた。社会状況も、士農工商の身分制度がなくなり、世の中を指導していた旧士族階級も、老中や家老というような門閥から実力の時代に移り、誰でもが天下国家を論じられるようになってきた。こういう世の中になると多くの人たちが世界や国内の情勢、あるいは欧米の新知識を得たがるようになり、新聞というものが必要になるのは必然の勢いである。それで明治五年（一八七二）頃の東京や横浜には、横浜毎日新聞、曙新聞（「新聞雑誌」から発展）、東京日々新聞、日新真事誌、郵便報知新聞、などが次々に生まれ、その後も朝野新聞、萬朝報などが続いた。

しかし社会にも新聞社にも人材が乏しかった。若く意気に燃えた人はまだ知識が不十分だったし、立派な文章を書ける漢学者は西洋の知識が皆無だった。だからこの時代の代表的文化人は福沢諭吉、中村正直、福地源一郎、西周など「西洋を見てきた漢学者」だったのである。そして鋤雲もこれらの人びとと同じく、和漢の学に通じた上に筆が立ち、しかもフランスに一年近く滞在した西洋通だったから、彼は新聞社にとって極めて価値の高い人物だった。これを見込んで郵便報知新聞は鋤雲に入社を乞うたのだろう。

郵便報知はもともと前島密の息のかかった新聞で、日本の郵便制度の生みの親であった前島が、新聞を起そうと考えたのには郵便制度を根づかせるための一策という意味もあったらしい。前島は越後高田藩出身で函館の諸術調所（第二章1節参照）で西洋学を学び、後に開成所（東大の前身）の教授になった。函館にいた前歴があるから旧知ではなくとも先輩として鋤雲の名前はよく知っていたであろう。これが鋤雲が郵便報知に関係する一因であったかもしれない。前島は大隈重信と親善だったから、後に立憲改進党に参加している。

郵便報知の発展と文化欄

鋤雲は明治五年（一八七二）に横浜の東京毎日新聞に入社し、この時は一時横浜に住んだようだが、間もなくここを辞め、明治七年（一八七四）六月二十三日に郵便報知新聞に主筆として入社した。しかし郵便報知に入っても鋤雲は社説や政治論説を書こうとはしなかった。筆者が思うに、徳川幕府を救えなかった鋤雲は、敗軍の将である自分が現代の問題に口を出す資格はない、と達観したのであろう。だから政治上の意見や経済施策などの主義主張は若い人に任せ、自分は陰にいて文化方面を受けもとうと思ったに違いない。

『（復刻版）郵便報知新聞』第一巻の北根豊氏の解説によると、鋤雲は入社早々福沢諭吉を訪ねて郵便報知への助力を乞うたという。鋤雲はこの時福沢に、これからは若い人の時代だからあなたの眼鏡にかなった人物を入社させてほしい、と頼んだのだろう、それで翌年からは慶應出身の俊秀が次々に報知新聞に入ってきた。明治八年（一八七五）三月には藤田茂吉（鳴鶴）、箕浦勝人、牛場卓造が、その後、尾崎行雄、矢野文雄（龍渓）、犬養毅（木堂）などが明治十年までに入社し、ここで自由民権派の新聞としての郵便報知の基礎が固まった。

しかし若い人に任せるとはいっても報知に入社した時の鋤雲は五十三歳、まだ老け込む年ではなかった。そして該博な知識、円熟した判断、滑稽を交えた巧みな文章で鋤雲は明治十年（一八七七）から十六年（一八八三）頃までの郵便報知の文化欄を重からしめた。またこの文化欄は一般の寄稿家にも、中村正直、向山黄村、山口泉處、永井尚志（介堂）、大沼枕山、南摩羽峯など幕臣や幕府側だった人たち、それに尊王攘夷側でも昌平黌で学んだ岡鹿門、重野安繹（成斎）などを擁していて、彼らの漢詩や漢文にはまだ多くの読者がいた。これらの他にも当時の報知新聞には植木枝盛の出獄記や末松謙澄のロンドン通信、あるいは藤田鳴鶴の国内紀行文などが掲載され、従来の漢学文化と新しい西洋文化とが入り交じって程度の高い読み物が多い。

明治十一年(一八七八)頃から福沢諭吉と大隈重信は連携して英国流の立憲王政を目指し、国会開設運動を推進した。そして郵便報知もこの主張を応援したが、大隈は明治政府の主流であった岩倉具視や伊藤博文、それに薩摩閥の人々と意見が合わず、明治十四年(一八八一)の政変で政府から放逐されてしまった。それで大隈とともに政府に入っていた矢野文雄と犬養毅も下野して郵便報知に戻り、同時に大隈を党首にして改進党を設立した。このような経緯を辿って郵便報知新聞は改進党の機関紙となった。

このあと明治十六年（一八八三）に新聞条例ができ、また松方デフレで新聞購読者数が激減したので、社主の矢野龍渓は新聞紙面の大刷新を断行し、記事を平易にし、定価を引き下げた。この動きに伴って明治十七年（一八八四）頃から、文化欄も漢文の時代から俳句や西洋小説の時代へと変っていったが、これには読者層の変化が根底にあっただろう。江戸時代の教育を受けた人々は徐々に凋落し、明治の新教育を受けた青年たちは漢詩や漢文より巌谷一六の翻訳小説『ロミオとジュリエット』『マクベス』などを好むようになっていたのである。そして明治十九年（一八八六）の秋頃、漢詩を主な内容としていた文苑雅賞欄は廃止されたらしい。またこの頃には鋤雲の健康も漸く衰えて、数え年六十五歳で郵便報知を退社した。

郵便報知に掲載された鋤雲の文章の多くは『匏庵遺稿』の中に収められたが、『遺稿』に採録されなかったものも三十編ほどある。これらの著作を大別すると、一、「小言」欄に「出鱈目草紙《でたらめぞうし》」や「獨寐寤言《どくびごげん》」と銘打って掲げられた幕末外交の回顧談や江戸時代の人物談、二、博覧会や共進会など我が国の産業や芸術の発展を奨励したもの、三、農業、物産、工場見学、病気、衛生、防災、など殖産興業や社会啓蒙に資するもの、四、昔の思い出、五、漢詩漢文、などに分けられる。以下の節ではこれらの幾つかを見てゆく。

2　文明開化は江戸幕府から

岩瀬忠震と井伊直弼

幕末期の外交を本格的に評論した明治最初の単行本は島田三郎の手になる井伊直弼の伝記『開国始末』（明治二十一年公刊）である。明治政府盛んなこの時代、井伊直弼を褒めるのにはかなりの勇気が要ったのであるが、島田はあえて井伊を高く評価した。鋤雲はこの著に二十カ所程の欄外評を附して、島田の気概と議論の公平とを称賛したが、幕末外交の評価を最初に行ったのは実は鋤雲であった。島田も『匏庵十種』の序文で「鋤雲先生は野に隠れ、当

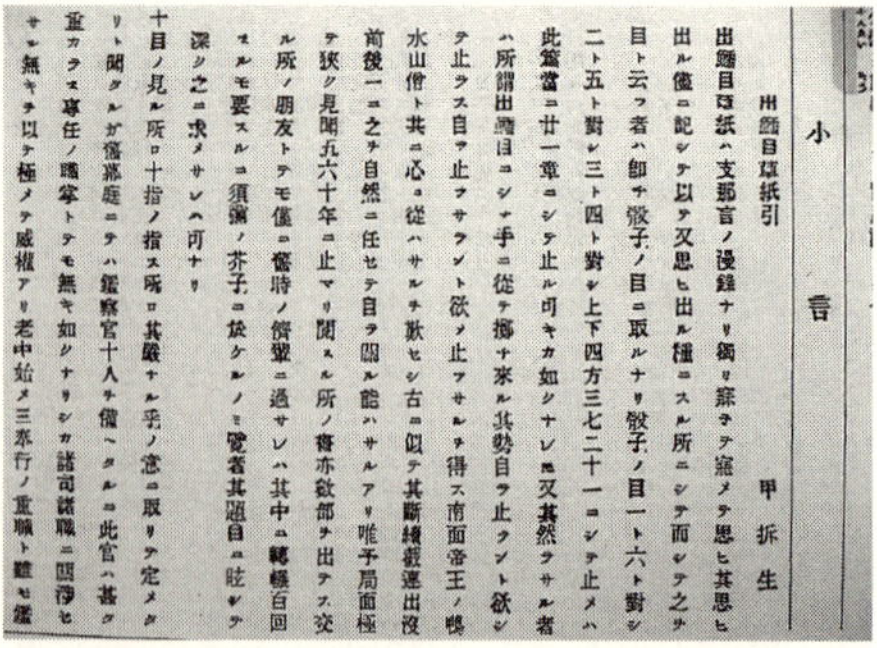

小　言

出鱈目草紙引　甲拆生

出鱈目草紙ハ支那言ノ漫録ナリ獨リ寐テ窃メテ思ヒ其思ヒ出ル儘ニ記シテ以テ又思ヒ出ル種ニスル所ニシテ而シテ之ヲ目ト云フ者ハ即チ骰子ノ目ニ取ルナリ骰子ノ目一ト六ト對シ二ト五ト對シ三ト四ト對シ上下四方三七二十一ニシテ止メハ此篇當ニ廿一章ニシテ止ル可キカ如シナレモ又其然ラサル者ハ所謂出鱈目ニシテ手ニ從テ擲チ來ル其勢自ラ止ラント欲シテ止ラス自ラ止ラサラント欲メ止ラサルヲ得ス南面帝王ノ鴨水山僧ト共ニ心ニ從ハサルヲ歎セシ古ニ似テ其斷續截運出沒前後一ニ之ヲ自然ニ任セテ自ラ闘ル能ハサルアリ唯予局面極テ狭ク見聞五六十年ニ止マリ関スル所ノ事亦欽部ヲ出テス交ル所ノ朋友トテモ僅ニ舊時ノ儕輩ニ過サレハ其中ニ轉輾百回スルモ要スルニ須彌ノ芥子ニ拔ケルノミ覽者其選自ニ眩シテ深クこニ求メサレハ可ナリ

十目ノ見ル所ロ十指ノ指ス所ロ其嚴ナル乎ノ意ニ取リテ定メタリト聞クルカ舊幕庭ニテハ監察官十人ヲ備ヘタルニ此官ハ甚ク重カラス専任ノ職掌トテモ無キ如シナリシカ諸司諸職ニ関涉セサル無キヲ以テ極メテ威權アリ老中始メ三奉行ノ重職ト雖モ遮

郵便報知新聞の「出鱈目草紙」初出，明治11年6月4日（『（復刻版）郵便報知新聞』より）

世のことを談じないが、自分は横濱毎日新聞社にいたとき、先生の幕末の経験談を聞いて非常に参考になった」と書いて、鋤雲の学恩に感謝している。

鋤雲の歴史眼が公表された最初は、明治十一年（一八七八）郵便報知紙上「出鱈目草紙」第一回の「岩瀬肥後守の事歴」においてであった。幕末外交の立役者だった岩瀬忠震がハリスとの間で日米通商条約をまとめてから二十年、不遇のうちに死んでから十五年経って、ようやく岩瀬などの幕臣の努力と先見の明を公にできる時代が来たのである。鋤雲は「岩瀬肥後守の事歴」以下のエッセイで、岩瀬、井伊直弼、安藤信正、小栗忠順など、幕府を支え開国外交を押し進めた人びとへ尊敬と感謝を捧げ、文明開化は明治政府以前に江戸幕府によってすでにその端緒が開かれていたことを天下に示したが、これを言うことは鋤雲の悲願だっただろう。

鋤雲は岩瀬個人に関して、「人と為り明断果決にして、胸次晶潔、更に崖岸を見ず（包容力がある）。その朝に立つや、知って言わざるなく、言って尽さざるなく、（中略）幕末萎靡《いび》不振の日に方《あた》り、志気を鼓舞し俊才を選抜して、一時天下をして踊躍憤起せしめたるは、その功、推して第一等に置かざる能わず」と激賞し、また彼が、苦心の末にハリスとの間にまとめた日米通商条約を江戸城において諸大名の前で解説した時（安政四年十二月二十八、九日）の様子を活き活きと描いた。

鋤雲は続いて井伊大老について、通商条約の独断調印の当時、大老は天地も容れざる大罪を犯したように評されたが、もし一歩を誤り攘夷を本格的に実行したら、我が国がいかなる状況に立ち至ったか、分かったものではない。たとえば、北海道や壱岐対馬、あるいは本土の港を占領されたり重い償金を負わされたりして、とても独立国の体面は保てず清国のようになったかもしれない、と述べ、井伊大老に欠点はあったもののその外交政策は「我が国にありて無上の大功」と評価した。

幕府外交の功罪

「岩瀬肥後守の事歴」の最後の段に鋤雲の幕末外交観のまとめがある。「（鳥羽伏見の戦いに勝って政権を取った官軍は）明治元年一月十八日に天皇の名において、外国交際は今日、已む可からざるものとして断然決行、和親通商する、と天下に告げた。ここに於いて前の鎖国攘夷の局面は全く一変し、天下の智者も愚者も雲霧を一洗し、天皇陛下の聖旨のある所を知った。そして旧幕府の政策への評価は逆転し、これまで因循姑息として罪《ざい》せられてきた岩瀬、井伊、安藤、小栗らの罪も全く氷解する所となった。これまで攘夷開国をめぐって多くの有為の士が死んだが、遂に開国と決せられたのは万民の幸福である。自分もこの報らせをパリで受取り、葡萄酒数本を倒して祝した。その理由は、『十数年来幕府因襲の大功なるを海の内外に誇揚明言するを得たるを以て、復《ま》た一身一家の存亡を問うに暇あらざりし』」。

パリで鋤雲が幕府の敗北と開国の詔勅を聞いた時、祝杯をあげたとは思われないが、幕府の政策の方が正しかったというのは、明治期に生きた幕臣たちの心の支えだったろう。因循姑息こそが正しい政策で、日本にとっては幸せだったのは間違いない。右の引用に続けて鋤雲は、岩倉、西郷、大久保、木戸らの「時を済《すく》う英雄、中興王佐の才の人」が鎖国攘夷の不可能を知らなかったはずはない。彼らがこれを合言葉にしたのは「要するに姑《しば》らく藉《か》りて、以て幕府を倒すの具と為せしに過ぎざるのみ」と断じた。全くその通りであろう。

一方幕府の失敗を鋤雲は逆説的に次のように書いた。「幕府の最大の失政は、幕末に鎖国攘夷を行わなかったことにあるのではなく、それ以前に鎖攘を厳重に行ったことにある。外国書を読ませず、外国人を遠ざけ、あまつさえ国内の人材を鎖攘した。前には高橋作左衛門、土生《はぶ》玄碩、後には渡辺崋山、高野長英を罪し、全国を固陋愚昧《ころうぐまい》に陥れた。こうして二百年、突然ペリーがあらわれたので、外交や国防の準備も何もする暇がなかった。そこで「やむを得ず開国」と、それまでの失政を隠し、粉飾しようとした。このような欺瞞に神人ともに怒り、幕府を信頼しなくなったのは無理もない。これは幕府自らがまいた種なのだ」。

獅子滾丸

他にも鋤雲は明治十一年(一八七八)から十八年(一八八五)まで自らの外交経験や幕府政治、あるいは江戸風俗や文化に関する思い出を「出鱈目草紙」「獨寐寤言」と銘打って随筆風に書いたが、それらの一部は本書の第四章と第五章に引用したから、ここでは面白い逸話を一つだけ紹介するに止める。それは明治十八年(一八八五)二月に掲載された「獅子滾《こん》丸」という一文である。「獅子滾丸」の前半は水戸斉昭の簡単な紹介であるが、後半は獅子滾丸(獅子が玉を転がして遊ぶこと)の話になる。安政の初め頃斉昭が軍艦製造に興味を持って佃島に通うのを見て、初めのうち幕府の老中たちは、うるさいお爺さんが登城しないのは勿怪《もっけ》の幸い、と喜んでいた。しかしそのうち、機械がないのでネジ釘は一本一本手作業でネジ山を立て、厚板ガラスはオランダに注文し、錨綱《いかりづな》は全国から婦人の髪の毛を集めて腕の太さほどに綯《よ》って数十條を作るなど、軍艦製造には万事、大金を要することが分かったので、勘定奉行は閉口し製造中止を申し出た。老中は皆賛同したが、阿部伊勢守一人肯《がえ》んぜず次のように言った。「老侯は豪邁の気象、無事閑散に我慢できない性質であるが、何事かをさせておけばそれに熱中して他のことに口を出さない。恰《あたか》も怒れば人を傷つける猛烈な獅子（ライオン）に毬を与えておけば、獅子は終日それを転がして遊び、物に害を加えないようなものである。『恐れ入ったる事ながら、老侯に負わするに造艦の任をもってするは、その好む所の物を授けてその怒りを殺《そ》ぐなり。されば老侯の歓心を失わざるは十萬、二十萬金に替え難き所以《ゆえん》なり』」。

鋤雲はこの話を岩瀬忠震から直接聞いた。阿部正弘の賢明を証する逸話である。なお、婦人の髪のロープは水に入れるとばらばらに解けて使い物にならなかった。またこの船（旭丸、あるいは旭日丸、一名厄介丸）は舳《へさき》に比べ艫《とも》が重過ぎたが、その後改造して運輸船として使われたという。

3　文明開化と儒教道徳の並存

出鱈目草紙の儒者の悪口

明治十一年（一八七八）七月五日から十日まで三回にわたって掲載された「出鱈目草紙」は鋤雲の文でなく、筆者は福沢諭吉の筆になるものと思っているが、何にしろ非常に爽快な文なのでちょっと紹介しておく。最初の二回は、幕末維新に当って世を誤らせた漢学者たちを痛烈にやっつけたもので、その概要は次のようである。

「幕末は、門閥制度の為に有為の士が驥足《きそく》を延ばす所がなく鬱屈していた時代であった。だから元気のいい若者たちは夷狄来寇を機に、この時とばかり『自己の武勇を顕はし、平生面憎き輩に見せ付て遣るべし』と思いつめたのに、案に相違して幕府が「貿易交通は天下の道理」と開国を決めたので若者たちは、これは要するに幕府役人の臆病から出た事なかれ主義、卑怯な安穏主義である、と思い、ここに政府と人民の隔絶が始まった。

こうして政府を見限った若者たちは学問徳望のあるものの意見を問うたが、儒者をはじめ医者、出家、国学者、軍学者、剣客などはいずれも皆、外国の術が自分たちの教えていることと違っているから、これが輸入されると己れの職業に妨げがあるに違いないと憎み、また一つには俗論に媚びる方が利益があると察して、攘夷鎖国こそ正しい道と教えた。こうして天下あげて幕府官吏を国を誤る賊敵と見なして、『尚方斬馬《しょうほうざんば》の剣《けん》（奸佞の臣を戮する剣）を賜《たまわ》りて姦人を斬《きら》んと請う者あり、「身を殺して仁を為す」を心得違へて、ほしいままに己と説を殊《こと》にする者を暗殺陰傷して以て国に忠ありと為し』、これが一世を風靡して全国が魔道に陥った。

そもそも漢学の弊害がここまで酷くなるとは思われなかったけれども、その父が人を殺せば、その子も人を殺すに至ることが無いともいえず、儒者が外国を常に戎狄と罵り、禽獣と鄙《いや》しめた口気に馴れ親しんだその弟子たちは口先だけでなく、心の底からそう思うようになり、その口調が自然にあらわれて、外人を刺し殺し、その風潮は今に残って、今でも外夷醜虜などの言葉が使われるほどである。旧幕府はこれら固陋頑僻《がんぺき》な儒者たちが害をなすのに当惑してこれらを斥けたので、彼らはその憾《うら》みをもち越して、維新後には少し日の当る場所に出られたが、実際政治に携る明治政府の政治家たちは役にも立たぬ邪魔者は無いに越したことはないから、儒者たちは又忽ち排斥せられ、片隅に押しつけられた。これは儒者の自業自得である」。

いかにも福沢らしい文章で、鋤雲は大笑いしてこれを載せたのだろう。儒者などの心術が、自分の職業に妨げがあるから、とか、俗論に媚びる方が得であるから、などの損得勘定から推し量られているところなどは実に爽快であるし、若者の攘夷が自らの信念ではなく単なる流行で、真実のところは門閥制度への反抗であったことなどを鮮やかに剔抉《てきけつ》して示した快文である。

舟の字を用いた雅号

前の議論で儒者たちを完膚なきまでにやっつけた論者は、三回目は一転して、忠義という道徳を履き違えた幕臣に猛烈な嘲罵を浴びせた。こちらは短文だから原文のまま全部を掲げる。

「雅號に舟の字を用ひたるは、昔時《せきじ》、儒者友野雄助が霞舟と號せしと、誰やらにて在《あ》りし、虚舟と號せしものありしのみなりしが、近頃は舟の字を用ゆる者大分多く、併《しか》も舊幕人に限りて流行するは尤《もっと》も異《あやし》むべし。勝海舟（安芳）、山岡鉄舟（鉄《てつ》太郎）の外、小花和玉舟（櫻墩《おうとん》）、高橋泥舟（精一）、石川陸舟（櫻所）、小長谷小舟（五八郎）の如き、我々が知る所のみにてすでに六舟に及びたれば此餘《このよ》、猶、幾舟ある可きやを知らず。

豈《あ》に世界は替りて車の代となり、舟は二の次に属するを以て、此《この》人々が自ら其身に比して號する所、然るを期せずして黙符する者なる歟《か》。抑《そもそ》も亦、舟は能《よ》く物を載《の》すると雖も亦能く覆へるを以て、此人々が自ら罪を引きて、舊幕を覆へせし餘り己の身も覆へりて此姿に落振《おちぶ》れたりとて舟を以て誡《いまし》めとし、世にも面目なき次第柄なりとの意を表したるにや。果して然らば其遜志謙徳《そのそんしけんとく》悲む可《べ》く尊む可ければ、我も今より直《ただち》に學びて號を改め、覆舟とか没舟とか称せんと欲す」

この文は、戊辰戦争の際幕府が戦わなかったことへの憤懣と、和平の主導者だった勝や山岡らがその後明治新政府に重用されたことへの嘲笑を滑稽に託して吐露したもので、後年の福沢の「瘦せ我慢の説」のパロディー版である。なお後に福沢が「瘠我慢の説」を書いた時、彼はそれを鋤雲と木村芥舟（喜毅、摂津守、咸臨丸提督として渡米した）だけに見せたが、鋤雲はこれを読んで非常に喜んだという。鋤雲は古い道徳を守った人なので彼の書いたものに他人の個人的悪口はほとんど出て来ないが、鋤雲が勝海舟を嫌ったことは確かであって、蜷川新氏の『維新前後の政争と小栗上野の死』には、鋤雲がある会合で「勝、下がれ」と一喝した、と書いてある。

「瘠我慢の説」は有名な論文であり、その公表の経緯も福沢関係の文献に詳しいからここでは省略するが、ただ明治二十五年（一八九二）、七十歳になった鋤雲は悪い目を凝らしてこれを読み、次のような感想をもった。二カ所だけを紹介する。「瘠我慢の説」に「勝安芳氏の輩は薩長兵の鋒《ほこさき》、敵すべからず、社会の安寧害すべからず、あるいは（兄弟）墻《かき》に鬩《せめ》ぐの禍は外交の策にあらず、など百方周旋し、遂に江戸開城となり……」というところに鋤雲は「売国の姦臣は時にないこともないが、これらはひとり徳川氏の罪人ではなく実に天下の罪人である」と書き、また「獨り怪しむ可きは、勝氏が維新の朝に、曩《さ》きの敵国の士人と幷立《ならびたち》て得々《とくとく》名利の地位に居るの一事なり」という所には「これ歐公（歐陽修だろう）のいわゆる『人間、羞恥ある事を知らざる者』のみ」と断じた。鋤雲や福沢が勝海舟を非常に嫌った事は以上の文章から明らかであろう。

二君に仕えず

勝海舟を嫌ったからといって鋤雲は明治政府を憎んでいたわけでは無く、ましてや皇室に対する尊崇は、尊王を呼号した人たちに比べて劣るものではなかった。まだ世の中が平穏な嘉永安政時代に、すでに鋤雲は楠木正成の漢詩を詠んでいるし、明治時代も「函館の七重村の薬園に天皇が鳳輦《ほうれん》を駐《とど》められた」ことを光栄と感じ、明治十年（一八七七）十月三日の小言欄には明治天皇の御製を五首掲げ、その中の

秋の世の長くなるこそたのしけれ　みる巻々の数を尽して

という御歌に対し、「蠢愚《しゅんぐ》の賤民が評し奉るも恐れ多き事ながら、この首の如きは、唐の太宗が『我、夏の日の長きを愛す、薫風南より来りて、云々』の聖吟と今古軌《き》を同じうする中にも、滋々《ますます》御勉励の御意相見《あいあらわ》れ、如何にも尊ふとく難有く覚え奉れり」という評語を記している。これらは鋤雲の真情の流出であり、決してお座なりの忠君ではなかった。

しかし明治政府に仕えることは旧幕の遺臣である鋤雲の潔《いさぎよ》しとせぬところで、幕臣には幕臣とし

ての生き方があると彼は信じていた。それをはっきりした言葉で述べたものに「侗庵《とうあん》先生書帖後に書す」がある（明治十四年二月二十二日「文苑雅賞」欄）。これは昌平黌の儒官で蕃書調所の創設者であった古賀謹一郎（沙翁と号する）が杉浦赤城（梅潭）所有の侗庵（謹一郎の父）書帖の後に書いた跋《ばつ》を評したものである。

謹一郎の跋は「人の言は心の聲、人の字は心の畫であり、筆法の正は心術の正と呼応するもの」という文で始まり、次いで戊辰変乱の際、親藩も譜代大名もみな戈を倒《さかさ》まにして宗家の徳川氏を攻めたことを非難し「倫常の二字地を掃う」と断じ、最後に、そのような倫理綱常の衰退した世の中にありながら、師であった侗庵の書帖を大切に保存した杉浦が函館で官軍と戦ったのは彼の心術の正を証するもので「事成らずと雖も、義聲、天下を動かす。実に我が門の光栄たり」と賞賛して文を終えた（二月十二日「文苑雅賞」欄）。

これを読んだ鋤雲は感動して一文を草し、十日後の同じ欄に掲載した。その文に曰く「明治以後沙翁先生は潔《いさぎよ》く物外に超然として、而して心中に主家徳川氏を忘れることがない。今、言葉は心の聲、との語によって（沙翁）先生の文を評すれば、先生の心の聲の正しさは先人（侗庵）の心の畫の正しさに愧《は》じぬと謂《い》うべきである。これ、まことに併《あわ》せて敬すべきなり」。鋤雲は儒教道徳を実践した謹一郎の生き方を敬するとともに、自分の生き方もここに宣言したのであろう。

4　博物館と博覧会

日本文化博物館

鋤雲は壮年の頃、外交の表舞台に立ったが、それは時の成行きでそうなったので、本質的には物産家、経世家であったように思われる。幼少期に植物を栽培し、奥医師として薬園の管理にあたり、北海道で種々の物産を開発した鋤雲は、明治期にも博覧会に出品された各地物産の批評を熱心に行ったが、郵便報知への最初の執筆も、その物産に関係するものだった。それは明治八年（一八七五）九月二十九日の投書欄に掲載された「博物館論」で、この投書は、H・v・シーボルトの説を鋤雲が筆記したことになっているが、鋤雲の説が大半であると思われる。なおH・v・シーボルトはオランダ商館の医師だった有名なシーボルトの子で、パリ万国博への徳川民部公子一行と同行したアレキサンデル・シーボルトの弟である（第六章1節）。鋤雲は「博物館論」の前書きに、H・v・シーボルトの父は我が先人と交わり（栗本瑞見のこと、第一章3節参照）、余も亦その兄と識るを以って、海外二世の知己なり、と書いている。

「博物館論」の中で鋤雲は、博物館の種類を、天造博物館、古代人工博物館、人工術博物館、物産商業博物館の四種に分けている。天造博物館は岩石、動植物などの自然史を、古代人工博物館は石器時代から現在までの人間の生活史を展示するもので、この二つは現代でいういわゆる博物館である。人工術博物館は今でいう美術館で、最後の物産商業博物館というのは工業見本市のようなものを想定している。明治八年にはすでに鉱物と動植物標本を集めた官立の（天造）博物館はあったが、これとは違って鋤雲が「博物館論」で強調したのは、古代人工博物館の設置であった。

鋤雲がこの説をなしたのには日本の貴重な古物が海外に流出し、あるいは火事で烏有に帰し、あるいは金銀蒔絵の美術品を故意に燃やしてその灰から一片の地金を得るような馬鹿者の手に入るのを防ぎたい、という切実な想いがあった。「今のうちに早く対策を講じなければ、恐らくは我が国古代の貴重な物品は地を払ってしまうだろう。『思ってここに至れば、日本の為めに寒心せざる能わず』。現今欧州各国には、日本古代の品物や善美を尽くした精巧な蒔絵陶器の類を夥しく珍蔵する者がいる。私は決して空想して大袈裟にいっているのではない。事実、これが現実なのである」。

パリで生活した鋤雲は外国人が日本美術を珍重することを知っていた。だから伝統の貴重さを説いたのである。そして現代の工人の技術が過去に及ばないことを歎き、早く博物館を作って古代の優れた技術を現代の職人に伝承させるよう社会を啓蒙した。「博物館論」は館長の選出法から、展示の仕方、目録や館報の発行、経営法まで至らざる處なく論じており、実務に通じた文化人鋤雲の面目がよく現れた小文である。フェノロサが岡倉天心とともに奈良京都を回ったのは明治十三年（一八八〇）、彼の意見で帝室博物館に美術部が設けられたのが明治二十二年（一八八九）であるから、鋤雲は日本古代美術の尊重すべきことを説いた最初の言論人といっても過言ではない。第六章3節の終りに述べたように、鋤雲は我が国固有の文化に誇りを持ちつつ、西洋文明も導入しようとする人だった。

老朽が博覧会を好むその淵源遠し

我が国の産業に関する博覧会の嚆矢《こうし》は、明治十年（一八七七）に開かれた内国勧業博覧会であった。西南戦争も終わりに近づいたので京都から戻られた明治天皇も八月二十一日の開場式に臨幸され、当日の上野近傍の群集は古今未曽有だったそうである。鋤雲はこの第一回博覧会の見聞記から始めて、明治十四年（一八八一）の第二回内国勧業博覧会、十五年と十七年の内国絵画共進会、十六年の水産博覧会、十九年の水産共進会（未完）と、毎年のように博覧会や共進会の私評を報知新聞に連載した。そしてその評もおざなりではなく極めて詳細なもので、第一回は三十回以上、第二回も二十回近くに上っている。

第二回博覧会の私評（『匏庵遺稿』では「農業博覧会の私評」という題であるが、この題は不適当である）の冒頭に鋤雲は、「老朽が博覧会を好むや、その淵源来歴を尋ぬれば実に然らざるを得ざるものあり」と書いた。そしてその理由を、元治元年（一八六四）山口泉處とともに熱海にフランス公使ロッシュを訪うたとき始めてエキスポジションの言葉を聞き、カションからそれが「広く示す」という意味であることを教えられ、幕府医学館の薬品会と似たものと理解して始めて「博覧会」という訳語を思い付いたと述べている。今も使われる

第1回内国勧業博覧会
（『ケンブリッジ大学秘蔵明治古写真』より）

博覧会という言葉の造語者は鋤雲だった。

明治十四年三月二日の郵便報知の社説は多分藤田鳴鶴の筆になるものと思われるが、その文は第二回博覧会の盛大を喜ぶ一篇の文明讃歌になっている。藤田はまず「恭《うやうや》しく惟《おもんみ》れば、我明治天皇陛下、深く民業に聖慮を悩ませられ、民をして益々其事を勉め其業を進めしめんが為めに、……博覧会場を開かせ給ひ」と定石の君徳讃歌から始めて、次いで「政府の施策には必ず賛否両論があるがただ博覧会の一事には民間で誰も反対を唱えるものはない」と博覧会の意義を述べ、末段は「凡そ一国の事業は平穏無事の世に生成進歩し紛乱争奪の時に退却壊滅するものである。そして博覧会はすなわち平穏無事の世を目的として行われるものだから今回の博覧会も平和の事業に益するのみならず、紛争妖気を払い除《の》けてくれるよう希望する」と締めくくっている。この文は、明治の御代が天皇以下庶民に至るまで一致して国運隆昌を目指した幸福な時代であったことを感じさせるとともに、福沢諭吉の薫陶を受けた郵便報知の人々の目的が平和主義、文明開化主義であったことを物語っている。

二間の番椒 三尺の饅頭

まず明治十年の第一回博覧会の鋤雲の批評から見ていこう。この時は、主催者側も出品者側も博覧会の意義を知らぬ者が多かったから滑稽な出品が多く、鋤雲の言葉を借りれば「小児の戯れに異なら」なかった。その上採光や展示の仕方も拙劣だったから、鋤雲のような老人には見え難い展示品が沢山あった。また、その頃の日本人は期限を守らない者が多く、開場後一カ月経っても出品物が揃わないという不手際もあった。

八月二十五日の鋤雲評に「一友、この会を評して云う、出品百億萬、一言以て之を蔽《おお》ふ、曰く、二間の番椒《ばんしょう》（とうがらし）、三尺の饅頭と」という件《くだ》りがある。すなわちただ馬鹿でかいものを作って人を驚かせ笑わせるようなものが多く陳列されたのである。特に江戸っ子の軽薄を反映して東京府出品にその傾向が強く、「府下百工製出する物品中、目を驚かす物はただ其れ唯一の麦藁細工のみ」という有様だった。しかし、西洋の博覧会を見て来た人たちの出品には流石に見るべきものがあり、これらが第二回以後の驚くべき進歩の機縁となったのだからとにかく開催した価値はあった。

東京の軽薄に比べ京都の西陣織などは良い品が多く「蓋《けだ》し、（関西の）人々能《よ》く（この会の）意を会得し居れば、奇利を一博に得るを要せず、世間に弘く栄誉を馳せん事を求」めるからであると、鋤雲は評価した。神奈川県では加太八兵衛の絹製の西洋服が新機軸を出していると評価し、また長崎香蘭社の陶器は西陣の織物とともに我が国華として誇るに足ると賞賛している。

児戯に等しいといいながらも鋤雲は各県の出品物を丁寧に見て一々批評している。この頃の物産は水晶、砂金、美石などの天然石、庖丁などの鉄器、その他、陶器、漆器、木材、寄木細工、棚や机などの木工品、畳表、布地、織物、染物、和紙などで、一次産品が意外に多く手工業品がそれに次ぎ工業関係は最も少ない。科学技術が未発達だった当時の日本の状態を反映しているのだろう。

建造物の模型等は珍しい出品であるが熊本の通潤橋、秋田尾去沢の銅坑があるし、また新式人力車の実物や歌舞伎の新富座の模型などもある。官庁も出展し、勧商局の英国陶器、地理局の岩石見本、博物局の動植物見本、土木局の堤防や橋梁の模型、開拓使の石狩炭田の石炭大塊や伐氷《ばっぴょう》機械などに西洋文明導入の旗振り役としての政府の意気込みがあらわれている。その他文部省出品として人体の精密な解剖図などもあった。

機械館では勧農局、土木局からの出品で西洋製噴水器（ポンプ）や日本人制作の織機の展示などの外に、実際に蒸気機関を動かして、ブリキ缶製造、製材用自働鋸、繰《く》り糸機械の実演があった。繰り糸機械は四谷勧業局の工女二十四人をして糸繰りを実演させたので観覧者が多かったが「工女皆童年、靚服華襷《せいふくかきょ》眉目画《えが》くが如し。好色の在五中将をして在《あ》らしめば、慧眼見て、ねよげに見ゆる若草となさん」というから女の子を見に来るものも多かったのである。第五、第八番目の娘に衆目が集まったそうである。この頃は女工哀史どころではなく、彼女たちはスターだった。

鋤雲の批評の魅力

博覧会は種々雑多な事物の展覧であるから、それを実地に見ない我々にとっては興味が薄いが、とにかくこの批評を面白く読ませるのは鋤雲の文章の力である。漢文学と本草、物産学に深い造詣《ぞうけい》のある鋤雲は、たとえば岐阜県出品のワサビの漢名について、正字通や朱子の詩を引いて小野蘭山の読み方の誤りや李自珍の本草綱目の杜撰《ずさん》を批評したり（九月十日）、長崎県がカラスミについて、メナタ魚の図を示してカラスミはこの魚の鮞《じ》（腹中の卵）であることを説明していることを褒め、続けて「『鶴林玉露』に秦檜《しんかい》の夫人がイナ（鯔魚《ぼら》）を求めて得ざるに因り、其類似の青魚を以て欺きたる談を載す。此青魚はすなわちメナダにして鯔魚と尤も似たるを知るべし」と書いたりしている（九月十五日）。秦檜という男は忠臣岳飛を殺した南宋の逆臣で、儒者たちの憎まれ者である。だから、郵便報知を読む当時の教養ある階層にとっては秦檜は熟知の人物だったのであり、このような文は読者を面白がらせただろう。

滑稽な批評としては、美術館で油絵の「仁徳天皇高屋望煙の図」を見て鋤雲は「光線映射の妙」を褒めた後、「唯、怪しむべきはてすりや柱がちっとも古代風でなく、恰も現代の市街の酒楼を見るようであるのと、空の青さが際立ち過ぎて、丁度瀬戸窯を開いて雨後天色の青磁の陶器を出したようであるのは、頗る不釣り合いであった」（元文語文、以下同様）と評したり、油絵で人物を画くと「巧者がないわけではないが、一概にいうと、百鬼夜行の図となすのみ。蓋し、黄色人種を絵に描くと、似れば似るほど益々魑魅魍魎《ちみもうりょう》に類するようだ」と述べ、その例として「三美人の図を見よ。一は赭《あか》顔が盆の如く、一は撮口《さっこう》（おちょぼ口）がザクロの花の如く、ひれ振り山の望夫石に至っては憎らしい顔と恐ろしげな姿、観るからに髪の毛が逆立つほどだ」と批評したりしているのは、正鵠《せいこう》を得ているか否かは別として、鋤雲自身の目で見て遠慮なく評したもので、笑いを催させる。似たような評は物産批評の中にも散見し、たとえば福島県相馬窯の焼物を見て「金泥を施すは頗る醜婦の脂粉濃抹《のうまつ》の態あり。淡掃蛾眉の白賁《はくひ》（薄化粧）咎《とが》无《な》きに如《し》かず」とその田舎風を揶揄しているようなのは、まさに適評であろう。

大進歩の第二回博覧会

第一回から四年を経て開かれた第二回博覧会は驚くべき進歩を遂げ、鋤雲は「精愈々精を加え、巧益々巧を尽すに至りては（前回から）十数年を経過したるほどの懸隔を生じたり。此に至りては官も其《その》期する所を達したりと思はるるなるべし」と、博覧会が日本の進歩に役立ったことを喜んだ。

産物の進歩と同じく、採光の工夫、展示品の陳列方法、展示の説明など、鋤雲が前回指摘した欠点も非常に改善されていた。たとえば、会場に蒸気機関を据えつけたので機械類はどれも皆作動したし、材木の側にはその枝葉、花実を展示するようになったので「前回の材木店の前を過ぐるが如く」でなくなり、あるいは農業の害虫は実物の十倍、二十倍の模型や図で示したので「彼の螟螣《めいとく》（穀物の害虫）の類をして遯影《とんえい》（姿を隠すこと）なからしむる」ようになった。これらは前回の鋤雲の懇切な批評に応《こた》えたものであり、もちろん、鋤雲だけの功績ではないが、良い批評家がいてこそ展示や技芸が進歩するのである。

著しく進歩したものとして鋤雲は、愛知の七宝焼、長崎の陶器、京都の織物、石川の銅器などをあげ、鹿児島県の鉱物類、特に金錠（金の大分銅）、愛知県の磁製方形の大植木鉢、宮城県の井内石と呼ばれる大石に大いに感服した。この他にも石川、富山の貴石名石、三重、和歌山、鹿児島、沖縄、北海道などの特産の木材類、などを批評している。

鋤雲は美術工芸品だけでなく工業用器具に新機軸を出した人たちを顕彰し、特に紙製の動力伝達用調べ帯（ベルト）を激賞した。動力ベルトは元来舶来の象皮製のもののみが用いられていたが、紙を扱い馴れた東京平民田代善吉など四名の経師《きょうじ》職人が紙製の新製品を発明し、これは従来の象皮ベルトの二倍の力に耐え、しかもずっと安価であった由である。日本の工業技術開発の先駆者である。鋤雲はわざわざ、自分は第一機械館の入場者が普通の皮帯と思って見過ごさないよう敢えて一言する、と観覧人の注意を喚起した。また、潜水服の実演や、勧農局の洋式農具、開墾、種まき、刈り取り、砂糖絞り、綿繰り機械など、西洋から輸入された製品や、新燧社のポプラ（白楊）材からのマッチ軸製造機械などにも眼を向けている。

美術館では井関槃峰の画をはじめ、近来の画家がマンネリズムに陥るのを恥じ、大いに新機軸を出すのを賞賛しているし、漆器や織物の図柄も狩野派の旧套を脱して気品のある模様や図柄が増えたのを喜んでいるから、明治十三年前後から、日本の美術工芸界には色々な新しい試みが行われ出したのだろう。

前回と同様農産物の批評も多いが、中でも熊本県の五尺の牛蒡、鹿児島県の櫻島大根、清国種の太くて節間の短い蓮根に驚き、蔬菜中の絶品と感心している。また珍しいものとして八丈島で試験的に栽培された瓜哇（ジャワ）コーヒーの木を紹介したのち、木竹の品評の中に、広島県のアベマキの皮がキュルク（コルク）であることを述べ、「今を距《さ》る五十年前、中野石翁が盛時、（アベマキ皮を）向島別墅《べっしょ》（別荘のこと）の庭下駄に製したるを履《は》き試みし事ありき」と、文政の昔、十一代将軍の側室おみよの方の父として権勢のあった中野石翁のことに及んでいるのは、昔を知る人にとって懐かしい思いをさせただろう。

東京学士会院会員

博覧会の批評とは別に鋤雲は郵便報知新聞紙上に色々の科学的論説を掲げて近代日本の社会発展に尽した。たとえば、火事災害を予防しようとする「失火消防論」、近代医学によって毒蛇被害が減りつつある報告としての「鹿児島県ハブ毒治療」、公衆衛生を市民の立場から推進しようとする「本所衛生会趣意書」、補聴器を自ら試みた結果を公衆に知らせた「聴音器を試むる記」、新しい産業の紹介としての「マッチ工場見聞記」や「瑞松山人の彫刻及び髹《きゅう》漆《しつ》（うるし）工場を閲する記」などは、地道な文化的活動の理解者、応援者としての鋤雲の識見を示すものである。

これらの中で鋤雲個人に関して興味深いのは、彼の半身を模した塑像が作られたことである。これは明治十五年十一月に工部彫刻術二等卒業生山口直照がイタリアの粘土で鋤雲の半身像を作るというので、そのモデルとなった経験を「洋法塑像の記」という文にしたものである。塑像制作者の山口は鋤雲が保証人になっていた若者で、山口泉處（本名直毅）の親類かもしれない。鋤雲の文は、芸術を論じたものではなく、粘土の種類や作る手順など技巧上のことが多い。この像は完成して鋤雲の家に置かれていたので、宮本小一（鴨北）はこの像を見て漢詩を作っている。この像はその後どうなったのだろうか。

このように近代西洋文明の移入者として活躍した鋤雲は東京学士会院の会員に選ばれた。東京学士会院は明治政府によって作られたいわゆるアカデミーで、文部大輔田中不二麿の努力により明治十二年一月に、西周、加藤弘之、神田孝平、津田真道、中村正直、福沢諭吉、箕作秋坪を最初の会員として発足した。こののち会員の互選でその年のうちに市川兼恭、伊藤圭介、杉田玄端、杉亨二などが加わったが鋤雲もその一人だった。これらの人は全部、最初は徳川幕府に用いられた人々でしかもほとんどは蕃書調所の教官あるいは学生だった。すなわち日本の学術文化は江戸幕府が開いたのである。

東京学士会院は学問的事柄を討議し、講演会を行い、『東京学士会院雑誌』を発行し、鋤雲もこの雑誌に幾つかの論述を載せている。前述のメンバーは当時の西洋学の大家たちで、その後も東京学士会院は我が国の学問の中枢としての役割を果して来た。現在の日本学士院はこの東京学士会院が発展したものである。鋤雲もこの会員に選ばれたことを名誉と感じたのであろう、『匏庵遺稿』に附されている自伝の末尾には明治以後の己の履歴として「始め報知新聞社員となり、後に東京学士會員となる」の二つだけを記している。

5　個人的な昔の思い出

メルメ・カションの死

郵便報知新聞の今でいう文化欄、すなわち投書欄、小言欄、文苑雅賞欄には鋤雲本人や旧知の人々の個人的な思い出が時々掲載され、これを読むと、大衆社会になる以前の新聞の暖かい手作り感が感じられる。函館の七重村薬園や軍川狩熊記、あるいはロニの旭日勲章のことなどはそれぞれの所で述べたので、それ以外で筆者の興味を引いた記事を以下に幾つか紹介する。

第三章1節に述べたようにメルメ・カションは一八七一年（明治三年）に死んだが、鋤雲が彼の死を知ったのは明治十六年だったようである。この年フランス人宣教師デスデウィットという人物が来日し、堀川春江は彼からカションの死を聞いた。堀川は慶應三年から四年にかけて向山や鋤雲の下僚で、パリでカションからフランス語を習ったことがあったから、カションを偲んで一首の漢詩を作った。その中の一句に「執贄親傳亜蔑西（贄《にえ》を執って親しくアベセ〔ＡＢＣ〕を伝えらる）」という所がある。鋤雲はこの詩の後に「余、交わる所の外国人中、和春（カシュン）最も久しく且つ親しむ。今この詩を読んで惨然之を久しうす」と書いている。人物に批判はあっても、自分の活躍の端緒を開いてくれたカションに、鋤雲は言い難い懐かしさがあったに違いない。

また、末松謙澄は明治十二年頃ロンドンから郵便報知にヨーロッパ情勢に関する通信文を送り、そして時に異国の空の下の旅愁を詩に作った。その漢詩の中に、「バッキンガムの楊、長さ幾尺。ケンジントンの水、三層に漲る。春愁我を促し空しく酒を思い」というところがあるが、鋤雲はこの詩を読んで「実景、真情。回憶すれば十二年前、予、曾てフランス国のパリに在り、亦この情景有り。読み去って覚えず暗然（静かに懐かしむこと）、之を久しうす」と往時を回想した。この時代は亜蔑西（ABC）も抜見樊（バッキンガム）も建成噸（ケンジントン）もみな漢字にして漢詩に読み込んだのである。

幕末明治の人生色々

明治十二年三月一日に吉田生の投書「亡友瀧川某を憶う」が報知紙上に掲載された。それによると吉田と瀧川は幕臣で、青年の頃同志として五稜郭で戦った。その後意見の食い違いがあって会わぬこと九年、吉田は世途《せいと》に蹉跌して落魄《らくはく》したが、近頃瀧川が西南の役で官軍側に立って勇戦し、遂に戦死したことを知った。吉田はこれを知って心が動き、瀧川の為に鎮魂詩を作って報知に投書したのである。鋤雲はそれを読んで感慨を催した。なぜなら瀧川某の父（後の播磨守となった）は幼い頃鋤雲と隣近所で、安積艮斎の塾でともに学んだ仲であり、その子の某は慶應の頃にはフランス陸軍伝習生で鋤雲もおぼろげながら顔を覚えていたからである。だから鋤雲は吉田の漢詩を読んで瀧川本人を歎き惜しんだばかりでなく、その父たる者の胸懐抑《そ》も如何ぞや、と播磨守の心中を思い遣った。

明治十六年の八月末、鋤雲と向山黄村、稲津南洋は隅田川のほとりを歩いて植半楼《うえはん》で飲んだが、その時黄村は七律二首を作った。その中に、「聯筇《れんきょう》長命寺前路　片石故人身後名　萬古難消無限恨　三杯足慰有涯生」という一連がある。「杖を並べて長命寺前の路を行けば、路傍の片石に故人の名が彫ってある。彼の無限の恨みは萬古に残るだろうが、我々は酒を飲みながら限りある生をとにかく楽しんでいる」というような意味である。この「故人」は岩瀬忠震で、この頃漸く白野夏雲の尽力によって、永井尚志（介堂）の文を彫った彼の碑が白鬚稲荷の前に建てられたのである（この碑は今もある）。早逝《そうせい》した俊才岩瀬の万古の恨みと不思議に生きて今この浅酌にうさを晴らす自分たち、という感慨は月並みとはいえ、激動の時代を生きた鋤雲や黄村の真情であったろう。

また、廣澤安任《やすとう》は会津藩士で主君松平容保の側近として京都で活躍したが、会津が朝敵として青森県の奥、斗南《となみ》（今のむつ市）に移された後はその地で藩の為に尽し、多くの藩士が中央に出ていく中で最後まで僻遠の地にとどまって地方の発展に身を捧げた。明治天皇に従って大久保利通が東北地方を訪れた際、彼は京都の昔を懐かしんで廣澤に会いに行ったというから、廣澤は敵方にも重んじられていたのである。廣澤は僻地にあったが報知新聞を読み、たまに投書したり、漢詩を投稿したりしている。彼のような高位の武士が名利を捨て、置かれた位地でなすべきことをする姿に鋤雲は心を打たれた。広澤の一首を引く。

○心存義務未全灰　要作新民自立魁　漠々平原家一戸　愛看寒雀繞檐来
心、義務を存して未だ全く灰ならず。新民自立の魁《さきがけ》と作《な》らんことを要《もと》む。漠々たる平原、家、一戸。愛し看る、寒雀の檐《のき》を繞《めぐ》って来るを。

「新民自立の魁」が眼目である。明治維新は中央でのみ行われたのではなく青森の奥地でも広澤のような自覚的開拓者が居た。鋤雲は目付だった頃、京都守護の任にあった廣澤と会ったことがあるらしく、廣澤を敬愛する報知新聞社員の吉田生に彼の往時を語って聞かせた。

第九章　個人的生活と死後

1　借紅園と江戸の面影

本章では鋤雲の私的生活とその老境と死、および彼が残した後世への感化について述べる。

借紅園の芍薬と植物会

鋤雲は維新直後には小石川大塚の家に住んだが、その後浜町に移った。小石川から新聞社に出勤するのが不便だったからだろう。しかし浜町の家は風通しが悪く眼を楽しませるものもなかったので、彼は明治十年の前半に本所北二葉町四十一号地の住宅を買って引っ越した。北二葉町は現在の墨田区石原一〜四丁目の蔵前橋通り北側に当る部分である。この邸宅には樹木と芍薬園があった。植物好きの鋤雲はここがことのほか気に入って園を借紅園と名づけ、芍薬の株に酔西施（西施は越の女で呉王夫差の寵妃）など色々な名前をつけて楽しみ、また栽培や剪定も自ら庭に出て行った。

借紅園は明治中期にはちょっとした名所となり、庭は時に解放されて、「観借紅園芍薬」という短歌会の記録が郵便報知に掲載されたりしている。一般人に見せるだけではなく、鋤雲も芍薬の花盛りには友人知人を招いて宴会を開き、詩酒徴逐《しいしゅちょうちく》して楽しんだ。宮本鴨北、亀谷省軒、永井介堂、西尾鹿峰、中根香亭、杉浦梅潭、山口泉處などが借紅園の芍薬を詠んだ漢詩が明治十三年の郵便報知の投書欄にある。

鋤雲は芍薬だけを愛したのではなく、およそ植物なら何にでも興味をもった。博覧会では木材用の樹木を詳しく批評したが、自ら栽培できる園芸植物の場合は同好会を組織して己れと世間一般の知見を広めようと計画する程だった。明治十一年十月十九日の郵便報知の府下雑報欄には次のような広告が出ている。「弊社の鋤雲は壮年の時、至って花木を好み常に植木鉢の三千も並べ置きて楽しみましたが、アメリカ船渡来（一八五三年）後、はたと絶念し、尽《ことごと》く朋友どもに分ち与え、以来二十六年間全く廃しいたるが、近来少々取り出し度《た》しとて、明二十日をトして、浅草公園地森田六三郎方に新旧同好の人を集め、以来は毎月一度づつ本草質問会を始むる積りであります」。

会の名前は温知会と名づけられ、その後数年にわたって報知の紙面には時折、四つ叉のシュロとかシナ産の「肥皀莢《さいかち》」、マラッカ産の「セイロンベンケイ」という珍種の植物、茘支《れいし》の発芽などの記事が出ている。会が開かれた浅草公園地というのは浅草寺の西側、現在の浅草公園である。この地は嘉永初期（一八五〇頃）には狐や狸の住処であったが、輪王寺の宮（上野に居られた皇族で天台宗座主、後に北白川家となる）が、腕の良い植木職人であった森田六三郎に一任して庭園を作らせ、以後長くこの園を守護するよう命じられたところである。鋤雲は明治十五年に漢文の「浅草花園森田六翁碑記」を作って森田に与えた。この文は石碑となって今も浅草公園内にあるのではなかろうか。

囲碁と酒と熱いおしぼり　植物と並んで鋤雲の趣味は囲碁であった。「出鱈目草紙」に、伊達政宗と二代将軍秀忠とが盤を挟んで呟いた独り言、幕末の幕吏松平式部の囲碁とその取り巻きたちの諂《へつら》いなどの話を面白く書いたように、鋤雲は囲碁と囲碁にかかわる逸話を面白がっていた。日本の新聞に最初に棋譜が出たのは明治十一年、その新聞は郵便報知であったが、これには鋤雲の囲碁趣味がかかわっていたのであろう。

鋤雲の詩にも碁の事は時々出る。明治十八年、老境の生活を詠んだ「春夕」、

○莫恠移床近石欄　微醺坐月半忘寒　軒梅況送横射影　與客停棋且愛看

恠《あやし》む莫《なか》れ、床（座布団）を移して石欄（石の手すり）に近づくを。微醺《びくん》（軽く酔うこと）月に坐して半ば寒さを忘る。軒梅況《いわ》んや横射の影を送るをや。客と棋を停《とど》めて且《しばら》く愛看す。

には、酒と梅花と囲碁をこよなく愛した鋤雲の姿が偲ばれる。

第三者から観た鋤雲の人物描写は多くないが、森銑三著作集続編第五巻の信夫恕軒の『酒趣小言』には酒にまつわる数件が引用してあるので口語に直して転載する。

「栗本鋤雲は天性、磊落《らいらく》の気質で、酔うとよく義太夫を語った。だが調子はずれで『回向せんと欲

す、劉郎の姿。画巧みなりと雖も、模し得んや』などと唸《うな》ると、音は濁って調子は拙く、聞く者は皆捧腹絶倒した。また酒を飲むと鋤雲はわざと顔をゆがめて芸者たちの前に突き出し『般若だぞー』と言った」。鋤雲は体が大きく容貌魁偉だったから芸者たちも「おお、怖《こ》わ」とか何とかいってはしゃいだのだろう。

「鋤雲の家は裕福で、上女中、中女中、下女中を使っていた。ある日外で飲んで家に戻り、女たちに用を言いつけたが、もたもたして整わない。鋤雲は忽ち大いに怒って、『もういい、役立たずめ、お前たちなぞ出て失せろ。わし一人でたくさんだ』と叱りつけてそのまま寝てしまった。一寝入りした後、夜分目が覚めて、水をもってこい、と叫んだが一人の女中も来ない。さらに大声を発したが答える者がない。仕方なく自ら起きて手燭をとり妻の所に行ったら女房も逃げ出していた。ここに至って先ほどの叱責を思い出し大いに悔いた」。これをみると鋤雲は家庭ではかなりの暴君だったようだが、そこにはまた稚気愛すべしといった趣があらわれている。

「鋤雲がお客を呼んで宴会をする時は、頃合いを見計らって、固く絞った熱いおしぼりを出し客たちに顔や手を拭わせた。こうすると前の酔いが醒めて新たに気持ちよく酔うことができるのだが、このおしぼりを出すタイミングが難しい。鋤雲のは実に堂に入ったものであった」。現在料亭や盛り場のクラブで熱いおしぼりを出さない所はないが、これでみるとその発祥は鋤雲にあったらしい。少なくとも明治の初期までそのような風習はなかったようである。

漢詩に生命があった時代

漢詩は江戸時代の教育を受けた人々には耳馴れたもので、文学趣味のある女は短歌を詠んだが、男は漢詩を作った。だから郵便報知の投書欄には明治八年から漢詩の投稿がある。しかし報知紙上で特に漢詩が盛んになるのは明治十二年からであり、その口火を切ったのが鋤雲の有名な「淵明先生燈火読書図」に題した詩であった。この詩については本書のまえがきに述べたからここには引用しないが、これ以後、向山黄村を中心として多くの人々が郵便報知に漢詩を寄稿し、特に明治十四年に文苑雅賞欄が新設されると毎日のように有名、無名、様々な人の漢詩が掲載されるようになった。

　鋤雲はこのような投稿者たちから先生としてまた先輩として慕われた。白川船山の投稿詩に「誰か圖《はか》らん、明治年間の士の能《よ》く羲皇《ぎこう》以上の風を倣《な》すとは。修好、固より長幼の別無し。相い逢うて殊《こと》にこの心の同じきを喜ぶ」という一節がある。この詩は同時代の人が、鋤雲の恬淡とした生き方に伝説上の太古の民風「羲皇以上の風」を見、また身分や年令を超越して誰とでも親しむ暖かい心を感じとっていたことを詠んでいる。

向山黄村
（『プリンス昭武の欧州紀行』より）

　正岡子規が、明治初期の文芸の中では漢詩に最も見るべきものがある、と何かに書いていたが、この言葉はその頃までは漢詩が真の生命を保っていたことを示すものである。ただ漢詩は、漢字に対するかなりの知識がないとその意味さえとれないから、大正昭和と時代が下るにつれて日本人はその趣を解しなくなった。もっとも漢字の音読みは日本語ではないから、訓読みで作る短歌や俳句の方が日本人の感性を表現するのに適当であることは言を俟たない。和歌は朗唱できるが漢詩はやや困難だからである。それでも鋤雲の伝記を書くのに、明治期の漢詩を無視することはできないから、多くの詩の中から江戸の面影の色濃いものだけを数首挙げておく。鋤雲の漢詩全部に興味のある方は、続日本史蹟協会叢書の『匏庵遺稿』を見られたい。

江戸の面影

最初に向山黄村の詩に次韻して花盛りの墨堤を詠《よ》んだものを出す。この時代、今のようなコンクリートの巨大な堤防はなく、柳と桜を列植した堤から隅田川の水際まではすぐに降りられた。

○裊娜柔條欲壓家　雨絲況又洗鉛華　濹遊十日記成後　唯恐揀来無此花

裊娜《じゅうだ》の柔條、家を壓せんとす。雨絲、況んや又鉛華を洗うをや。濹遊《ぼくゆう》十日、記、成るの後、唯だ恐る、揀《けん》し来ればこの花無きを。

（柔らかい柳の枝が女の髪のように屋根に垂れ掛っている。そして春雨が化粧をしたような桜の花を洗っている。だがこの美しさを満喫しそれを筆にした頃には、この花の盛りも過ぎ去ってしまっているだろう。）

明治十五年に隅田川河畔を散歩した時の七絶に

○散策相従墨水湄　微風繊月夜歸遲　晩梅已謝早櫻未　醉遍三樓無一詩

　三樓は植半、中村、青柳也

散策、相い従う、墨水の湄《び》（みぎわ）。微風、繊月、夜帰《やき》遅し。晩梅已《すで》に謝《しゃ》して早櫻は未《いま》だし。酔

「風流の要津」柳橋から両国橋を望む
（『（増補）明治の日本より』）

中村樓を望む両国の風景
（『大日本全国名所一覧——イタリア公使秘蔵の明治写真帖』より）

って三樓を遍るも一詩なし。

というのがある。この詩に解説は不要であろう。昔の両国橋近辺、特に柳橋の辺りは酒楼が軒を並べ、鋤雲の言葉を借りれば「風流の要津《ようしん》、花月の咽喉《いんこう》」であった。鋤雲は友人たちとよくその樓に上って酒を汲み、月や花を賞したのである。後年、鋤雲は火事に遭って再建された青柳樓のために「再建青柳樓記」という漢文を作ってやっている。

少し毛色の代った風景詩に、本所の風物を詠んだ「本所雑詩」（明治十七年）がある。

○自笑村隣帯市聲　衡門猶未隔都城　猿江此去十町耳　既有暁船呼蟹行

（自ら笑う、村隣、市聲を帯び、衡門《こうもん》猶《な》お未だ都城を隔てざるを。猿江《えんこう》は此を去ること十町のみ。既《すで》に暁船の蟹行《かいこう》を呼ぼうあり。）

この詩は、隠棲地（衡門は隠者の居宅の門のこと）にも都会の文明が近づいて来て、英語のスピーカー音が風に乗って聞こえて来る（蟹行は横文字のこと）ことを面白く詠んだものである。猿江町《さるえ》（現在の江東区猿江公園付近）は鋤雲の住んでいた本所北二葉町から一キロ程しか離れておらず、その頃は外国人向けのホテルか船着き場があったのだろう。

清国文人との交流

江戸時代までの日本では学問といえば漢学であって、これはシナ（清国）や朝鮮（李氏朝鮮）ではなおさらのことだった。だからそれぞれの国の教養のある階層は他国の言葉は話せなくても文字で互の意思や感情を通い合わせることができた。それで鋤雲も清国人の王紫詮、黄遵憲、何如璋などと交流している。その有様を簡単に紹介しておこう。

王紫詮は、彼が書いた普仏戦争（一八七〇年）の見聞記『普法戦記』によって日本で有名になった。鋤雲は上海刊のこの書を読んで「独《ひと》り行陣の事、交戦の跡を写出して活《いく》るが如きなるのみならず、中間雑《まじ》ゆる所の議論、腐ならず陳ならず、能《よ》く漢人の常套を脱出せる、復《ま》たその比を見」ず、と感心した。それで日本側から王紫詮の日本訪問を慫慂《しょうよう》し、結局彼は明治十二年に日本に来遊した。彼の来日はこの時代の文化交流としてはかなり特筆されるものであったらしい。こうして鋤雲も王紫詮と交遊したが、二人の交流はそれほど深いものではなかったようである。

その後明治十五年一月に黄遵憲（在日清国領事からサンフランシスコ領事に転任）が鋤雲の眼病に対して見舞い状を寄越し、その中で『荘子』の彭祖《ほうそ》と殤子《しょうし》の事を引いて、先生（鋤雲のこと）は達人であるから、天命を悟ってこの苦境を脱却せられんことを望む、と結んでいる。

また同年二月には清国公使何如璋が日本を去るに当って、鋤雲に一詩を贈っている。詩の内容は、有名な借紅園に行ってお会いしたかったが機会がなく、今度日本を離れなければならなくなったのは残念だ、というほどのものだが、その序詞に「鋤雲先生、古貌古心《こぼうこしん》、別に懐抱《かいほう》あり、東海の陶靖節也」という箇所があり、鋤雲はこれに対して、私の田舎家にたまたま菊や柳が植わっていたので何如璋先生は誤って陶淵明を思い出されたのだろうが、「東海の陶靖節」は褒め過ぎで慚愧の至りだ、だが、心の奥ではその訓《おしえ》を辱《はずかし》めないようにしようと思う、という意味の漢詩を返した。菊と柳は「採菊東籬下」や「五柳先生傳」でおなじみの淵明ゆかりの植物である。現在の中華人民共和国の政治家や外交官と比べてみると、昔は日本人とシナ人の間に、真の同文の誼があったことが感じられる。

鋤雲は明治初期には著名な文化人だったから、たくさんの人に頼まれて本の序や跋、あるいは石碑の漢文を書いた。それらは『匏庵遺稿』中の「匏庵文集」に七十二編収められている。漢文の中で毛色の代ったものは「弓銘」である。明治二十三年春、明治天皇が九段坂の偕行社に行幸されて相撲を御覧になった際、お手元金百円を下賜された。力士たちは感激して昔の織田信長の故事に倣ってこれで弓を拵え、典故に従って「授受の際、手舞足踏し、もってその盛を鳴らさんと欲した」。そしてこのことを鋤雲に頼んで文にして貰ったのがこの「弓銘」である。「博覧会」という言葉とともに現在まで残る文化人鋤雲の名残りである。

2 家族および健康と死

鋤雲の家族

筆者は鋤雲の家族については知る所が少ない。著書の中で彼は自らの私的生活をほとんど語らなかったので、家庭のことは友人や門弟が作った漢詩や栗本家の墓誌から推測する他はない。大塚善心寺に墓がある鋤雲の正妻について鋤雲は何も書かず、他に徴すべき文献もないが、鋤雲は入婿したというから彼女は栗本家の娘だったのだろう。ただこの夫人に子供はなかったのではなかろうか。

鋤雲の子供たちの中で歴史に現れるのは養子の貞次郎である。彼の実父は堀七郎右衛門で甲府勤番の士であった。貞次郎は天保十年（一八三九）生まれで鋤雲とは十七歳しか違わない。第一章3節に登場した堀貞宗は姓が同じだし、安政初期に二十歳前後だったから年の頃から見て彼は貞次郎の兄だったかもしれない。そして鋤雲は貞宗を外姪といっているから、貞次郎は鋤雲の妻の姉の嫁ぎ先の子か、鋤雲の実姉の子ではなかったろうか。貞次郎が養子になった年は不明だが、彼はフランス語学校を出て（第五章2節）からフランスに留学し（第六章3節）、ロニの下でフランスの日本語学校の教師に採用され（第七章2節）、明治六年に欧米を回った岩倉使節団とともに帰国し、その後外務省に勤めた。しかし残念なことに明治十五年春、まだ壮年のうちに死んでしまった。

貞次郎の下には秀二郎があり、彼は明治三十三年に父の遺稿を集めて『匏庵遺稿』として出版している。秀二郎は鋤雲の実子だったのではなかろうか。しかし貞次郎と秀二郎の墓はともに善心寺にはないようである。ただ善心寺に鋤雲夫妻以外に三人の栗本姓の人の墓があり、その内の一人、明治二十九年生まれの栗本ハナ女は秀二郎氏の一人娘であったのかもしれない。ハナ女は昭和五十五年に八十四歳で死去された。

明治の初め頃、鋤雲には、まだ小さい女の子が少なくとも二人いたこと（第七章1節）は確かで、『成島柳北・服部撫松・栗本鋤雲集』の解題に「鋤雲三女の山本スタ女によれば、鋤雲は藤村を大変おとなしい若者だったと言った」というところがあるから少なくとも三女はあったらしい。

また、明治十五年春に男子無逸が生まれたが、この時鋤雲は六十一歳であった。母はまだ若い妾であったが、その名は分からない。しかし出生後半年くらいで無逸は死んでしまった。この明治十五年、鋤雲は春には壮年の貞次郎を失い、秋には当歳の無逸を亡くしたのである。また前年から一年近くも鋤雲は眼病を患い、失明の恐れもあった。これは何とか切り抜けたが明治十五年は鋤雲にとって厄年であった。以上のことはこの年の郵便報知紙上の白川船山の漢詩などから読み取れる。

翌明治十六年五月十六日に鋤雲は又男子に恵まれた。これは栗本瀬兵衛氏だろう。氏は後に『栗本鋤雲遺稿』を出版され、昭和二十六年に亡くなった。瀬兵衛氏の子が昭和十五年に二十五歳で没した孝一郎氏ではないかと思われる。戦死ではなかろうか。この二人の墓は善心寺にある。

なお、「五月雨草紙」を書いて我々に鋤雲の家系のことを書き残してくれた実兄の漢方医、喜多村香城は明治九年に死んでいる。

健康の衰えと死

鋤雲はもともと多病でよく床についたが、六十歳を越えた明治十五年以後は体の衰えを感じることがますます多くなり、特に明治十七年は五月から十一月にかけて半年余りも病床にあった。向山黄村は五月十一日に病床の鋤雲を訪い、その時のことを詩に詠んだが、その冒頭は「借紅園裏に詩人を訪う。倒屣《とうげき》(靴を逆さまにして慌てて迎えに出る、ということ)歓迎す、病起の身」というもので、続いて、赤ん坊がガラガラで遊んでいるのを鋤雲が目を細めて見ている、というところがある。

そして何とか生きながらえた鋤雲は十一月八日に自ら垂死病夫と記し、同月十八日に「衰年晩境、斉《ひと》しく凋落《ちょうらく》に帰するは当然の理にして毫も恠《あや》しむに足らずと雖も、身、病蓐《びょうじょく》中に在りて、其報を得る毎《ごと》に大に悲酸の情を増すあり、因って列挙して索莫の老懐を誌《しる》す」という書き出しで明治十七年に死んだ知人十七人を偲んで「知人多逝」という文を書いた。それは、元の尾張藩主徳川玄同（第四章5節）、元の老中水野忠精（第五章1節）、蕃書調所の創設者古賀謹一郎（第八章3節）、朝野新聞の成島柳北などの著名人のほか、社会的には無名でも鋤雲と庭園、書道、医学、蝦夷など色々の方面で付き合いのあった人々に及んでいる。

鋤雲はまた明治十八年一月十五日に次の詩を作った。

○雞林接報膽張時　有似居梁趙将思　斗飯猶能為可用　座間難免矢三遺
雞林《けいりん》、報に接し、膽《たん》、張るの時、似る有り、梁に居る趙将の思《おもい》に。斗飯《とはん》、猶お能く為に用う可きも、座間、免れ難し、矢《し》、三遺。

この詩は朝鮮（鶏林）でいわゆる甲申の変が起り、金玉均が竹添進一郎公使とともに危うく京城から脱出した事件の報知が新聞社に届いた時の鋤雲の昂揚した気持と、それについていけない身体の矛盾とを滑稽に表現したものである。第二句の趙将はシナ戦国時代の勇将廉頗のことで、老いても斗酒なお辞せずの豪傑であった（『史記』、廉頗伝）。鋤雲も朝鮮の変を聞いて武者震いがするほどだったが、如何せん、暫しの間に何度も便所に行く（矢は小便のこと）ていたらくである、と自嘲したのである。

この後明治十九年、六十五歳となった鋤雲は郵便報知を退社し悠々自適の境涯に入るとともに、健康に留意して過食を避け酒を廃した。明治十五年の「獨寐寤言」に禁盃という一文をものしたように、鋤雲は酒の害を心配する人であったから、幼い子供のためにも長生きしようと思ったのだろう。禁酒したため身体は痩せて前のようではなくなったが、犬養毅によれば明治二十五年、年七十一の鋤雲は「健康未だ衰えず、猶ほ木強《ぼくきょう》武人の老いて益々壮んなる者の如く」であったという。

匏庵詩集のいくつかの詩から推測する限りでは、明治二十年以後の鋤雲は、熱海や日光に旅行したり、向山黄村などの友人と交遊してのんびりと暮らしたようである。明治二十五年に郵便報知に短文を書いたこともあるがこれも数回で終わり、世の中との交渉は非常に少なくなった。そして、明治二十七年五月四日には妻を失い、鋤雲も明治三十年三月六日に最愛の借紅園で一生を終えた。数え年で七十六歳であった。二人の墓は日蓮宗の寺、大塚の善心寺にあり、顕理院殿鋤雲日達大居士と顕實院殿光濱日瑞令夫人という戒名がついている。戒名から見ると夫人の名はお濱さんといったのだろう。

3　後世への感化

新聞人と政治家

『匏庵遺稿』には門人と称した犬養毅の「傳略」が巻頭にあり、本書でも所々にその文を引いた。犬養は慶應義塾を中退後の明治十年頃、二十台前半で郵便報知に入ったから、鋤雲を師としたのはそれ以後である。犬養に限らず、藤田鳴鶴、尾崎行雄なども鋤雲に私淑したが、それは政治的主義主張というより、人間の生き方、人格の幅、そして文章の品格というものを鋤雲から学んだのであった。鋤雲の薫陶を受けた犬養、尾崎、箕浦勝人、島田三郎らは後に政治家として立った。彼らは福沢諭吉、大隈重信の系譜であるから薩長藩閥に対立する勢力となったのは当然であるが、それには幕臣鋤雲の回顧談を聞いて、明治政府を作った人々の見識が幕臣に比べて必ずしも高くはなかったことを知ったことも一つの要因として働いたかもしれない。犬養が後に昭和維新を主張した右翼の青年将校に殺されたのも何か因縁《いんねん》を感じさせる。

犬養毅
(『(画報) 近代100年史』Ⅱより)

藤田鳴鶴は明治二十五年に死んだが、彼は最も鋤雲と親近した後輩であって、死ぬ五カ月前に草した『匏庵十種』(『匏庵遺稿』に収録)の序文には彼の道義心が切迫した筆致で綴られている。気魄のこもった文章で口語体に直すに忍びない。難しくてもこのまま読んで頂きたい。

「予、嘗《かつ》て歎ず、近世、士風頽壊《たいかい》し、人々、唯、才能を尚び、殆《ほと》んど復《ま》た道義節操を問はず。是を以て士君子の進退出処、往々指議に忍びざる者あり。其の進退出処の儼然、古人に比し遜《ゆず》る無き者は、予、獨り我が匏庵栗本先生を推す。

（中略）予の取る所は、其の幕府の末世に際し、単身獨力を以て必亡の氣運に抗抵《こうてい》し、辛苦経営以て宗社を維持せんと勉めたるにあり。而して又、戊辰崩拆《ほうたく》以後高蹈遠引、以て臣節を全《まっと》ふしたるに在り。嗟《ああ》、是れ旗下《はたもと》八萬士人の竟《つい》に為す能はざる所、而して有能の士の最も能《よ》くし難き所にして先生獨り之を為したる者にあらずや。

　夫れ幕府必亡の勢を馴致《くんち》する一日にあらず。智者を待たずして其の竟に奈何《いかん》する無きを知る。然れども臣子の是《この》時に處するもの、唯一日の社稷《しゃしょく》を存して以て一日の節義を盡すあるのみ。何ぞ復た其の餘を顧みるに暇《いとま》あらんや。然るに獨り怪しむ、當時幕臣、成敗を以て節義を變じ、主家三百年の基業を賣りて以て一代の功名を博したる者あり、而して人却《かえ》って之を智と為す。矧《いわん》や世變の後、相争て新来の権家に結交し、頭《こうべ》を低れ膝を屈し、恬然《てんぜん》自ら恥ずる事を知らず、而して人も亦之《これ》を咎むる者なきに於ておや。先生獨り其の中に於て、介然《かいぜん》、大節を堅持し亡国の遺臣を以て居る。何ぞ其れ志操の牢確にして近世の人に類せざる甚だしきや。（後略）」

　右の文中「成敗を以て節義を變じ、主家三百年の基業を賣りて以て一代の功名を博したる者」というのは勝海舟らを指している。勝や大久保一翁、山岡鉄舟などには彼らのいい分があろうが、第八章3節にも述べたように、このような藤田の議論は明治初期の多くの人々が分かちもった感慨だったのである。

永井荷風と島崎藤村

　このような藤田鳴鶴の感慨は永井荷風も感じており、彼は彼独特の形でこれを受け継いだ。荷風は昭和十三年に書いた『西瓜』の末尾近くで次のように鋤雲に言及している。荷風は、自分は日本の歴史の中から隠棲や退嬰と称する消極的処世の道を学びとった、と書き、その由って来るところを尋ねれば、自分が少年だった明治初期、社会の上層には官吏となった薩長の士族が勲功に誇り、これに随従しないものは悉く失意の淵に沈み、操觚《そうこ》者（ジャーナリスト）となるか隠遁者になる道を選んだ、という現実を見たことに依る、と昔を回顧した。

そして「わたくしが人より教えられざるに、夙《はや》く学生のころから帰去来の賦を誦し、又楚辞をよまむことを冀《ねが》ったのは、明治時代の裏面を流れてゐた或思潮の為すところであらう。栗本鋤雲が、門巷蕭條夜色悲。鵂鶹聲在月前枝。誰憐孤帳寒檠下。白髪遺臣讀楚辭。といった絶句の如きは今猶《いまなお》牢記して忘れぬものである」と結んでいる。荷風は筆者の最も愛する作家であるが、漢詩としての味わい方はこれでいいのかもしれないが、鋤雲その人を隠遁者のように見るのは誤りである。現世の権力者に媚びず、前朝の遺臣としての生き方は貫いたが、鋤雲は決して隠遁者として社会の外に立ったのではなかった。鋤雲その人に対する批評としては犬養毅や藤田鳴鶴などの新聞人や次に述べる島崎藤村の方が的確であったと思う。

島崎藤村
（『（写真と書簡による）島崎藤村伝』より）

藤村は明治五年（一八七二）二月に生まれたから鋤雲とは年が丁度五十違うが、彼は明治学院を卒業した一年後の明治二十五年に、木村熊二のつてで鋤雲のもとに漢詩や漢文を学びに行った。英語を主とする学校で学んだので日本やシナの古典を読みこなす力が無いのを自ら悟って、一念発起したのである。ただ鋤雲から直接漢詩などを習ったとはいえ、若い頃の藤村、すなわちロマンティックな『若菜集』や、自然主義的な『破戒』を書いた頃までの藤村には鋤雲の影響は小さかったように思われる。

しかし人は年をとると自分の出自を振り返り、日本人としての根幹を捜すようになるのだろう、藤村は姪との事件の後、四十歳を過ぎてフランスに流寓していた頃（大正初期）、俳人の岡野知十（『匏庵遺稿』の跋を書いた岡野敬胤）の息子馨が日本から送ってくれた鋤雲の著作「暁窓追録」を読んだ。そして「栗本先生がまだ達者で居る時分、本所の北二葉町の家で、先生が自慢の芍薬を植え集めた庭の見える座敷で、あの本（暁窓追録）の中にも書いてあるやうな話を先生から聞いた」二十年前の自分を思い出し、また「おそらく栗本先生は武士風の髷を結ひ、あの肩の高い體格に帯刀といふ姿で先生をひどく贔屓にしたといふナポレオン第三世などに逢っていたでせうか。（中略）その姿で先生はブウロンニュの森へも行けば、植物園へも行けば、リュキサンブウルの公園へも行けば、オペラ座なぞも見物したでせうか」と五十年前のパリの鋤雲の面影を想像した。藤村の想像はロマンチックで楽しいが、残念ながら鋤雲はずっと開明的だったので、パリでは頭は丁髷でなく分けていたし、両刀も手挟んではいなかったと思われる。

「暁窓追録」と藤村

「暁窓追録」を読んだ藤村は、五十年前の鋤雲の感想と現在（大正四年夏）の己の見聞とを対比させつつ、パリから朝日新聞に『佛蘭西だより』を書き送った。

まず、ナポレオン法典について本書第七章1節で紹介したようなことを述べた後、藤村は「吾儕《われら》は決して失望したものでは無い。盟《ちかい》を反古にしたり言葉を食んだりするやうな支那印度の陋《さも》しさを歴することが出来るであらうと書いてあります。『新定律書、豈其れ借り用いざるべけんや』と書いてあります」と「暁窓追録」の文を引用し、続けて「斯の精神が『暁窓追録』を貫いています。そこには物に動ぜぬ偉大な氣魄《たましひ》と、長い教養の効果と、日本人としてのプライドを看取するに難くありません。殊《こと》に感心することは、欧羅巴《よーろっぱ》にある多くの事物に対して心から賞めた言葉が用いてあることです。それが自分の國を思ふ誠実から発して居ることとです」と鋤雲に心からの尊敬を捧げている。

しかし二十世紀の藤村はパリで鋤雲の時代とは異なる自分を見いだすこともあった。藤村は、鋤雲の「家に蚤蚊鼠嚙の患ひなく、途に酔人盗偸、争闘高歌の喧なく、且火災地震なし、真に楽土楽邦と称すべし」という文に対して、「先生も随分物質主義者だ、可成《かなり》な独断家だ。もし栗本先生が生きて居たら、私は先生の顔を眺めて、子供のやうに噴飯《ふきだ》したく成るかも知れません」と感想を述べ、すでに物質文明的にはヨーロッパをかなりの程度移入していた近代の自分と、江戸時代の鋤雲との隔たりを感じた。そして金魚売りの声、餅つきの音、釣忍《つりしのぶ》、螢籠、桃の節句、草市など、生活の細かい味を私的に楽しむ日本人と、公園の石像、花園、オーケストラなど公的なものを楽しむフランス人との間には、美的生活において本質的な違いがあることを認めた。しかしそれでも、都市計画や道路整備などの公共的な美観については、鋤雲が書いているように西洋からまだ学ぶものがある、と述べ、昔の江戸の町、特に広小路がもっていた意味を考察している。

藤村は最後に鋤雲の思い出として、セーヌ川散策の釣り人の事を書いている。「吁嗟、天地何れの處か閑人を少かん」（第七章2節）の一文を引き、「二十年前、私が『暁窓追録』を讀んで未だに忘れずに居たのも斯の一節でした。私は今この客舎に居て青年時代の記憶を辿り、先生の遺稿をもう一度讀み返して見る機會を得たのを奇遇のやうに感じます。これを書いていると、オステルリッツの橋の畔《ほとり》あたりに立って見る私の好きな眺望、渦巻き流れて行くセエヌの急流、巴里にも斯様《かよう》な閑人が居ると先生の言った釣を垂れる客、向ふのラペエの河岸、ガアル・ド・リオンの高い時計臺なぞが私の眼に浮びます。私は自分の旅の記念としても、斯の數行を書きたいと思ひます。私が青年時代に遭遇した年老いた人の中でも、先生は最も私の敬愛した人の一人でしたから……（七月十八日）」と結んだ。

先生には他の人とちがったところがあった

藤村はその後も折に触れて鋤雲のことを書いている。昭和四年から連載され始めた『夜明け前』と昭和十五年の藤村童話叢書『力餅』の中の「栗本先生」はその代表であるが、その他にも昭和十三年の新潮社版「定本版藤村文庫」第六篇の随筆に「五月雨草紙」と名を付けてこれが鋤雲に由来することを述べたり、最晩年の昭和十七年に自ら撰した年譜に岡倉天心と共に鋤雲の年譜を雑えたりしている。また鋤雲の老年の子の瀬兵衛氏が昭和十八年に『栗本鋤雲遺稿』を出版した際にも心のこもった序文を草している。このように藤村は晩年になるほど鋤雲のことを懐かしんだ。

『力餅』の中の「栗本先生」は、徳川の世の後始末を見事にした人として、岩瀬肥後（忠震）、小栗上野介および栗本先生を挙げ、鋤雲の一生を子供向けに述べた一編であるが、その中に晩年の鋤雲の一瞬の面影を伝えた一文がある。

「私は自分の心も柔く物にも感じ易い年頃に、栗本先生のやうな人を知ったことを幸福《しあはせ》に思ひます。わたしが本所の北二葉町をお訪ねした頃は、先生は最早七十を越してゐまして、色々な種類の芍薬を庭に植ゑ、その住居をも『借紅居』と名づけて、長い生涯のをはりの方の日を送ってゐました。先生から見れば、わたしは子供のやうなものでしたが、お訪ねするたびによろこんで迎えて下さいまして、『吾家《うち》の伜も、學校から歸って来る頃ですから、逢ってやって下さい。』などと言はれますから、どんな年頃の子息さんかと思いましたら、まだ小學校へ通ってゐるほどの少年でした。そんな子息さんが先生のやうな年老いた人にあることもめづらしく思ひました。

先生も随分トボケた人で、わたしのようなずっと年のちがったものをつかまへても、よく冗談を言はれました。一番おしまひにわたしがお訪ねした頃は、先生はもう七十五六に近く、寝床の上にゐるやうな人でしたが、それでも枕もとへわたしを呼んで逢って下さいました。わたしはもっと先生にいろいろのことを聞いて置けばよかったと後になってさう思います。でも先生のやうな人に逢へたといふだけでも澤山に思ひます。何かにつけてよく思ひ出すところを見ると、やはり先生には他の人とちがったところがあったからでせう」。

まことの武士らしさ

前にも述べたが、藤村は、父（『夜明け前』の青山半蔵）を含めた平田派の国学者たちにも同情を持ち、同時に幕府を支えた小栗や鋤雲の苦労を察することが出来た人で、それが『夜明け前』を厚みのある小説にしているのであるが、そのきっかけはまことの武士らしい生き方をした鋤雲との出会いにあったと思われる。筆者は、その「武士らしさ」を『栗本鋤雲遺稿』の序文の一部から引いてこの鋤雲の伝記を終わろうと思う。

「わたしはこの年になって見て、はじめて翁のやうな人の生涯をいくらか知り得たやうな心地のすることがある。言って見れば、それは過去に煩はされなかったと言ふばかりではなくて、翁のは更に進んで自らその過去を完全に葬らうとするところまで行き得たやうにわたしには思はれて来た。この足跡は深い。翁の過去には十年の函館時代があり、その間だけでも在住諸士の頭取として採薬、薬園、病院、疏水、養蠶等施設の記念すべき事業が多かった。醫籍から士籍に進まれてからは、昌平黌頭取としても、鎖港談判の委員としても、軍艦奉行としても、また兵庫港前期の開港談判や下の關償金延期談判の委員としても、翁は常に難局のみに立ち、最後に外國奉行に進まれた頃は幕府衰亡の氣運に抵抗して單身獨力よく宗社を維持せんと努むるの概があった。その間、横須賀造船所建設の創案に、佛式陸軍の傳習に、佛國語學所の開設に、およそ翁の考案に出たものは施設みな時宜に適さないものはなく、新日本建設の土臺となったやうなものばかりであるのに、一旦維新の改革に際會してからは、いさぎよくそれらの事業を後代のものに譲り、決然として野に下り、何等酬ゐられるところを願ふでもなかった。そこにまことの武士らしさがある。眞にこの國を思ひ、大局を見て進まうとする遠い慮りがないかぎり、ただ一身の利害にのみ汲々たるものにこんな態度はとれない。曾て翁の『匏庵十種』が報知社から刊行された當時、門人としての犬養毅氏、あるひは後輩としての藤田茂吉氏、島田三郎氏、田口卯吉氏等がいづれも序文や略傳を書いて翁に対する心からの熱い情を寄せたといふのも故なきことではなかったと思ふ。大東亜決戦段階にある現時の空氣の中で、わたしはこの稀な人の遺稿がもう一度刊行される運びに至ったことを感謝し、今日の讀者にもよく味はって見て貰へる日の来たことを深い歡びとするものである。（昭和十八年初夏の日、静の草屋にて）」

この文を書いた時、藤村は満七十二歳で、この年の八月に死んだ。

参考文献

鋤雲の著作

栗本鋤雲『匏庵遺稿』続日本史籍協会叢書、東京大学出版会、一九七五年(原本、裳華房、一九〇五年)。

『成島柳北、服部撫松、栗本鋤雲集』明治文学全集4、筑摩書房、一九六九年(『匏庵遺稿』から抜粋)。

『栗本鋤雲遺稿』鎌倉書房、一九四三年(『匏庵遺稿』から抜粋)。

『幕末維新パリ見聞記』井田進也校注、岩波文庫、二〇〇九年。

　『匏庵遺稿』中の「暁窓追録」が収められ、井田氏の丁寧な注がある。

栗本鋤雲『北巡日録』市立函館図書館蔵、写本。

栗本鋤雲「会員栗本鋤雲の傳」『東京学士会院雑誌』第一二編の八、一八九〇年。

栗本鋤雲「栗本鋤雲翁の自伝」戸川安宅編『舊幕府』一九七一年、第二巻第四号、七九〜八二頁。

　雑誌『江戸会雑誌』第二冊に高瀬真卿の筆記になる「栗本鋤雲先生口話」がある。


このほかに鋤雲の自筆筆記には『蝦夷雑記』『蝦夷通信』『函府雑誌』『北蝦夷地御用留』など函館時代に書いた公文書的なものがある[北海道大学附属図書館編『日本北辺関係旧記』の索引から引くことができる]が、筆者は『北巡日録』以外は見ていない。

伝記

犬養毅「栗本鋤雲先生傳略」『匏庵遺稿』一九〇五年、七四～八三頁。

大田原在文『十大先覚記者伝』大阪毎日新聞社・東京日々新聞社、一九二六年、第四章。

亀井勝一郎「栗本鋤雲」『三人の先覚者』要書房、一九五〇年（『亀井勝一郎全集』講談社、第一五巻三三一～三五一頁、一九七一年に再録。また明治文学全集4『成島柳北、服部撫松、栗本鋤雲集』巻末に第二章のみ転載）。

桑原三二『栗本鋤雲』自家版、一九九七年。

芳賀徹「幕臣栗本鋤雲の生涯」『日本の近代化とその国際的環境』一九六五年。

東京大学教養学部日本近代化研究会の一九六四年度研究報告。

吉田武三『士魂の群像』冨山房、一九八〇年。

雑誌記事

小笠原幹夫「パリ万国博のもたらしたもの」『くらしき作陽大学・作陽短期大学研究紀要』第三四巻第二号、二〇〇一年。

小川康子「栗本鋤雲の森枳園宛書翰をめぐり」『国文学・言語と文明』大塚国語国文学会、桜楓社、一九八七年、一〇一・一四五～一五五頁。

川崎房五郎「栗本鋤雲」『選挙』一九六六年六月号、都道府県選挙管理委員会連合会、一九六六年、二二頁。

木村毅他　座談会「栗本鋤雲」『世界』岩波書店、一九五七年十月号、二七四～二九七頁。

出席者は他に西田長寿、遠山茂樹、柳田泉、吉野源三郎。

木呂子敏彦「北海道総合開発とその望ましき人間像――栗本鋤雲について」『教育新聞』一九五三年九月号、北海

道教育図書刊行会、教育新潮社発売、三〇頁。

島村輝「パリを見た日本人／日本人の見たパリ」『女子美術大学紀要』二七、一九九七年、一〇七頁。

千葉栄「栗本鋤雲について」『白山史学』第八号、一頁、東洋大学白山史学会、一九六一年。

三谷太一郎「幕末政治家栗本鋤雲とその維新後」『UP』二九、東京大学出版会、二〇〇一年、一～五頁。

歴史事典、人名辞典など

坂本太郎ほか編『国史大辞典』吉川弘文館、一九八六年。

日蘭学会編『洋学史事典』雄松堂出版、一九八四年。

加藤友康ほか編『日本史総合年表（第二版）』吉川弘文館、二〇〇五年。

岩波書店『国書総目録』一九九六年。

東京大學史料編纂所編『柳營補任』東京大學出版會、一九六三年（『大日本近世史料』中の一冊）。

平凡社『日本人名大辞典』一九三七年初版（復刻版、一九七九年）。

小川恭一編『寛政譜以降旗本家百科事典』東洋書林、一九九七年。

原書房『江戸幕府旗本人名事典』一九八九年。

吉川弘文館『明治維新人名事典』一九八一年。

臼井勝美ほか編『日本近現代人名辞典』吉川弘文館、二〇〇一年。

市古貞次ほか編『国書人名事典』岩波書店、一九九八年。

竹林貫一編『漢学者伝記集成』名著刊行会、一九七八年。

山田辰雄編『近代中国人名辞典』霞山会、一九九五年。

大槙紫山『江戸時代の制度事典』歴史図書社、一九七三年（復刻版）。

笹間良彦『江戸幕府役職集成』雄山閣、新装版、一九九九年。

文部省『日本教育史資料七』巻十九、冨山房、一九〇四年。

北海道・樺太関係（主に第二、三章）

北海道大学附属図書館編『日本北辺関係旧記』（文献総覧）北海道大学図書刊行会、一九九〇年。

高倉新一郎編『新北海道史』第二巻第三〜四編、北海道、一九七〇年。

幕末十五年間の北海道と函館の事情、すなわち奉行所の新設、樺太の国境問題などの外に、警衛、財政、アイヌ人、道路および拓殖事業、漁業、農業、鉱工業の発展、商業問題、風俗、衛生、学術などの民生事情、開国の影響や貿易など多数の項目について、その計画や成果が要領よくまとめられている。

函館市『函館市史』通説編第一巻、函館市、一九八〇年。

秋月俊幸『日露関係とサハリン島』筑摩書房、一九九四年。

平山成信「箱館鎮台史料」、江戸舊事采訪會『江戸』第三巻第三綴一五〜三二頁（以下略記）、同四綴三一〜六〇、同四巻一綴二三〜五六、同二綴四二〜八〇、同三綴四七〜七八、同四綴四七〜七〇、五巻一綴二一〜三四、同二綴五一〜六八、同三綴二七〜五〇頁、一九一六〜一七年。

堀織部ほか『北邊録』（写本）、東北大学図書館（狩野文庫）蔵。

吉田武三『定本松浦武四郎』三一書房、一九七二年。

横井豊山『探蝦録』（安政二年頃の写本）北海道大学付属図書館北方資料室蔵。


幕末、明治の歴史、伝記など一般（主に第四、五章であるが、他の章にも関係する）

赤松則良『赤松則良半生談』東洋文庫三一七、平凡社、一九八七年。

朝倉治彦・稲村徹元『明治世相編年辞典』東京堂出版、一九六五年。

池辺三山『(明治維新)三大政治家』中公文庫M一九、中央公論社、一九七五年。

石井孝『(増訂)明治維新の国際的環境』吉川弘文館、一九六六年。

　幕末時代の日本と諸外国との外交関係、特に英仏との関係が内外の文献を駆使して非常に詳しくまた分かりやすく説明してある。大塚武松氏の研究を敷衍したものであるが、実証的研究としての白眉である。ただ大冊なので全部を通読するには根気がいるが、必要部分だけを読むことも出来るようになっている。

石河幹明『福沢諭吉傳』岩波書店、一九三二年。

上野益三『年表日本博物学史』八坂書房、一九八九年。

江戸舊事采訪會　雑誌『江戸』一九一五～一九二一年。

大久保利通『大久保利通日記二』日本史籍協会叢書、東京大学出版会、一九六九年。

大塚武松『幕末外交史の研究(新訂増補版)』宝文館出版、一九六七年。

尾佐竹猛『(国際法より観たる)幕末外交物語』邦光堂、一九三〇年。

尾佐竹猛『幕末遣外使節物語(夷狄の国へ)』講談社学術文庫九〇七、一九八九年。

小野寺龍太『古賀謹一郎』ミネルヴァ書房、二〇〇六年。

勝海舟『海軍歴史』勝海舟全集十二・十三、勁草書房、一九七八年。

勝海舟『開国起原』勝海舟全集第一～五巻、勁草書房、一九七八年。

カッテンディーケ『海軍伝習所の日々』平凡社東洋文庫二六、平凡社、一九六四年。

神長倉眞民『佛蘭西公使ロセスと小栗上野介』ダイヤモンド出版、一九三五年。

北根豊『(復刻版)郵便報知新聞』第一巻、郵便報知新聞刊行会、一九八九年。

旧事諮問会編『旧事諮問録』上、岩波文庫、岩波書店、一九八六年。

宮内庁『明治天皇紀』吉川弘文館、一九七二年。

西郷隆盛『西郷隆盛全集』第二巻、大和書房、一九七七年。

史談会『史談速記録』(復刻版)合本二一、二五〜二六、原書房、一九七二、七三年。

渋沢栄一『徳川慶喜公伝』平凡社東洋文庫八八、九五、九八、一〇七、平凡社、一九六七年。

　幕末の国内政治史として出色の本である。原典の出所が正確で、しかも多くは二つ以上の出典が引いてあるので安心して信じることが出来る。筆者は本書を書く上で、国内の史実はこの本を、外国関係では石井孝氏の本を参考にしたところが多い。

渋沢栄一編『昔夢会筆記』平凡社東洋文庫七六、平凡社、一九六六年。

渋沢栄一『雨夜譚』岩波文庫三三・一七〇・一、岩波書店、一九八四年。

島田三郎『開国始末』続日本史籍協会叢書、東京大学出版会、一九七八年。

滝川政次郎『長谷川平蔵・その生涯と人足寄場』朝日選書一九八、朝日新聞社、一九八二年。

田邊太一『幕末外交談』続日本史蹟協会叢書、東京大学出版会、一九七六年。

　原本は冨山房、明治三十一年発行。なお平凡社東洋文庫六六に現代語訳があるが、原文のリズムが失われてかえって読みにくい。

筑波常治「島津久光論」『共同研究明治維新』思想の科学研究会編、徳間書店、三八二〜四一七頁、一九六七年。

東京科学博物館編『江戸時代の科学』(復刻版)名著刊行会、一九六九年(初版、一九三四年)。

東京大学史料編纂所『大日本古文書・幕末外国関係文書』東京大学出版会、逐次発刊。

徳富蘇峰『近世日本国民史』時事通信社、一九六〇〜七一年(昭和初期の民友社本もある)。

戸川安宅編『舊幕府』冨山房、一八九六〜一九〇一年(臨川書店より一九七一年、復刻出版)。

蜷川新『維新前後の政争と小栗上野の死』日本書院、一九二八年。

この本は著者の主観が強すぎ客観的伝記としては批判が多いだろうが、明治維新の暗い面、厭うべき面を遠慮なく書いた小気味のいい本である。「勝海舟嫌い」の人に一読をお勧めする。


蜷川新『續・維新前後の政争と小栗上野』日本書院、一九三一年。

蜷川新『開国の先覚者小栗上野介』千代田書院、一九五三年。

日本学士院『日本学士院八十年史』第一巻、一九六二年。

芳賀徹『明治維新と日本人』講談社学術文庫四七九、講談社、一九八〇年。

福沢諭吉『福沢諭吉全集』岩波書店、一九五九年。

福地源一郎『幕府衰亡論』続日本史籍協会叢書、東京大学出版会、一九七八年。

福地源一郎『懐往事談・幕末政治家』続日本史籍協会叢書、東京大学出版会、一九七九年。

なお、『幕府衰亡論』は平凡社東洋文庫八四、『懐往事談』は明治文学全集『福地桜痴集』筑摩書房、『幕末政治家』は平凡社東洋文庫五〇一にある。

福地源一郎「新聞紙実歴」（右の『懐往事談・幕末政治家』一九九〜二五一頁にある）。

松岡英夫『岩瀬忠震』中公新書六三〇、中央公論社、一九八一年。

三浦梧楼『観樹将軍回顧録』中公文庫、中央公論社、一九八八年。

明治文化研究会編『明治文化全集』第四巻「新聞篇」・第七巻「外国文化篇」日本評論社、一九六八年（第三版）。

山川浩『京都守護職始末』沼沢士郎発行、一九一一年。

平凡社東洋文庫四九として金子光晴氏の現代語訳があるが、原文の方が読みやすい。

旧事諮問会編『旧事諮問録』上、岩波文庫、岩波書店、一九八六年（山口泉處の問答筆記）。

郵便報知新聞刊行会『郵便報知新聞』（復刻版）柏書房、一九八九年。

横須賀海軍工廠『横須賀海軍船廠史』一九一五年。

吉田東伍『維新史八講と徳川政教考』冨山房、一九一八年。

フランス人、フランス語学校およびフランス派遣関係（主に第五、六、七章）

大島清次『ジャポニスム』講談社学術文庫一〇五三、講談社、一九九二年。

渋沢栄一『渋沢栄一滞仏日記』日本史蹟協会叢書一二六、東京大学出版会、一九六七年。

高橋邦太郎『花のパリへ少年使節』三修社、一九七九年。

　富田氏の『メルメ・カション』とともに、鋤雲とフランスとのかかわりを知るために必須の本である。この本を読むと、すでに幕末から普通の日本人が案外外国に出て行っており、そこで色々なものを吸収して来たことが分かって面白い。

高松凌雲『高松凌雲翁経歴談・函館戦争史料』続日本史籍協会叢書、東京大学出版会、一九七九年。

富田仁『メルメ・カション——幕末フランス怪僧伝』有隣新書十七、有隣堂、一九八〇年。

富田仁、西堀昭『日本とフランス（出会いと交流）』三修社、一九七九年。

富田仁、西堀昭『横須賀製鉄所の人びと・花ひらくフランス文化』有隣堂、一九八三年。

日本史籍協会『川勝家文書』日本史籍協会叢書五七、東京大学出版会、一九七〇年。

　本文に何度も引いた鋤雲のフランス通信は全てこの本に出ている。手紙は回想記と違ってその時の心持ちがストレートに表現されるから、『匏庵遺稿』より鋤雲の生の声に接する気がする。特に鋤雲の滑稽趣味が現れているところが多く、筆者には非常に面白かった。

日本史籍協会『徳川昭武滞欧記録』日本史籍協会叢書一四六、東京大学出版会、一九七三年。

平山成信「横濱語学所記事」『江戸』第三巻第三綴四九〜六四頁、第四綴七九〜九〇頁、江戸舊事采訪會、一九一六年。

クリスチャン・ポラック『絹と光（知られざる日仏交流一〇〇年の歴史）』アシェット婦人画報社、二〇〇二年。

松原秀一『レオン・ド・ロニ略伝』近代日本研究第三巻、慶應義塾福澤研究センター、一九八六年。

宮永孝『プリンス昭武の欧州紀行』山川出版社、二〇〇〇年。

日本文学

伊東一夫篇『島崎藤村事典』明治書院、一九七六年。

伊藤整『日本文壇史』三、講談社文芸文庫、講談社、一九九五年。

島崎藤村『藤村全集』第六、十、十三巻、筑摩書房、一九六七年。

昭和女子大近代文学研究室『近代文学研究叢書』第三十四巻、近代文化研究所、一九七一年。

永井荷風『荷風全集』第十、十一、十五および十七巻、岩波書店、一九九四年。

中山義秀『月魄』中山義秀全集第三巻、新潮社、一九七六年。

森鷗外『鷗外全集』第十六巻、岩波書店、一九七三年、『澀江抽齋』その六十三。

森銑三『森銑三著作集』続編、第五巻・第十一巻、中央公論社、一九九二〜五年。

図版の出所（掲載順）

『プリンス昭武の欧州紀行』既出。

『目で見る函館のうつりかわり』函館市総務部市史編さん事務局、一九七二年。

『二〇〇五年日本国際博覧会開催記念展　世紀の祭典万国博覧会の美術図録』二〇〇四年。

成瀬不二雄『日本肖像画史』中央公論美術出版、二〇〇四年。

『大日本古文書・幕末外国関係文書』附録之二および三、既出。

石黒敬七『写された幕末』明石書店、一九九二年。

『幕末外交談』既出。

『（画報）近代一〇〇年史』Ⅰ・Ⅱ、日本近代史研究会、一九八九年。

『イリュストラシオンの日本関係記事集』横浜開港資料館、一九八六年。

『絹と光（知られざる日仏交流一〇〇年の歴史）』既出。

『F・ベアト幕末日本写真集』横浜開港資料館、一九八七年。

清水勲編『ワーグマン日本素描集』岩波文庫、一九八八年。

神奈川大学人文学研究所編『「明六雑誌」とその周辺』お茶の水書房、二〇〇四年。

『幕末維新パリ見聞記』既出。

『郵便報知新聞』（復刻版）既出。

『ケンブリッジ大学秘蔵明治古写真』平凡社、二〇〇五年。

マリサ・ディ・ルッソ、石黒敬章『大日本全国名所一覧―イタリア公使秘蔵の明治写真帖』平凡社、二〇〇一年。

伊東一夫、青木正美編『（写真と書簡による）島崎藤村伝』国書刊行会、一九九八年。

あとがき

筆者は先に本書と同じミネルヴァ書房日本評伝選から『古賀謹一郎』を出してもらったが、その出版にあたって友人のほとんどは筆者に、「それは誰」と聞いた。幕末の幕府側の人の多くは全く世に知られていないからである。それで筆者は、次はもう少し世に知られた人を、と思って栗本鋤雲を選んだ。そして友人たちに、今は栗本鋤雲を書いている、というと彼らの多くはまたしても、「それは誰」と聞いた。少し歴史に興味を持っている人でもそうだった。堀田正睦、栗本鋤雲、それに岩瀬忠震の名は歴史好きの人たちにさえあまり知られていないらしい。それに比べて坂本竜馬や勝海舟は小学校の児童でも知っている。

しかし鋤雲と海舟、岩瀬と竜馬が実際に行った仕事を比べてみれば、鋤雲や岩瀬がした仕事は海舟や竜馬のそれよりずっと多いし、また面白い、と筆者は思う。彼らの業績と知名度にこれほどのギャップがあるのは、日本人の歴史知識が極めて偏っており、また人びとが同じことを繰り返し読むのを好み、新しいことを知るのを欲しないからであるようだ。

竜馬が尊王攘夷の浪士組に入ったのは文久二年（一八六二）で、日米和親条約締結から八年、横浜が開港してから三年も経っている。それでも多くの勤王の志士たちは攘夷を叫んでいたのである。開国の恩人は竜馬でなく岩瀬忠震であり、堀田正睦だったのだ。筆者はこのような偏った見方の是正に少しでも役に立てばいい、と祈りつつ本書を書いた。

本書は、前著、『古賀謹一郎』の時お世話になった東京大学名誉教授平川祐弘先生の御推輓によってミネルヴァ書房から出版して貰えることになった。筆者としてこの上ない喜びで、平川先生に厚くお礼申し上げる。また、東京大学名誉教授の馬場宏二先生のご推薦もあったように聞いている。先生は本書を出版するよう筆者を激励され、小栗上野介に関する書籍などを教えて下さった。そして筆者は馬場先生のご縁で、元函館市史編纂室室長の紺野哲也氏を知り、氏に本書の第二、三章を読んで頂き貴重な助言を戴くことができた。馬場先生と紺野さんに心から謝意を表する。またミネルヴァ書房の堀川健太郎氏と安宅悠氏には本書の体裁、特に地図の作製などで大変お世話になった。

最後に本書の参考文献に挙げた本の著者の方々、特にパソコンのない時代にあれだけのことを書かれた昔の人に尊敬と感謝を捧げたいと思う。筆者のように怠惰な者にとって、パソコンのない時代、何度も原稿を書き改められた諸先輩の努力にはただただ頭が下がるのみである。

平成二十二年一月十二日

寒い書斎で膝の猫を暖房代わりにして記す　小野寺龍太

栗本鋤雲略年譜

和暦	西暦	齢	関係事項	一般事項
文政五	一八二二	1	3月江戸神田猿楽町に生まれる。父は喜多村槐園、母は三木氏。	
八	一八二五	4	幼時、山野草を栽培し、ボウフラを飼う。	異国船打払令。
十	一八二七	6		将軍家齊、太政大臣となる。
十一	一八二八	7		シーボルト事件。
十二	一八二九	8	孝経を安積艮斎に習う。	
天保一	一八三〇	9	この頃から喀血性疾患。以後九年間、年に二度程喀血する。	
五	一八三四	13	栗本瑞仙院没	
八	一八三七	16		大塩平八郎の乱。小関三英「那波列翁伝」なる。
九	一八三八	17	再び安積艮斎に従学。後に昌平黌に入り、佐藤一斎に師事する。	
十	一八三九	18		蛮社の獄。

	十一	一八四〇	19		アヘン戦争勃発。
	十二	一八四一	20		大御所家齊死去。天保の改革始まる。
	十三	一八四二	21		異国船打払令を止める。
	十四	一八四三	22	昌平黌試甲科合格、白銀十五錠を賜る。この頃昌平黌規則に触れ退学。	
弘化	二	一八四五	24	佐藤一斎に師事し、下谷六軒町に塾を開く。喜多村家から二人扶持を受ける。	阿部正弘が老中首座となる。
	三	一八四六	25	夏、富士、金峰山登山。著書「登嶽日記」	
嘉永	元	一八四八	27	幕府奥詰医師栗本瑞見の養子となり、通称瀬兵衛、六世瑞見と称し、多紀楽真院や曲直瀬養安院に漢方医学を学ぶ（嘉永二年、幕府医師の蘭方を学ぶことを禁じる）。	
	三	一八五〇	29	奥詰め医師となり、製薬局の管理者になる。この頃、漢詩集「橘黄吟稿」	
	六	一八五三	32		6月ペリー浦賀来航。10月将軍、家慶から家定へ。
安政	元	一八五四	33		3月日米和親条約締結。函館は下田、長崎と共に開港場となる。
	二	一八五五	34		蝦夷地が幕府直轄となる。

四	一八五七	36	西洋式海軍伝習志願問題で譴責をうけ、蟄居を命じられる。	
五	一八五八	37	春、幕府から函館に移住して、移住諸士を統率するよう命じられる。	4月井伊直弼大老となる。6月日米通商条約無勅許調印。9月安政の大獄始まる。10月から将軍家茂となる。
六	一八五九	38	安政五年から文久二年まで、函館近郊で、山林開拓、植物播種、七重村薬園の再興、久根別川の浚渫、養蚕紡績など殖産興業を起す。また七重村屯田兵の土着に尽力する。またメルメ・カションと交流する。	
万延 元	一八六〇	39		1月小栗を含む遣米使節、木村芥舟、勝海舟らの咸臨丸とともに出発。3月井伊大老暗殺（桜田門外の変）。（この頃ヒュースケン暗殺、東禅寺襲撃など、外人殺傷事件頻発する）
文久 元	一八六一	40	函館病院を創設する。	12月竹内保徳の両都両港開港延期使節の欧州派遣。
二	一八六二	41	医籍から士籍に移り、箱館奉行支配組頭として、7月から北海道、樺太、千島巡視に出発。樺太クシュ	1月安藤信正襲撃される（坂下門外の変）。2月皇女和宮降嫁。

三	一八六三	42	ンコタンで越年する。漢詩集（樺太小詩および解話）漢文（久那志利恵土呂府二島紀行）10月江戸に戻り、新徴組支配になり損ね、昌平黌頭取となる。	8月生麦事件。（この頃尊王攘夷運動熾烈）4月将軍家茂、五月十日を攘夷の期限とすることを孝明天皇に奏上する。5月毛利藩、下関で外国船を砲撃。7月薩英戦争。8月京都の政変で尊攘派一掃、七卿落ちとなる。12月河津龍門を含む横浜鎖港使節を欧州に派遣する。
元治 元	一八六四	43	7月目付となり外国問題担当。7月横浜鎖港交渉失敗。ロッシュフランス公使の所でメルメ・カションと再会。10月頃横浜詰め拝命。11月軍艦翔鶴丸の修理をフランスに頼む。12月小栗上野介に頼まれて横須賀造船所設立に尽力する（慶応元年九月に起工式）。	元治元年7月禁門の変。8月四国艦隊の下関攻撃。9月下関償金三百万両の協定結ばれる。11月第一次長州征伐。
慶応 元	一八六五	44	2～3月フランス式陸軍教習の橋渡し（慶応三年初頭から伝習開始）やフランス語学校設立（四月開講）に尽力。10月上京を命じられ、三日で東海道を駆け抜ける。外国奉行に任じられ、兵庫先期開港引戻し交渉に成功。12月下関償金延期交渉に成功。	5月将軍家茂長州征伐のため江戸を出発。7月ロッシュの勧めでパリ万国博出品を決定。長州藩、グラヴァーから鉄砲を購入。9月四カ国艦隊兵庫沖に来て条

			（この年、何度もロッシュの意見書を筆記し陸軍教習団派遣についても協議した）	約勅許と兵庫先期開港を要求する。10月老中阿部、松前の免職、将軍職辞退の奏請。山口泉處、パークスと折衝する。
二	一八六六	45	1月病気療養中、京都からの干渉で外国奉行を免ぜられ勤仕並寄合となる。11月外国奉行に再任。	1月薩長同盟成る。6月第二次長州征伐失敗。7月幕府、ロッシュに軍艦購入を依頼。将軍家茂薨じ、慶喜、将軍となる。8月小栗、クーレイと六百万ドルの借款契約。12月孝明天皇崩御。
三	一八六七	46	6月フランス派遣。八月から一年間、パリで日仏間の融和を図り、使節団の財政を緊縮し、フランスからの借款を試み、徳川幕府の正当性を主張し、島原キリシタン宗徒問題の善処を図るなど、幕府外交官として活躍する。同時にフランスの近代文明を吸収する。	2月パリ万国博開場。5月兵庫開港勅許。6月幕府、歩、騎、砲兵の三兵士官学校を開校する。10月倒幕の密勅。ほぼ同時に大政奉還。12月王政復古
明治元	一八六八	47	5月フランスから江戸に戻り、帰農して小石川大塚に住む。	1月鳥羽伏見の戦。明治政府、条約遵守を通達。5月彰義隊敗滅。
二	一八六九	48	著書（暁窓追録）	3月東京遷都。7月廃藩置県。

四	一八七一	50	（この頃、北海道移入を考える）	11月岩倉使節団欧米に出発
五	一八七二	51	横浜の東京毎日新聞社入社。	6月郵便報知新聞創刊
六	一八七三	52	9月鋤雲の養子貞次郎が岩倉具視に従ってフランスから帰国する。	
七	一八七四	53	6月郵便報知新聞に入社。この頃日本橋浜町に転宅。	
一〇	一八七七	56	夏頃、本所借紅園に移居。8月から博覧会見聞記を報知紙上に連載。	西南戦争。8月第一回内国勧業博覧会開催。
一一	一八七八	57	6月報知紙上「出鱒目草紙」初出。	
一二	一八七九	58	この頃から報知紙上で漢詩が盛んになる。	
一四	一八八一	60		3月第二回内国勧業博覧会開催。10月官有物払下げ中止、大隈重信の参議罷免
一五	一八八二	61	春、養子貞次郎死去。春、実子無逸の誕生および死亡。（前年から眼病を患う）	
一六	一八八三	62	春、実子瀬兵衛誕生。	
一七	一八八四	63	半年余り病床にある。	12月朝鮮で金玉均らのクーデタ失敗（甲申事変）。
一九	一八八六	65	郵便報知新聞退社。	
二五	一八九二	71	島崎藤村が漢詩文を学びに来る。	
二七	一八九四	73	5月妻、栗本氏死去。	日清戦争。

三〇	一八九七	76	3月死去。

人名索引

あ 行

か　行

さ　行

た　行

な　行

は　行

ま　行

や　行

ら　行

わ　行

《著者紹介》
小野寺龍太（おのでら・りゅうた）
1945年　生まれ。
1963年　福岡県立修猷館高等学校卒業。
1967年　九州大学工学部鉄鋼冶金学科卒業。
1972年　九州大学大学院工学研究科博士後期課程単位修得退学。
　　　　九州大学工学部材料工学科教授を経て，
現　在　九州大学名誉教授（工学博士）。
　　　　日本近代史，特に幕末期の幕臣の事跡を調べている。
著　書　『古賀謹一郎』ミネルヴァ書房，2006年。
　　　　『日露戦争時代のある医学徒の日記──小野寺直助が見た福岡と世界』
　　　　弦書房，2010年近刊。

ミネルヴァ日本評伝選
栗《くり》本《もと》鋤《じょ》雲《うん》
──大節を堅持した亡国の遺臣──

2010年4月10日　初版第1刷発行　〈検印省略〉

定価はカバーに
表示しています

著　者　小野寺　龍　太
発行者　杉　田　啓　三
印刷者　江　戸　宏　介

発行所　株式会社　ミネルヴァ書房
607-8494 京都市山科区日ノ岡堤谷町1
電話 (075)581-5191(代表)
振替口座 01020-0-8076番

共同印刷工業・新生製本

ISBN978-4-623-05765-8
Printed in Japan

刊行のことば

歴史を動かすものは人間であり、興趣に富んだ人間の動きを通じて、世の移り変わりを考えるのは、歴史に接する醍醐味である。

しかし過去の歴史学を顧みるとき、人間不在という批判さえ見られたように、歴史における人間のすがたが、必ずしも十分に描かれてきたとはいえない。二十一世紀を迎えた今、歴史の中の人物像を蘇生させようとの要請はいよいよ強く、またそのための条件もしだいに熟してきている。

この「ミネルヴァ日本評伝選」は、正確な史実に基づいて書かれるのはいうまでもないが、単に経歴の羅列にとどまらず、歴史を動かしてきたすぐれた個性をいきいきとよみがえらせたいと考える。そのためには、対象とした人物とじっくりと対話し、ときにはきびしく対決していくことも必要になるだろう。

今日の歴史学が直面している困難の一つに、研究の過度の細分化、瑣末化が挙げられる。それは緻密さを求めるが故に陥った弊害といえるが、その結果として、歴史の大きな見通しが失われ、歴史学を通しての社会への働きかけの途が閉ざされ、人々の歴史への関心を弱める危険性がある。今こそ歴史が何のためにあるのかという、基本的な課題に応える必要があろう。評伝という興味ある方法を通じて、解決の手がかりを見出せないだろうかというのも、この企画の一つのねらいである。

狭義の歴史学の研究者だけでなく、多くの分野ですぐれた業績をあげている著者たちを迎えて、従来見られなかった規模の大きな人物史の叢書として、「ミネルヴァ日本評伝選」の刊行を開始したい。

平成十五年（二〇〇三）九月

ミネルヴァ書房

ミネルヴァ日本評伝選

上代

俾弥呼　古田武彦
日本武尊　西宮秀紀
仁徳天皇　若井敏明
雄略天皇　吉村武彦
*蘇我氏四代　遠山美都男
推古天皇　義江明子
聖徳太子　仁藤敦史
斉明天皇　武田佐知子
小野妹子・毛人　大橋信弥
*額田王　梶川信行
弘文天皇　遠山美都男
天武天皇　新川登亀男
持統天皇　丸山裕美子
阿倍比羅夫　熊田亮介
柿本人麻呂　古橋信孝
*元明天皇・元正天皇　渡部育子
聖武天皇　本郷真紹
光明皇后　寺崎保広
孝謙天皇　勝浦令子
藤原不比等　荒木敏夫
吉備真備　今津勝紀
藤原仲麻呂　木本好信
道　鏡　吉川真司
大伴家持　和田　萃
行　基　吉田靖雄

平安

*桓武天皇　井上満郎
嵯峨天皇　西別府元日
宇多天皇　古藤真平
醍醐天皇　石上英一
村上天皇　京樂真帆子
花山天皇　上島　享
三条天皇　倉本一宏
藤原薬子　中野渡俊治
小野小町　錦　仁
藤原良房・基経　滝浪貞子
菅原道真　竹居明男
*紀貫之　神田龍身
源高明　所　功
慶滋保胤　平林盛得
*安倍晴明　斎藤英喜
藤原実資　橋本義則
*藤原道長　朧谷　寿
藤原定子　山本淳子
清少納言　後藤祥子
紫式部　竹西寛子
和泉式部　ツベタナ・クリステワ
大江匡房　小峯和明
阿弖流為　樋口知志
坂上田村麻呂　熊谷公男
*源満仲・頼光　元木泰雄
平将門　西山良平
藤原純友　寺内　浩
空　海　頼富本宏
最　澄　吉田一彦
*空　也　石井義長
奝　然　上川通夫
*源　信　小原　仁
後白河天皇　美川　圭
式子内親王　奥野陽子
建礼門院　生形貴重
平清盛　田中文英
藤原秀衡　入間田宣夫
平時子・時忠　元木泰雄
平維盛　根井　浄
守覚法親王　阿部泰郎
藤原隆信・信実　山本陽子

鎌倉

源頼朝　川合　康
*源義経　近藤好和
源実朝　神田龍身
後鳥羽天皇　五味文彦
九条兼実　村井康彦
北条時政　野口　実
熊谷直実　佐伯真一
*北条政子　関　幸彦
北条義時　岡田清一
曾我十郎・五郎　杉橋隆夫
北条時宗　近藤成一
安達泰盛　山陰加春夫
平頼綱　細川重男

竹崎季長　堀本一繁
西行　光田和伸
藤原定家　赤瀬信吾
*京極為兼　今谷　明
*兼好　島内裕子
重源　横内裕人
*運慶　根立研介
法然　今堀太逸
慈円　大隅和雄
明恵　西山　厚
親鸞　末木文美士
恵信尼・覚信尼　西口順子
覚如　今井雅晴
道元　船岡　誠
叡尊　細川涼一
*忍性　松尾剛次
*日蓮　佐藤弘夫
一遍　蒲池勢至
夢窓疎石　田中博美
*宗峰妙超　竹貫元勝

南北朝・室町

後醍醐天皇　上横手雅敬
護良親王　新井孝重
*北畠親房　岡野友彦
楠正成　兵藤裕己
*新田義貞　山本隆志
光厳天皇　深津睦夫
足利尊氏　市沢　哲
佐々木道誉　下坂　守
円観・文観　田中貴子
足利義満　川嶋將生
足利義教　横井　清
大内義弘　平瀬直樹
伏見宮貞成親王　松薗　斉
山名宗全　山本隆志
日野富子　脇田晴子
世阿弥　西野春雄
雪舟等楊　河合正朝
宗祇　鶴崎裕雄
*満済　森　茂暁
一休宗純　原田正俊

戦国・織豊

北条早雲　家永遵嗣
毛利元就　岸田裕之
*今川義元　小和田哲男
*武田信玄　笹本正治
武田勝頼　笹本正治
*真田氏三代　笹本正治
三好長慶　仁木　宏
宇喜多直家・秀家　渡邊大門
*上杉謙信　矢田俊文
吉田兼倶　西山　克
山科言継　松薗　斉
*雪村周継　赤澤英二
織田信長　三鬼清一郎
豊臣秀吉　藤井讓治
*北政所おね　田端泰子
*淀殿　福田千鶴
前田利家　東四柳史明
黒田如水　小和田哲男
蒲生氏郷　藤田達生
*細川ガラシャ　田端泰子
伊達政宗　伊藤喜良
*支倉常長　田中英道
ルイス・フロイス　エンゲルベルト・ヨリッセン
*長谷川等伯　宮島新一
顕如　神田千里

江戸

徳川家康　笠谷和比古
徳川吉宗　横田冬彦
*後水尾天皇　久保貴子
光格天皇　藤田　覚
崇伝　杣田善雄
春日局　福田千鶴
池田光政　倉地克直
シャクシャイン　岩崎奈緒子
*田沼意次　藤田　覚
*二宮尊徳　小林惟司
末次平蔵　岡美穂子
高田屋嘉兵衛　生田美智子
林羅山　鈴木健一
吉野太夫　渡辺憲司
中江藤樹　辻本雅史
山崎闇斎　澤井啓一
山鹿素行　前田　勉
*北村季吟　島内景二
貝原益軒　辻本雅史
松尾芭蕉　楠元六男
*ケンペル　B・M・ボダルト＝ベイリー
荻生徂徠　柴田　純
雨森芳洲　上田正昭
前野良沢　松田　清
平賀源内　石上　敏
本居宣長　田尻祐一郎
杉田玄白　吉田　忠
上田秋成　佐藤深雪
木村蒹葭堂　有坂道子
*大田南畝　沓掛良彦
菅江真澄　赤坂憲雄
*鶴屋南北　諏訪春雄
良寛　阿部龍一
*山東京伝　佐藤至子
*滝沢馬琴　高田　衛
平田篤胤　川喜田八潮
シーボルト　宮坂正英
本阿弥光悦　岡　佳子
小堀遠州　中村利則
狩野探幽・山雪　山下善也
尾形光琳・乾山　河野元昭
*二代目市川團十郎　田口章子
与謝蕪村　佐々木丞平
伊藤若冲　狩野博幸
鈴木春信　小林　忠
円山応挙　佐々木正子
*佐竹曙山　成瀬不二雄

葛飾北斎　岸　文和
酒井抱一　玉蟲敏子
孝明天皇　青山忠正
*和　宮　辻ミチ子
徳川慶喜　大庭邦彦
島津斉彬　原口　泉
*古賀謹一郎　小野寺龍太
*栗本鋤雲　小野寺龍太
西　周　清水多吉
*月　性　海原　徹
*吉田松陰　海原　徹
*高杉晋作　海原　徹
オールコック　佐野真由子
アーネスト・サトウ　奈良岡聰智
冷泉為恭　中部義隆

近代

*明治天皇　伊藤之雄
*大正天皇　F・R・ディキンソン
昭憲皇太后・貞明皇后　小田部雄次
大久保利通　三谷太一郎
山県有朋　鳥海　靖
木戸孝允　落合弘樹
井上　馨　伊藤之雄
*松方正義　室山義正
北垣国道　小林丈広
板垣退助　小川原正道
大隈重信　五百旗頭薫
伊藤博文　坂本一登
井上　毅　大石　眞
井上　勝　老川慶喜
*桂　太郎　小林道彦
*乃木希典　佐々木英昭
林　董　君塚直隆
児玉源太郎　小林道彦
*高宗・閔妃　木村　幹
山本権兵衛　室山義正
高橋是清　鈴木俊夫
小村寿太郎　簑原俊洋
*犬養　毅　小林惟司
加藤高明　櫻井良樹
加藤友三郎・寛治　麻田貞雄
田中義一　黒沢文貴
平沼騏一郎　堀田慎一郎
宇垣一成　北岡伸一
宮崎滔天　榎本泰子
*浜口雄幸　川田　稔
幣原喜重郎　西田敏宏
関　一　玉井金五
広田弘毅　井上寿一
安重根　上垣外憲一
グルー　廣部　泉
永田鉄山　森　靖夫
東條英機　牛村　圭
今村　均　前田雅之
蔣介石　劉　岸偉
石原莞爾　山室信一
木戸幸一　波多野澄雄
岩崎弥太郎　武田晴人
伊藤忠兵衛　末永國紀
五代友厚　田付茉莉子
大倉喜八郎　村上勝彦
安田善次郎　由井常彦
渋沢栄一　武田晴人
山辺丈夫　宮本又郎
武藤山治　阿部武司・桑原哲也
小林一三　橋爪紳也
大倉恒吉　石川健次郎
大原孫三郎　猪木武徳
*河竹黙阿弥　今尾哲也
イザベラ・バード　加納孝代
*林　忠正　木々康子
森　鷗外　小堀桂一郎
二葉亭四迷　ヨコタ村上孝之
巌谷小波　千葉信胤
樋口一葉　佐伯順子
島崎藤村　十川信介
泉　鏡花　東郷克美
有島武郎　亀井俊介
永井荷風　川本三郎
北原白秋　平石典子
菊池　寛　山本芳明
宮澤賢治　千葉一幹
正岡子規　夏石番矢
高浜虚子　坪内稔典
与謝野晶子　佐伯順子
*種田山頭火　村上　護
斎藤茂吉　品田悦一
*高村光太郎　湯原かの子
萩原朔太郎　エリス俊子
原阿佐緒　秋山佐和子
*狩野芳崖・高橋由一　古田　亮
竹内栖鳳　北澤憲昭
黒田清輝　高階秀爾
中村不折　石川九楊
横山大観　高階秀爾
*橋本関雪　西原大輔
小出楢重　芳賀　徹
土田麦僊　天野一夫
岸田劉生　北澤憲昭
松旭斎天勝　川添　裕
中山みき　鎌田東二
ニコライ　中村健之介
出口なお・王仁三郎　川村邦光
島地黙雷　阪本是丸
*新島　襄　太田雄三
木下広次　冨岡　勝
嘉納治五郎　クリストファー・スピルマン
*澤柳政太郎　新田義之
河口慧海　高山龍三
山室軍平　室田保夫

大谷光瑞　白須淨眞
*久米邦武　髙田誠二
フェノロサ　伊藤　豊
三宅雪嶺　長妻三佐雄
内村鑑三　新保祐司
*岡倉天心　木下長宏
志賀重昂　中野目徹
徳富蘇峰　杉原志啓
竹越與三郎　西田　毅
内藤湖南・桑原隲蔵　礪波　護
岩村　透　今橋映子
西田幾多郎　大橋良介
喜田貞吉　中村生雄
上田　敏　及川　茂
柳田国男　鶴見太郎
厨川白村　張　競
大川周明　山内昌之
折口信夫　斎藤英喜
九鬼周造　粕谷一希
辰野　隆　金沢公子
シュタイン　瀧井一博
*福澤諭吉　平山　洋
福地桜痴　山田俊治
中江兆民　田島正樹
田口卯吉　鈴木栄樹

*陸　羯南　松田宏一郎
黒岩涙香　奥　武則
宮武外骨　山口昌男
*吉野作造　田澤晴子
野間清治　佐藤卓己
山川　均　米原　謙
岩波茂雄　十重田裕一
北　一輝　岡本幸治
杉　亨二　速水　融
*北里柴三郎　福田眞人
田辺朔郎　秋元せき
*南方熊楠　飯倉照平
寺田寅彦　金森　修
石原　純　金子　務
J・コンドル　鈴木博之
辰野金吾　河上真理・清水重敦
小川治兵衛　尼崎博正

現代

昭和天皇　御厨　貴
高松宮宣仁親王　後藤致人
*李方子　小田部雄次
吉田　茂　中西　寛

マッカーサー　柴山　太
重光　葵　武田知己
池田勇人　中村隆英
和田博雄　庄司俊作
朴正熙　木村　幹
竹下　登　真渕　勝
*松永安左エ門　橘川武郎
鮎川義介　井口治夫
出光佐三　橘川武郎
松下幸之助　米倉誠一郎
渋沢敬三　井上　潤
本田宗一郎　伊丹敬之
井深　大　武田　徹
佐治敬三　小玉　武
幸田家の人々　金井景子
*正宗白鳥　大嶋　仁
大佛次郎　福島行一
*川端康成　大久保喬樹
薩摩治郎八　小林　茂
松本清張　杉原志啓
安部公房　成田龍一
三島由紀夫　島内景二

R・H・ブライス　菅原克也
金素雲　林　容澤
柳　宗悦　熊倉功夫
バーナード・リーチ　鈴木禎宏
イサム・ノグチ　酒井忠康
川端龍子　岡部昌幸
藤田嗣治　林　洋子
*井上有一　海上雅臣
*手塚治虫　竹内オサム
山田耕筰　後藤暢子
古賀政男　藍川由美
*吉田　正　金子　勇
武満　徹　船山　隆
*力道山　岡村正史
美空ひばり　朝倉喬司
植村直巳　湯川　豊
*西田天香　宮田昌明
安倍能成　中根隆行
G・サンソム　牧野陽子
和辻哲郎　小坂国継
青木正児　井波律子
矢代幸雄　稲賀繁美

石田幹之助　岡本さえ
*平泉　澄　若井敏明
安岡正篤　片山杜秀
島田謹二　小林信行
前嶋信次　杉田英明
竹山道雄　平川祐弘
保田與重郎　谷崎昭男
福田恆存　川久保剛
井筒俊彦　安藤礼二
佐々木惣一　松尾尊兊
*瀧川幸辰　伊藤孝夫
矢内原忠雄　等松春夫
福本和夫　伊藤　晃
*フランク・ロイド・ライト　大久保美春
大宅壮一　有馬　学
清水幾太郎　竹内　洋
今西錦司　山極寿一

*は既刊
二〇一〇年四月現在